TROP INTELLIGENT
POUR ÊTRE HEUREUX ?

JEANNE SIAUD-FACCHIN

TROP INTELLIGENT POUR ÊTRE HEUREUX ?

L'adulte surdoué

© Odile Jacob, mars 2008
15, rue Soufflot, 75005 Paris

www.odilejacob.fr

ISBN 978-2-7381-2087-8

Le Code de la propriété intellectuelle n'autorisant, aux termes de l'article L. 122-5, 2° et 3°a, d'une part, que les « copies ou reproductions strictement réservées à l'usage privé du copiste et non destinées à une utilisation collective » et, d'autre part, que les analyses et les courtes citations dans un but d'exemple et d'illustration, « toute représentation ou reproduction intégrale ou partielle faite sans le consentement de l'auteur ou de ses ayants droit ou ayants cause est illicite » (art. L. 122-4). Cette représentation ou reproduction, par quelque procédé que ce soit, constituerait donc une contrefaçon sanctionnée par les articles L. 335-2 et suivants du Code de la propriété intellectuelle.

Sommaire

En guise d'introduction : Lettre à mes lecteurs............ 11

CHAPITRE PREMIER – **Être surdoué,
qu'est-ce que ça veut dire ?** 15
   Surdoué : qui es-tu ? 15
   Surdoué : ce que l'on sait aujourd'hui 23
   Les mythes ont la vie dure ! 54

CHAPITRE 2 – **Pourquoi est-il essentiel
de s'intéresser à l'adulte surdoué ?** 57
   À la recherche de soi… 58
   Une question fréquente :
   que deviennent les enfants surdoués ? 64

CHAPITRE 3 – **De l'enfance à l'âge adulte :
la difficile construction de soi** 73
   La traversée de l'enfance 73
   La grande étape : l'adolescence 86
   Quand arrive le grand jour : être adulte ! 106

CHAPITRE 4 – **Se découvrir surdoué** 109
   Comment peut-on se découvrir surdoué ? 110
   Comment savoir que l'on est surdoué ? 112
   Poser le diagnostic de surdoué 117
   La démarche diagnostique :
   quand les scores ne sont pas aussi significatifs 118

Un bilan à l'âge adulte :
une démarche courageuse et difficile 125
Le diagnostic : de la libération à une nouvelle inquiétude 127

CHAPITRE 5 – Une personnalité aux facettes inattendues ... 141
Essai de typologie 141
Les aléas du sentiment de réussite 149
La part infantile 152
Celui qui a l'âge du monde 155
La faille spatio-temporelle :
vivre dans plusieurs espaces-temps 158
Le tempo : être toujours en décalage 160
Le féminin et le masculin : laisser sa place à chacun 163

CHAPITRE 6 – De la difficulté d'être un adulte surdoué ... 167
La lucidité étourdissante 168
La peur 171
La culpabilité 182
Le sentiment d'incomplétude 184
L'ennui 185
Une impatience difficile à masquer 189
Ennui et sentiment : de l'engagement surinvesti
à l'instabilité amoureuse 192
L'envie 194
Le sentiment d'autrui 196
L'hypersensibilité envahissante 199
L'immense solitude 202
Un ami ne peut être… qu'un ami 203
L'incompréhension réciproque du monde 210
À la recherche d'un monde idéal perdu… 212
L'hyperconscientisation 213
La rigidité de pensée 215
Les coupures de pensée 219
Vivre ou se voir vivre ? 220

CHAPITRE 7 – **Du côté des femmes** 227
Les femmes surdouées intimident facilement 229
Être une mère surdouée 230
Femme surdouée cherche homme désespérément… 233
« Moi, intelligente, vous plaisantez ! » 234
Petite – mais importante – constatation personnelle 236

CHAPITRE 8 – **Les couples : qui se ressemble s'assemble ?** 237
Et les couples ? 238
Savoir ou ne pas savoir que l'on est surdoué : danger ou bénéfice pour le couple ? 240
Surdoué + surdoué = couple heureux ? ou isolement garanti ? 242

CHAPITRE 9 – **Et ceux qui vont bien ?** 245
Itinéraire d'un enfant surdoué qui deviendrait un adulte heureux 246
Itinéraire d'un adulte surdoué qui fait ce qu'il peut pour se sentir bien 257
Et si le Bonheur majuscule n'existait pas ? L'art des petits b… 259
Équilibre de vie, surdouance et compagnie : de l'art du bonheur… 262
De 7 à 77 ans… 264

CHAPITRE 10 – **Comment faire pour aller bien ?** 267
La capacité à rebondir est aussi importante que la capacité à sombrer 268
Le grand manège du surdoué : les « montagnes russes » 269
L'intelligence comme ressource 273
L'hypersensibilité comme talent 283
La créativité comme perspective 286
L'empathie comme compétence 290
La synchronisation des émotions : se mettre dans le tempo ... 293
Encore quelques astuces pour transformer votre rêve de vie en vie de rêve (ou presque !) 294

Quand on parvient à lâcher cette lutte épuisante… 297
L'espoir 298

CHAPITRE 11 – **Quand rien ne va plus** 301
  Une image de soi aux bases fragiles 302
  Peut-on parler de pathologie spécifique au surdoué ? 308
  Le danger : les erreurs diagnostiques 314
  Des bienfaits de la grande intelligence,
  attestés par un certain nombre d'études récentes.
  Pour se redonner le moral ! 318

En guise de conclusion 319

EN GUISE D'INTRODUCTION

Lettre à mes lecteurs

Chers lecteurs,

Je suis contente de vous retrouver. Mais j'avoue avoir, aussi, un peu le trac. Vous avez réservé un accueil si chaleureux et enthousiaste à mon premier livre *L'Enfant surdoué*, que j'ai peur de vous décevoir. De ne pas être à la hauteur. Un peu comme le tome 2, l'épisode 2, d'un film ou d'un livre que l'on a aimé et dont on attend la suite avec impatience, mais qui ne parvient pas à séduire, une nouvelle fois, son public. Pourtant, c'est vrai, vous avez été nombreux à me le demander : alors, c'est pour quand le deuxième ? Alors le voici, enrichi de plusieurs années de nouvelles rencontres, alimenté de nouvelles recherches et des connaissances les plus récentes, avec mon regard et ma compréhension d'aujourd'hui.

Ce livre vient poursuivre ma réflexion et mon approche dans la compréhension du fonctionnement des surdoués, de leurs particularités, de leur richesse et de leur vulnérabilité. Mais aussi poursuivre dans le temps. Après l'enfance, après ce bouleversement du moment de l'adolescence, vient l'âge adulte. Et, quoi, justement ? Que deviennent ces enfants atypiques, au développement parfois chaotique, qui ont souvent rencontré sur leur parcours des obstacles inattendus, des déceptions profondes, des échecs cuisants ?

Comment vit-on, adulte, avec cette personnalité si singulière ? Que peut-on faire de cette intelligence aiguisée dont les effets peuvent être si douloureux, comment gère-t-on cette sensibilité que l'on cherche trop souvent à étouffer, comment parvient-on à construire une vie qui nous ressemble et dans laquelle on se sente bien ? Est-ce seulement possible ? Et, si oui, comment ou à quel prix ? Avec cette question lancinante et centrale : peut-on, oui ou non, être un adulte surdoué heureux ?

Et puis, passé ce temps de l'enfance où l'idée de « précocité » pouvait avoir un sens, comment, adulte, se penser « surdoué » ? Comment « oser » ? Comment y croire ? Malgré cette intuition tenace que l'on n'est pas tout à fait comme les autres, malgré cette sensation de décalage persistant, malgré ce sentiment confus d'avoir si peu été compris, quelle image de soi peut-on se construire à l'âge adulte ? Quel sens peut-on donner à son histoire et comment comprendre ce que l'on est devenu ? Comment se reconnaître soi-même dans ce profil si particulier, si différent, de surdoué ?

Cela a été ma plus grande surprise à la sortie de mon premier ouvrage sur l'enfant surdoué. Je dois vous confesser que, lorsque je l'ai écrit, je l'ai fait en pensant exclusivement aux parents d'enfants surdoués et aux enseignants désireux de comprendre. Pas un instant, mais vraiment pas un instant, je n'ai pensé que ce livre pourrait être, aussi, lu par des adultes. C'est-à-dire par des adultes qui pourraient y retrouver des traces, des échos de leur propre histoire. Que ce livre pourrait les toucher eux, les bouleverser. Que certains adultes, sans enfants, achèteraient mon livre avec l'idée, secrète, presque honteuse, qu'ils se rencontreraient à travers les pages. Les premières lettres que j'ai reçues d'adultes ébranlés, émus, transformés, par la lecture de ce livre m'ont particulièrement touchée. Je m'y attendais si peu que... j'ai relu mon livre pour comprendre ! Alors, oui, j'ai compris un peu : je parle de l'enfant mais l'enfant que l'on a été, quel qui soit, continue à vivre en nous. Et retrouver cet enfant en soi, c'est retrouver ou simplement trouver la part de notre identité, qui parfois nous a échappé. Que l'on n'avait pas comprise ou, le plus souvent, qui n'a jamais été comprise par les autres. Se reconnecter avec cette part de nous-même devient alors rassurant. Se sentir enfin compris dans ce que l'on a été, dans ce que l'on est, dans ce que l'on a souvent ressenti secrètement, sans y croire vraiment puisque personne ne semblait le reconnaître.

Depuis, j'ai vu, rencontré, de nombreux adultes. Parmi eux, les parents de mes patients qui, à travers le vécu et le diagnostic de leur enfant, se sont reconnus et ont porté sur leur histoire un regard soudain différent.

C'est comme un processus d'identification à l'envers : habituellement ce sont les enfants qui, pour grandir, s'identifient à leurs parents. Dans ces consultations où l'on parle de l'enfant et où l'on explique aux parents son mode de fonctionnement, c'est le parent qui se reconnaît et s'identifie à son enfant. C'est un phénomène très curieux et intéressant à observer qui se déroule dans l'*ici et maintenant* de la consultation. On assiste à une sorte de « précipité » de l'histoire du parent. Au sens chimique du terme. Comme s'il relisait sa vie à vive allure en en condensant tous les événements, les moments, les émotions... et que, sans transition, c'était de lui que je parlais, de sa vie... Dans ces moments-là, le parent a presque du mal à se reconnecter. Il est parti loin, très loin en lui. Et je dois, dans un premier temps, le ramener doucement à la réalité de la consultation : c'est pour son enfant qu'il est là. Pour lui, le parent, on se reverra plus tard, s'il le souhaite.

Et puis j'ai rencontré aussi des adultes « en perdition » sur leur parcours de vie. Qui ont croisé mon livre sur leur route et qui ont besoin de savoir, de comprendre, de reprendre le cours de leur histoire, pour tenter de redonner un sens, une direction à leur parcours.

Alors, voilà pourquoi ce nouveau livre. Le premier écrit pour l'adulte. Un livre pour eux, pour vous qui m'avez fait confiance et qui avez envie d'aller plus loin. D'accord, allons-y, je veux bien refaire un bout de chemin avec vous.

Dans ce livre, on reparlera de l'enfance, de l'adolescence. Pour mieux comprendre l'adulte d'aujourd'hui. Pour explorer des pistes d'accomplissement en regard de ce que l'on est. Intimement. Mon expérience d'aujourd'hui m'a appris que ce détour par une « relecture » de son histoire et une actualisation de ce que l'on est, vraiment, est incontournable. Être surdoué donne une coloration si particulière à l'ensemble de la personnalité, au regard que l'on porte sur le monde et sur soi, que d'ignorer cette dimension de nous-même nous fait passer à côté de notre vie. Et je crois que l'on n'a pas le droit de l'ignorer. Et que nous, professionnels, avons le devoir de le prendre en compte pour aider chacun à s'accomplir dans le bonheur qui lui appartient. Unique.

Ce livre est le vôtre, je partage ce que j'ai compris avec vous, je suis heureuse de cette nouvelle rencontre. Merci pour votre confiance, merci à tous mes patients, petits et grands, qui m'ont poussée à faire ce livre. Qui m'ont obligée à continuer, encore et encore, à réfléchir, à avancer, à penser, à chercher. Pour comprendre, encore et encore... Comme eux !

CHAPITRE PREMIER

Être surdoué, qu'est-ce que ça veut dire ?

Surdoué : qui es-tu ?

Les surdoués sont-ils simplement un sujet à la mode ? L'effet grossissant et parfois déformant des médias peut laisser croire qu'il s'agit d'une population « champignon », fabriquée par des parents en quête d'autosatisfaction ou par des psys fascinés par ces « supercerveaux ».

Il est vrai que l'intérêt porté à ceux dont on pensait autrefois qu'ils avaient tout reçu est relativement récent.

Que s'est-il passé ? Une conjonction de plusieurs facteurs : l'augmentation du nombre de consultations en psychologie de l'enfant et de l'adolescent et la plus grande généralisation du bilan psychologique. Avec un constat, souvent alarmant : des enfants avec de hauts QI sont en difficultés scolaires sérieuses et vivent des troubles psychologiques parfois graves. D'autres développent des troubles du comportement et de l'adaptation sociale qui rendent leur éducation périlleuse. Des adultes, enfin, sensibilisés par le parcours de leur enfant ou par le biais de démarches personnelles sont venus grossir de leurs difficultés et de leur détresse le rang des consultations psychologiques.

Leur point commun ? Ils se révèlent être surdoués et en difficulté. Ils sont surdoués et cherchent des réponses adaptées à leur malaise, à leurs problèmes de vie et d'intégration. De réussite aussi.

Ces dernières années, un courant de recherches universitaire et scientifique, une sensibilisation de l'Éducation nationale, quelques timides formations dans le milieu médical ont vu le jour... Pourtant, dans la réalité quotidienne de ces enfants et de ces adultes en quête de compréhension, d'accompagnement et de soutien, les mesures et les propositions concrètes restent bien rares.

Surtout, le courant qui considère le surdoué comme une personne supérieurement avantagée reste très dominant et occupe encore largement les esprits.

Comment, en effet, intégrer et admettre ce paradoxe central qui fragilise le surdoué sur son parcours : la relation intime qui existe entre l'extrême intelligence et la vulnérabilité psychique.

> « Étranges rapports. Est-ce que l'extrême pensée et l'extrême souffrance ouvriraient le même horizon ? Est-ce que souffrir serait, finalement, penser ? »
>
> Maurice BLANCHOT[1]

• Ce que l'on confond : l'intelligence et la performance.
• Ce que l'on mélange : les compétences et la réussite.
• Ce que l'on superpose : le potentiel et l'efficacité intellectuelle.

---

1. Maurice Blanchot, *Le Livre à venir*, Gallimard, 1959.

• Ce que l'on associe : une intelligence quantitativement élevée (celle des plus intelligents que la norme) mais adaptée aux exigences de l'environnement et une intelligence qualitativement différente dont le mode de fonctionnement peut être une source de souffrances et d'échecs, celle des surdoués (intelligents autrement).
• Ce que l'on oublie : comprendre, analyser, mémoriser vite n'est pas avoir la connaissance ou la science infuse.
• Ce que l'on minimise : l'extrême intelligence est indissociable de l'extrême sensibilité, de l'extrême réceptivité émotionnelle.
• Ce que l'on occulte : l'hyperintelligence et l'hypersensibilité vulnérabilisent et fragilisent.
• Ce que l'on ignore : ressentir et percevoir avec une lucidité acérée toutes les composantes du monde matériel et des relations humaines génère une réactivité émotionnelle constante, source d'une anxiété diffuse.

Dès que l'on pense intelligence, cela active de nombreuses représentations paradoxales. On s'interroge d'emblée sur le sens : être intelligent, c'est quoi ? Et sur les conséquences : être intelligent, cela suppose quoi ? Et enfin sur les attentes : être intelligent, je dois en faire quoi ? Et si je n'y arrive pas, alors cela remet-il en question ce présupposé d'intelligence ? On voit combien sont fortes toutes les idées, croyances, illusions, contradictions, peurs autour de l'intelligence et de ses effets.

> « L'intelligence, c'est bien, mais il y a toujours deux ou trois petits trucs qui vont avec, m'explique Aurore. J'aurais bien pris juste l'intelligence, parce que c'est vrai que ça peut servir ! Mais tout le reste, c'est trop difficile à vivre. »

> **Ce qu'il faut retenir**
>
> – Être surdoué, c'est d'abord et avant tout une façon d'être intelligent, un mode atypique de fonctionnement intellectuel, une activation des ressources cognitives dont les bases cérébrales diffèrent et dont l'organisation montre des singularités inattendues.
>
> – Il ne s'agit pas d'être *quantitativement* plus intelligent, mais de disposer d'une intelligence *qualitativement* différente. Ce n'est vraiment pas la même chose !
>
> – Être surdoué associe un très haut niveau de ressources intellectuelles, une intelligence hors normes, d'immenses capacités de compréhension, d'analyse, de mémorisation ET une sensibilité, une émotivité, une réceptivité affective, une perception des cinq sens, une clairvoyance dont l'ampleur et l'intensité envahissent le champ de la pensée. Les deux facettes sont TOUJOURS intriquées.
>
> – Être surdoué, c'est une façon d'*être au monde* qui colore l'ensemble de la personnalité.
>
> – Être surdoué, c'est l'émotion au bord des lèvres, toujours, et la pensée aux frontières de l'infini, tout le temps.

➤ *Toujours comprendre les deux facettes du surdoué : l'intellectuel ET l'affectif*

Ne pas prendre en compte les particularités de fonctionnement du surdoué sur ces deux versants : intellectuel et affectif qui vont construire toute sa personnalité et marquer toutes les étapes de son développement et la construction de toute sa vie, c'est négliger toute une partie de la population au prétexte d'idéologies dépassées et de méprises. Être surdoué n'est ni une chance insolente, ni

Tirons la sonnette d'alarme !

Aujourd'hui, le constat clinique est alarmant : les enfants surdoués ont un parcours scolaire souvent très chaotique, ils sont psychologiquement fragiles, ont des repères narcissiques flous, souffrent d'une conscience douloureuse du monde. Selon leur personnalité, ils réussiront à développer telles défenses et telles ressources pour transformer leur particularité en atout, en dynamique positive de vie. Mais, pour ceux au développement marqué par des difficultés affectives multiples, des troubles psychologiques se manifesteront. À l'adolescence, les décompensations psychologiques sont fréquentes avec des tableaux cliniques atypiques, des prises en charge difficiles, un pronostic parfois sombre.

Les difficultés seront plus ou moins marquées selon que l'enfant aura été ou non dépisté, et l'âge du diagnostic. Lorsque l'enfant grandit sans savoir qui il est vraiment, les risques de troubles psychologiques deviennent réellement menaçants. À l'âge adulte, la personnalité sera construite de façon bancale, sur des renoncements et des blessures, sur des croyances erronées sur soi et sur le monde, ou sur des mécanismes rigides dressés pour se protéger de son intense vulnérabilité. Chaotique, inconfortable, sinueux, le parcours du surdoué adulte est souvent bien troublé.

Bien sûr, certains adultes surdoués trouveront un équilibre de vie confortable, construiront des projets satisfaisants, vivront une vie réussie. Mais, au prétexte d'une opinion qui préfère affirmer que ces surdoués accomplis sont largement majoritaires, comment ignorer tous ces adultes en errance dont le problème central tient de l'ignorance de ce qu'ils sont.

une bénédiction des dieux, ni un don privilégié, ni une surintelligence enviable. C'est une personnalité singulière aux multiples ressources intellectuelles et affectives dont le potentiel ne pourra s'inscrire comme une force dans l'ensemble de la personnalité que si et seulement si cette composante est connue, comprise et reconnue. L'intégrer, c'est la possibilité de construire une vie qui nous convient, dans laquelle on se sente bien, comme chacun de nous tente de le faire. L'ignorer ou pire le dénier, c'est prendre le risque de passer à côté de soi-même et de passer sa vie avec un profond sentiment de manque et d'incomplétude pouvant conduire, dans sa forme grave, à une désadaptation sociale douloureuse ou à des troubles psychologiques sévères.

> « Le bonheur, ce n'est au fond rien d'autre qu'exploiter ses capacités à 100 %. »
>
> Mihaly Csikszentmihaly

➤ La grande question : comment les appeler ?

Ce n'est vraiment pas une question subsidiaire. Elle est centrale à plus d'un titre. Chaque dénomination contient un implicite qui renvoie à une représentation partielle, erronée et en tous les cas insatisfaisante.

• *Intellectuellement précoce* parle d'avance de développement dans l'enfance, ce qui ne traduit ni la réalité – ces enfants-là ne montrent pas tous une avance de développement – ni la spécificité – ce n'est pas le fait qu'ils puissent être « en avance » qui fait la différence de fonctionnement. Encore pire lorsque l'on raccourcit en « précoce » et que l'on entend parler de nos « petits précoces ».

- *Surdoué ?* D'emblée on entend quelqu'un de *plus doué que*, mais aussi de don de naissance. Et qui suppose que l'on soit effectivement doué en quelque chose, sinon comment se reconnaître dans ce terme ? Difficile pour un parent d'entendre que son enfant est surdoué alors que rien ne va plus à l'école ou à la maison. Compliqué pour un enfant de s'entendre dire qu'il est surdoué quand cela ne correspond en rien à ce que les autres pensent de lui ni à ce qu'il ressent lui-même de ses possibilités. Ce qui devient lourd à porter pour lui et compliqué à évoquer pour les parents. Parler de son enfant comme d'un surdoué, comment l'assumer ? Très vite, c'est le regard des autres qui effraie : comment vont-ils le comprendre ? Comment leur expliquer que ce n'est pas « ce qu'ils croient » ? Les parents ont aussi du mal à utiliser ce terme de surdoué qui leur donne l'impression de « mettre en avant » leur enfant, de « se vanter », comme disent les petits.

Et pour l'adulte ? Comment peut-on se penser surdoué alors que l'on voit sa vie comme une succession d'échecs et de souffrances ? Ou seulement tellement vide. Même pour ceux qui acceptent leur vie comme elle est, avec ses difficultés et ses plaisirs, ou qui considèrent leur vie comme « réussie », le qualificatif de surdoué est troublant : moi, surdoué ? Quel rapport avec ma vie ? Si je suis surdoué, alors n'aurais-je pas dû avoir un autre parcours ?

Surdoué est néanmoins le nom le plus ancien dans la tradition française[2], celui qui exprime une particularité

---

2. Terme introduit en 1970 par le psychiatre J. de Ajuriaguera par traduction du terme anglophone *highly gifted* et rendu populaire en France par Rémy Chauvin et son livre fondateur : *Les Surdoués*, Stock, 1975.

intrinsèque de la personnalité. Par défaut, je le trouve plus adapté que les autres.

• Actuellement, la mode est aux *HP*, pour haut potentiel, ou *HQI*, pour haut QI, comme si le sigle pouvait gommer ce qui dérange, ce qui fait trop...
Avec HP, guette un nouvel écueil : avoir un potentiel élevé suppose que l'on se doit d'en faire quelque chose de grand, de réussi. Sinon on le « gâche » ? La culpabilité rôde...

➤ Ces « drôles de zèbres »...

Je continuerai donc à préférer le zèbre, cette terminologie que j'ai choisie pour se dégager des représentations pesantes. Le zèbre, cet animal différent, cet équidé qui est le seul que l'homme ne peut apprivoiser, qui se distingue nettement des autres dans la savane tout en utilisant ses rayures pour se dissimuler, qui a besoin des autres pour vivre et prend un soin très important de ses petits, qui est tellement différent tout en étant pareil. Et puis, comme nos empreintes digitales, les rayures des zèbres sont uniques et leur permettent de se reconnaître entre eux. Chaque zèbre est différent. Je continuerai alors à dire et répéter que ces « drôles de zèbres » ont besoin de toute notre attention pour vivre en harmonie dans ce monde exigeant. Je continuerai à défendre tous ces gens « rayés » comme si ces zébrures évoquaient aussi les coups de griffe que la vie peut leur donner. Je continuerai à leur expliquer que leurs rayures sont aussi de formidables particularités qui peuvent les sauver d'un grand nombre de pièges et de dangers. Qu'elles sont magnifiques et qu'ils peuvent en être fiers. Sereinement.

À Cogito'Z[3], nous avons pris pour habitude d'apposer un tampon représentant un dessin de zèbre sur les dossiers de nos patients surdoués. Cela nous permet de sortir de ce problème de dénomination. Nos dossiers zèbres sont classés ensemble, on se demande en réunion en discutant d'un bilan si cet enfant est zébré ou non. Chez nous, les zèbres deviennent maintenant des Z et on écrit, par exemple, dans un compte rendu interne : Z ++ quand on a posé ce diagnostic et que les caractéristiques du zèbre sont très présentes. Dans notre base de données administrative, le patient est coché Z selon le diagnostic, etc. Z comme Zèbre, comme de A jusqu'à Z, comme Zorro qui veut faire justice, toujours et partout, ou encore comme la liaison qui rappelle que ce sont des Z'émotifs, des Z'errants, des Z'insoumis, des Z'ermites, des Z'oubliés... À vous de continuer ! Vous voyez, un Z... peut en cacher un autre ! Ça leur va bien finalement, vous ne trouvez pas ?

Surdoué : ce que l'on sait aujourd'hui

Ces dernières années, de nombreux ouvrages, un nouvel élan de recherche, des préoccupations gouvernementales ont attiré l'attention sur les surdoués.

Une conscience naissante de la nécessité de la prise en compte de cette catégorie de population atypique a rendu possible une mobilisation active et productive. De plus en plus d'équipes universitaires travaillent sur ce sujet, de plus

---

3. Cogito'Z, le premier centre français de diagnostic et de prise en charge des troubles des apprentissages scolaires, créé en 2003 par Jeanne Siaud-Facchin à Marseille. Cogito'Z Avignon et Cogito'Z Paris existent aujourd'hui.

en plus de praticiens, psychologues ou psychiatres se forment au diagnostic et à la prise en charge des enfants surdoués, des regroupements d'établissements scolaires tentent de réfléchir aux modalités pédagogiques les mieux adaptées. Certes, le « pèlerinage » des parents reste encore très périlleux et les *happy end* trop rares. Les professionnels manquent et les structures adaptées restent exceptionnelles, mais, soyons honnête, ça bouge... un peu.

La grande révolution est essentiellement venue des neurosciences. On peut maintenant, en particulier grâce aux techniques d'imagerie fonctionnelle (IRM), voir le cerveau fonctionner en temps réel. Ce qui nous donne la possibilité exceptionnelle de mieux comprendre quelles régions cérébrales sont engagées lors de la résolution de tel problème, dans telle situation, tel contexte. Cette révolution technologique vient renforcer notre compréhension et nos connaissances face à cette question essentielle : en quoi et comment la pensée du surdoué est-elle différente ?

➤ *Révélation ou confirmation ?*

En réalité, je trouve que, finalement, la contribution des neurosciences rassure, mais n'apporte pas de réelles révélations : les cliniciens savent depuis longtemps reconnaître la singularité de la pensée et de l'affectivité des surdoués. Les parents aussi le voient bien. Les enseignants, même les plus réticents, finissent à leur tour par reconnaître que ces élèves ne réagissent jamais comme les autres : ni dans leur modalité d'apprentissage, ni dans leur comportement, ni dans leurs relations aux autres, ni dans leurs réactions affectives.

En bref, aujourd'hui, la science prouve ce que les personnes qui côtoient des surdoués ont compris depuis longtemps.

Dans tous les cas, le seul véritable enjeu se résume en la question suivante : et maintenant, on fait quoi ? C'est d'une réponse à cette question dont tous ont besoin, les surdoués eux-mêmes et tous ceux qui les accompagnent, les éduquent, leur enseignent.

La validation scientifique rassure, mais reste sans réponse face à cette question.

So what ? diraient les Anglo-Saxons. Que nous apporte d'avoir des recherches qui ne font que rassurer ceux qui pensent que la preuve *est* le fait, alors que tous les cliniciens concernés cherchent, eux, depuis si longtemps comment aider ces êtres humains en difficulté, voire en souffrance. La recherche, de son côté, finit par travailler sur les surdoués, comme sur des sujets d'expériences sortis de tout contexte ou de toute humanité. Ils isolent un facteur, comme une molécule qui aurait sa propre vie. Et les constats s'égarent parfois dans des considérations théoriques très éloignées de la réalité du terrain, de la vie, la vraie.

Si je suis convaincue de la nécessité de la recherche scientifique, je trouve dangereux pour les surdoués qu'on les « oublie » dans les manipulations expérimentales. Je reste ancrée dans la certitude que la clinique est la source la plus fiable de connaissances humaines, que l'on peut faire des généralités à partir de cas uniques, que les centaines de rencontres avec les surdoués créent une population d'étude valide.

➤ Voyage dans le cerveau des surdoués... où l'on découvre l'explication de leurs particularités de vivre et de penser

Par ce petit détour du côté du cerveau, nous pouvons approcher avec un regard scientifique les composantes centrales du fonctionnement du surdoué, sur le double plan affectif et cognitif. C'est fascinant, je le reconnais, d'avoir cette possibilité de « voir en vrai » les processus invisibles, c'est surtout prodigieux de pouvoir prouver qu'il existe des singularités de fonctionnement. Que ce n'est pas pure fantaisie de cliniciens ahuris ou de parents névrosés.

Quelques découvertes des neurosciences qui changent notre conception du fonctionnement cérébral

CE N'EST PAS LE NOMBRE DE NEURONES QUI COMPTE,
C'EST LE NOMBRE DE CONNEXIONS

Nous vivons tous avec l'idée inquiétante que nous commençons à perdre des neurones à 20 ans. Nous avons appris que les neurones se multiplient rapidement dans l'enfance, que le cerveau arrive à maturité à l'adolescence et qu'ensuite la décrépitude s'amorce... Or, s'il est vrai que le cerveau se développe avec une rapidité phénoménale dans la petite enfance, il faut oublier cette histoire du nombre de neurones et de son lien avec l'intelligence. On sait aujourd'hui que c'est le nombre de connexions qui fait la différence. C'est-à-dire que plus on apprend, plus on comprend, plus on mémorise, plus on vit des expériences stimulantes, plus nos neurones établissent de liens entre eux. Et plus ce foisonnement de connexions est important, plus notre cerveau est performant.

À l'adolescence, le cerveau n'est pas abouti. Au contraire, on a récemment mis en évidence qu'il existait une immaturité cérébrale à cet âge dans la partie du cerveau qui contrôle et anticipe les comportements. Cette découverte permet de mieux comprendre pourquoi certains adolescents sont capables de prendre des risques insensés et de mettre leur vie en danger : leur cerveau ne sait pas leur dire stop ! Ils doivent faire l'effort d'utiliser d'autres compétences pour ajuster leurs comportements. Ce n'est pas naturel pour eux !

La grande découverte : la plasticité cérébrale. Ça, c'est bien, vraiment bien ! Cela signifie que l'on se fiche totalement de perdre des neurones (ce qui est vrai) car on peut en permanence connecter des neurones et créer de nouveaux réseaux. Même très, très vieux. On peut apprendre, penser, mémoriser et faire marcher super bien sa tête toute sa vie. Formidable, non ?

Autre particularité : il existe des différences individuelles dans la vitesse de transmission des informations. La vitesse moyenne de circulation des informations dans les réseaux de neurones se situe autour de deux mètres par seconde. Certaines personnes traitent les informations plus ou moins rapidement que d'autres. La vitesse n'est pas non plus la même selon les parties du cerveau et le type d'informations à traiter.

Le traitement de certains événements peut ne durer que trois à cinq millisecondes. Le temps que vous lisiez cette phrase, votre cerveau a traité des centaines d'informations : celles qui proviennent de l'extérieur par tous vos sens, par exemple l'odeur du repas qui se prépare, de la fraîcheur que vous sentez tomber sur vos épaules, du klaxon que vous entendez au loin... comme celles qui proviennent de l'intérieur, c'est-à-dire de votre propre pensée par le jeu des associations d'idées.

UNE DÉCOUVERTE RÉVOLUTIONNAIRE :
LE CERVEAU EST GÉNÉRALISTE

Les conceptions anciennes du fonctionnement du cerveau attribuaient une fonction à une zone précise. On pensait ainsi que si cette zone était abîmée ou détruite (par un trauma crânien par exemple), alors on perdait l'usage de la fonction associée. Par exemple, si la zone du langage est touchée, le patient ne peut plus retrouver l'usage de la parole. Or aujourd'hui on comprend que le cerveau est multitâche : toutes les parties du cerveau peuvent traiter plusieurs choses différentes. Si une région est touchée, une autre prendra le relais. Ce qui veut dire aussi que la puissance du cerveau est infinie.

AUTRE IDÉE REÇUE À OUBLIER :
ON UTILISE TOUT NOTRE CERVEAU ET PAS SEULEMENT 10 % !

Mais pas en même temps et pas tout le temps. La charge, la densité activée est variable : selon la contrainte du problème à résoudre ou de la situation, certaines zones seront en effervescence, alors que d'autres fonctionneront à faible régime. Voilà pourquoi on enregistre de nombreuses informations à notre insu : pendant que certaines zones travaillent avec acharnement sur le problème prioritaire posé, d'autres zones intègrent, analysent, traitent, enregistrent d'autres informations.

C'est ce qui nous fait parler aujourd'hui d'inconscient cognitif, tout ce que notre cerveau sait alors que nous ne savons pas, consciemment, que nous le savons.

Nous utilisons donc 100 % de notre cerveau, mais 90 % de nos pensées sont inconscientes et 10 % seulement conscientes.

Voilà l'origine de cette fausse croyance !

LE RÔLE INATTENDU DES ÉMOTIONS

On a longtemps pensé que, pour raisonner intelligemment, il fallait le faire froidement. Depuis Descartes, nous vivons dans la conviction que l'émotion va nous conduire à des erreurs. Que si l'émotion s'en mêle, on perdra toute capacité de jugement et on se trompera. Surprise : c'est totalement faux ! C'est même le contraire. L'émotion est nécessaire à la pensée[4]. Sans émotion, on prend des décisions, on tire des conclusions, on adopte des comportements « débiles ». On perd le sens des choses et de la réalité. Par exemple, si vous ne ressentez aucune émotion, vous ferez des erreurs d'appréciation et vous risquez de faire des choix contraires à votre intérêt ou à celui des autres. Sans émotion, le cerveau perd la raison !

L'organisation cognitive particulière du cerveau des surdoués

HYPERACTIVATION CÉRÉBRALE : TEMPÊTE SOUS UN CRÂNE

Un cerveau dans un état permanent d'hyperactivité, avec des connexions à grande vitesse et qui se déploient dans toutes les zones du cerveau simultanément. Un « bouillonnement » cérébral permanent qui élargit considérablement les capacités de pensée, mais qui devient rapidement très difficile à canaliser.

> « J'en ai tellement plein la tête que j'essaie de parler très vite pour tout dire, mais je m'embrouille, c'est la catastrophe. »

> « Je pense à tellement de choses à la fois que par moments je ne sais plus où j'en suis, je perds le fil de ma pensée. Ça va trop vite et j'ai l'impression d'oublier des idées essentielles. »

---

4. Antonio R. Damasio, *L'Erreur de Descartes*, Odile Jacob, 2006.

« C'est tellement intense dans mon crâne que j'ai parfois l'impression que je suis en surchauffe et que quelque chose va lâcher. En fait, ça me fait peur. Alors, j'essaie de me forcer à ne pas penser, mais je n'y arrive pas. C'est comme si j'étais prisonnier de mon cerveau. »

LA VITESSE

Cela commence par la vitesse de connexion dans le cerveau. La vitesse de transmission des informations est significativement plus élevée dans la population des surdoués (on parle de 0,05 mètre par seconde supplémentaire par point de QI en plus...). Ce qui signifie que dans le même laps de temps des informations beaucoup plus nombreuses sont intégrées et analysées. Tout va beaucoup plus vite et entraîne une multiplicité de données qui sont traitées simultanément.

Le flux cérébral est ininterrompu. Le niveau d'activation est très élevé et l'intensité est difficile à faire baisser.

Les conséquences ? Une pensée toujours en marche. Une pensée que l'on n'arrive pas à stopper.

« J'aimerais tellement mettre mes neurones au repos », ou « comment arrêter de penser, je n'en peux plus », ou, plus définitif, « existe-t-il un médicament, une opération chirurgicale, pour me débrancher ? »... Telles sont les plaintes et les requêtes exprimées en boucle par la plupart des surdoués épuisés de penser sans arrêt.

LE TRAITEMENT MULTISPATIAL

Quand on parle de traitement de l'information, on évoque la façon dont le cerveau traite l'ensemble des informations qui proviennent de l'extérieur ou de l'intérieur de soi. L'extérieur, c'est ce qui se passe autour de nous et qui est capté par nos cinq sens. L'intérieur rend compte de ce que nous avons dans la tête et qui émane de nos souvenirs, de nos associations d'idées, de nos représentations...

Chez le surdoué, toutes ces informations sont prises dans des réseaux de neurones qui circulent et se répartissent dans plusieurs parties du cerveau. Les connexions ne sont pas localisées dans une zone cérébrale distincte (ce que l'on observe habituellement avec les localisations fonctionnelles). De plus, le traitement est simultané, ce qui signifie que tout est traité en même temps et au même niveau d'importance. Le nombre de neurones concernés est démultiplié. Ils en ont effectivement... plein la tête !

LE DÉFI : SÉLECTIONNER L'INFORMATION PERTINENTE

Dans cette activation cérébrale permanente et accélérée, comment parvenir à repérer l'information principale ? Comment distinguer la donnée pertinente pour résoudre ce problème-là, à ce moment-là ? Tout va très vite et tout apparaît dans le cerveau en même temps. Quand on tente de saisir une idée, elle est déjà loin et des centaines d'autres ont surgi. Comment, enfin, se dégager de la charge émotionnelle qui s'active au même rythme que les neurones et qui entraîne la pensée dans des zones encore plus lointaines ?

• Le déficit de l'inhibition latente

L'inhibition latente est le processus cognitif qui permet de hiérarchiser et de trier les stimuli et les informations que notre cerveau doit traiter.

Par exemple, si nous entrons dans un endroit, son odeur va nous marquer, puis semble disparaître. Le cerveau a enregistré l'information, l'a rangée dans la catégorie « pas utile » et la met de côté ! La même chose se passe pour les bruits : le tic-tac d'une horloge peut vous agacer, puis il semble se taire, se fondre dans le décor, c'est l'inhibition latente qui a œuvré et a classé cette information comme secondaire.

C'est l'inhibition latente qui fait que notre cerveau opère une sélection dans toutes les informations reçues, qu'elles soient visuelles, auditives ou tactiles, et nous rend attentifs à ce qui est jugé utile et pertinent. L'inhibition latente supprime les bruits, images et sensations « de fond ». Une sorte de « tri automatique » est effectué afin que nous ne soyons pas submergés par toutes ces informations et que nous puissions nous concentrer sur l'essentiel. Il s'agit d'un processus neurologique fondamental qui se déclenche à l'insu de notre volonté consciente.

Ce « tri automatique » ne s'enclenche pas dans le cerveau du surdoué qui se retrouve face à une multitude d'informations qu'il doit traiter « manuellement ». On parle de *déficit de l'inhibition latente*. Ce qui suppose un effort singulier pour se « poser » dans sa tête et déterminer quelles sont les données à privilégier. On comprend bien la difficulté que rencontre le surdoué lorsqu'il doit organiser et structurer sa pensée. Et combien il reste aux prises avec toutes les émotions et sensations associées.

• La dépendance/indépendance à l'égard du champ : deux styles cognitifs aux compétences différentes

Les notions *dépendance/indépendance à l'égard du champ* désignent des styles cognitifs différents dans la capacité à repérer un élément distinct dans un ensemble complexe. Chacun de nous fonctionne selon un style cognitif privilégié.

Quand on est « indépendant du champ », on parvient facilement à isoler un détail et à estomper les informations inutiles dans la tâche donnée. Même lorsque de nombreux éléments sont présents, le cerveau trouve aisément ce qu'il recherche.

À l'inverse, quand le cerveau est « dépendant du champ », il devient difficile de distinguer la « cible » et il faut faire un effort d'attention considérable pour atteindre l'objectif fixé.

Les tests classiques utilisés pour évaluer le style cognitif consistent à rechercher dans un temps limité une figure géométrique qui est dissimulée dans un ensemble de formes enchevêtrées. Bien évidemment, la tâche est plus rapide et plus efficace pour ceux qui sont le moins perturbés par les formes non pertinentes qui embrouillent la perception de la forme « cible ».

Il a été montré ainsi que les styles cognitifs n'ont pas la même efficacité intellectuelle et ont un lien avec les traits de personnalité.

Le style « indépendant du champ » permet de décontextualiser facilement et d'être plus efficace dans l'activation des capacités intellectuelles. L'espace est dégagé pour déployer la ressource nécessaire à la résolution d'un problème donné. Il est associé à des personnalités indépendantes, peu influençables et qui parviennent à mettre de côté l'affectif quand c'est nécessaire. Elles savent faire « la part des choses ».

Rien de tout cela pour les « dépendants du champ » qui sont vite noyés dans tout ce qui les entoure et qui n'arrivent pas à en extraire l'essentiel (ou ce qui semble l'être). Les surdoués, bien sûr, sont de ceux-là !

Particulièrement perdu dans le foisonnement de sa perception des choses, le surdoué n'opère pas la différenciation nécessaire à un traitement rapide et efficace des données. Plus encore, sa dépendance au contexte est amplifiée par la dimension affective.

> Un surdoué est toujours dépendant du contexte affectif, il ne sait pas, il ne peut pas fonctionner sans prendre en compte la dimension et la charge émotionnelle présentes.

- Les performances du surdoué selon le contexte

Observons, pour bien comprendre, les différences de performance du surdoué en fonction des contextes. Dans une expérience de résolution de problèmes, il s'agit de trouver la solution la plus efficace possible. Les problèmes sont présentés sous deux formes différentes : 1. *tâche fermée*, le contexte est réduit, seules sont présentés les données nécessaires et 2. *tâche ouverte*, les possibilités sont variées et il est possible d'utiliser plusieurs façons de faire.

La différence est à la fois caractéristique et significative :
– dans une *tâche fermée*, le surdoué est rapide, concentré, efficace ;
– dans une *tâche ouverte*, il s'éloigne rapidement de la consigne, les idées s'enchaînent à grande vitesse, des informations surgissent de la mémoire et... le temps passe, le problème n'est pas résolu ou les erreurs sont nombreuses.

Ce qui signifie qu'il est essentiel de réduire les données pour qu'un surdoué soit efficace.

À l'école, par exemple, les QCM et les contrôles « à trous » optimisent les compétences du surdoué. Dès qu'il faut rédiger sur un thème, les connaissances se noient dans toutes les idées qui s'activent automatiquement.

Dans la vie, on observe facilement la différence de comportement selon le type de situation.

Soit le surdoué est hyperconcentré, mais il faut que ça aille vite car beaucoup d'énergie doit être mobilisée. Aller vite lui permet de mettre à distance toutes les informations parasites. Comme s'il fallait retenir la pensée qui va lui échapper et se déployer à son insu. Alors souvent il « zappe » et n'y arrive pas, car cela demande trop de ressources attentionnelles.

Soit le contexte est chargé d'informations, en particulier émotionnelles, et le surdoué ne parvient plus à canaliser son attention. Il se met alors en mode « veille » et ne laisse entrer dans son cerveau que le minimum d'informations vitales... Dans ces moments-là, on a l'impression qu'il n'écoute pas, qu'il n'est pas là. Parfois préjudiciable pour lui et très agaçant pour l'entourage ! Il est en mode économique ! Alors, pour se faire entendre, il va falloir répéter un grand nombre de fois !

> Le surdoué fonctionne en tout ou rien. Mais, pour lui, le tout, c'est souvent trop.

• Du « trop penser » à l'impulsivité : une particularité de fonctionnement à l'origine de conflits inutiles

Ne pas vraiment écouter, ne pas vraiment réfléchir comme une économie d'énergie cérébrale. Un surdoué peut vraiment donner l'impression d'être idiot tellement il peut parfois réagir, prendre des décisions, de façon irréfléchie. Le plus souvent face à de faibles enjeux : en mode veille, il répond, prend une décision superficielle ou pire, à côté. D'où de nombreuses méprises et des conflits inextricables. Très difficile en effet de comprendre et d'accepter que cet être intelligent et sensible ait pu agir, intervenir, de façon aussi inadaptée. On ne peut pas arriver à le croire. Souvent le surdoué cherchera à vous persuader qu'il ne l'a pas fait exprès, qu'il n'a pas pensé aux conséquences, qu'il n'avait pas bien compris et, aussi surprenant et déroutant que cela puisse paraître, c'est vrai ! Ce qui peut conduire à des impasses de communication : l'autre ne peut entendre une invraisemblance pareille et insiste. Alors le surdoué, à bout d'arguments justifiables, quitte le « combat ». Il se ferme, ne dit plus rien, fuit. Il ne sait plus ce qu'il faut dire et préfère se soustraire à la confrontation par impuissance à l'affronter. Il n'a pas d'arguments valables, lui le sait, mais l'autre ne peut l'admettre.

Les crises, les conflits, les bouderies sans fin, les punitions, les réprimandes, selon la position de chacun des protagonistes seront les conséquences de ce « dysfonctionnement » activé bien involontairement par le surdoué, lui-même malheureux de tant d'incompréhension réciproque.

On voit bien comment ce fonctionnement peut être compris comme de l'insolence, de l'impertinence ou de la provocation. Et ce, quel que soit l'âge !

Cerveau droit, cerveau gauche

Dans une autre conception neuroscientifique de l'activité cérébrale, une part importante est accordée à l'étude des différences de fonctionnement selon les hémisphères cérébraux engagés dans une tâche.

Vous le savez, notre cerveau est constitué de deux grandes parties distinctes, le cerveau droit et le cerveau gauche.

Dans chacun de ces hémisphères se situent un certain nombre de zones dont la fonction est affectée à des compétences différentes.

Dans les grandes lignes, il est habituel de considérer la répartition des tâches de la façon suivante.

Cerveau gauche	Cerveau droit
– Capacité analytique qui permet d'organiser et de structurer la pensée. – Compétences logiques et rationnelles. – Raisonnement argumenté et communication verbale. – Fonctions du langage.	– Traitement global et en images. – Capacité de traitement simultané d'un grand nombre de données. – Fonctionnement analogique par associations d'idées. – Intelligence intuitive. – Créativité et pensée divergente (qui sort de la pensée commune). – Forte implication émotionnelle.

PENSÉE LINÉAIRE ET PENSÉE EN ARBORESCENCE

Dans le traitement de l'information, on peut considérer que le cerveau dispose de deux possibilités.

Le traitement linéaire, séquentiel, permet de partir d'un point de départ donné et, par enchaînement logique, de parvenir à un résultat justifiable. Le fait de procéder étape par étape donne accès à la possibilité de communiquer les procédures utilisées, de les expliciter. De plus, l'activation du traitement séquentiel entraîne automatiquement l'inhibition des informations non pertinentes. Le cerveau bloque toutes les pensées, toutes les idées, toutes les hypothèses qui viendraient perturber le fonctionnement rationnel et rassurant de ce cheminement de pensée. C'est grâce à cette fonctionnalité cérébrale que l'on peut organiser une argumentation, développer une idée, structurer un raisonnement, justifier un résultat. Le traitement linéaire est le plus performant dans toutes les tâches qui demandent rigueur, méthode et sens logique. C'est aussi celui qui sait utiliser le langage avec fluidité, dextérité et précision.

Le traitement simultané procède de tout autre façon. À partir d'un stimulus, d'une idée, d'une consigne, tout un réseau associatif de pensées se déploie à très grande vitesse. Chaque idée en génère une autre sans qu'un lien logique sous-tende cette association. De plus, plusieurs axes de pensée se développent simultanément, créant une réelle arborescence de la pensée. Images, sensations, émotions vont alimenter cette arborescence qui devient de plus en plus complexe et dont les multiples « branches » se déploient à l'infini. Rapidement, la densité de pensées est élevée et il devient bien improbable d'espérer les organiser et structurer. Favorable à l'émergence d'idées nouvelles et créatives, jaillissement d'une pensée riche, forte en images et en émotions, la pensée en réseau n'est pas celle du langage qui explique clairement ni du raisonnement qui argumente logiquement.

LE CERVEAU DROIT EST PRIVILÉGIÉ CHEZ LE SURDOUÉ

L'hypothèse d'une plus grande implication de l'hémisphère droit dans les processus cognitifs des surdoués a fait l'objet de nombreuses validations scientifiques.

Et quand le cerveau droit domine, de nombreuses tâches deviennent plus difficiles. Les apprentissages scolaires, bien sûr, mais aussi toutes les situations, intellectuelles ou non, qui demandent à être rigoureusement organisées et ordonnées.

> « Les enfants normaux, quand on pose une question, il y a une antenne qui se lève et ils réfléchissent autour, alors que nous, il y a vingt-cinq antennes qui se lèvent et du coup on s'embrouille et on n'arrive plus à canaliser. Pour s'exprimer, ça devient très difficile », exprime Julie, 14 ans.

LA RÉPONSE INTUITIVE :
NE PAS POUVOIR ACCÉDER AUX PROCÉDURES

Le non-accès aux procédures qui ont permis de fournir une réponse est l'un des grands pièges du traitement par le cerveau droit.

Explication : prenez, par exemple, un problème mathématique.

Soumettez-le à un petit ou un grand surdoué, peu importe.

Demandez-lui le résultat. C'est bon.

Et maintenant proposez-lui de vous expliquer comment il le sait.

Réponse : « Parce que c'est évident.

— Mais encore ?

— Parce que je le sais, c'est tout. »

Oui, mais voilà, si on peut accepter une réponse sans explication dans certains – petits – domaines, ce n'est pas recommandé dans la plupart des situations. D'abord et encore à l'école, mais aussi tout au long de la vie. Ce qui est le plus frustrant, c'est que le surdoué est d'une immense bonne foi. Lui non plus ne sait pas comment il le sait ni pourquoi. Cela fonctionne en deçà de son seuil de conscience. Même avec une bonne volonté farouche, il n'y parviendrait pas.

> « Quand j'ai un problème, je vois le début, je vois la fin, mais au milieu je ne sais pas ce qu'il y a. »

C'est comme ça que l'explique Adrien. Clairement. Tous les surdoués ont cette difficulté. Difficulté paradoxale qui réduit par sa structure même de fonctionnement toute sa richesse intrinsèque.

Sur un plan neuropsychologique, cette singularité s'explique par l'activation de connexions neuronales qui empruntent des voies ultrarapides et par là même imperceptibles à la conscience. L'intuition fulgurante surgit de la mise en action de ces réseaux de neurones chargés d'informations. Les imageries cérébrales montrent cette activation cérébrale souterraine qui s'alimente des connaissances antérieures et de la capacité à créer des connexions inédites. *L'intelligence intuitive en est la résultante absolue avec ses pièges et ses immenses ressources.*

LA MISE EN MOTS : LES MOTS POUR LE DIRE

L'activation du cerveau droit correspond à une pensée en images, visuelle, spatiale. Passer par le langage, par les mots, par la structure linéaire du langage, dont le centre est situé dans le cerveau gauche, demande une concentration et un effort particuliers au surdoué. Face à une situation, à un problème à résoudre, à un obstacle à surmonter, mais aussi dans toutes les multipensées quotidiennes, ce sont les zones du traitement en images qui se mobilisent en premier. Le surdoué voit d'abord des images avant de les transformer en mots.

Avec une double difficulté :

• L'image peut être le nouveau point de départ d'associations d'idées arborescentes. Il faut alors « fixer » l'image dans sa tête pour la transformer rapidement en mots. Opération périlleuse car les réseaux associatifs sont très rapides. *Exemple*. Si je vous demande d'écrire : « Le bateau vogue sur l'eau. » Il est probable que cela ne vous pose pas de difficulté majeure. Spontanément vous verrez les mots dans votre tête, vous traiterez auditivement les phonèmes de la phrase et le tour est joué. Sauf si vous êtes surdoué ! Car alors, ce n'est pas le mot qui apparaîtra sur votre écran mental, mais un bateau, un vrai, voguant tranquillement sur une mer d'azur. Et vous voilà parti au gré des vagues et de vos associations. L'évocation de cette image va générer tellement d'idées, de souvenirs, de pensées associées... que rapidement vous serez bien loin de cette petite phrase de départ que je vous demandais simplement d'écrire...

• L'image produit un halo de sens qui n'arrive pas à se condenser dans le langage. Le surdoué n'arrive plus à trier et réorganiser sa pensée.

Voici une histoire caractéristique :
Hugo, 16 ans revient d'un voyage aux États-Unis. En famille, il a évoqué plusieurs anecdotes sur son séjour, sur des moments vécus, des rencontres, des expériences. Un soir, lors d'un dîner, quelqu'un l'interroge sur son voyage. Hugo répond que c'était formidable, mais qu'il n'aime pas les Américains. Ah, bon, pourquoi ?, demande son interlocuteur. Pause. Hugo ne sait pas quoi dire. N'arrive pas à trouver les mots qui pourraient traduire sa pensée au plus juste de ce qu'il pense et ressent. Il se tourne alors vers sa mère et, à la stupéfaction de tous, demande : « Maman, pourquoi je n'aime pas les Américains ? » Hugo a eu de la chance car sa mère avait précisément déduit des récits de Hugo ce qu'il ne savait pas dire. Et a pu répondre posément, tranquillement, à sa place. Hugo, subjugué d'entendre sa propre pensée se dérouler et s'organiser aussi simplement, s'est extasié : « C'est exactement ça, c'est incroyable ! Oui, voilà pourquoi je n'aime pas les Américains ! » Pour Hugo, ce fut une libération, un profond soulagement : que l'on puisse expliquer ce qu'il pense en trouvant les mots et les idées justes.

DE L'IMAGE AU MOT :
QUAND L'ARBORESCENCE S'EN MÊLE ET EMMÊLE

Ce tourbillon de pensée et d'émotions rend effectivement difficile le passage par le langage. Comment traduire ce brouhaha intérieur, cette effervescence de sentiments, cette sensation bouillonnante du monde, sans trahir ce que l'on pense, en trouvant le mot juste, au bon moment. En étant sûr que l'autre comprendra précisément ce que l'on a à dire. Parler, c'est faire passer ce foisonnement de pensées dans un goulot d'étranglement : les mots doivent s'agencer les uns après les autres, dans un ordre immuable et codé qui permettra de communiquer correctement ce que l'on a à dire.

> « On peut voir le monde linéaire comme une décision arbitraire par rapport à toutes les possibilités qui se trouvent au fond. Quand je suis sur un mode en arborescence, c'est plus difficile avec le langage car je peux me retrouver avec simultanément quatre mots qui veulent dire la même chose, ou presque, et qui se présentent au même moment. » Raphaël, 17 ans.

L'impossibilité à dire sans être totalement connecté à sa pensée, dans l'ici et maintenant de ce que l'on souhaite exprimer.

> « Je vois les mots de ce que je veux dire quand je suis dans ma pensée. Il faut que je sois connecté avec mes émotions pour pouvoir dire les choses. Si on me demande dans un deuxième temps mon idée sur quelque chose, je ne sais plus, car je ne suis plus connectée avec l'alchimie de ma pensée. »

L'intensité de la pensée avec sa charge émotionnelle ne se vit et ne peut s'exprimer qu'au moment où elle se déploie. Sa vitesse d'activation et son foisonnement spectaculaire rendent difficile l'intégration stable des données. Elles seront souvent perdues pour une utilisation ultérieure. Se remobiliser demande une très forte énergie La pensée échappe et s'échappe vite. Le *trop penser* élimine la pensée.

QUAND LES MOTS SE PERDENT DANS L'ARBORESCENCE

Vouloir s'exprimer alors que les mots passent si vite dans la tête peut créer de sérieux problèmes de communication et de vraies difficultés relationnelles. Quand on n'arrive pas à exprimer précisément et clairement ce que l'on souhaite dire, que l'on s'embrouille et que tout devient confus, on court le risque de ne pas être compris ou compris de travers, ce qui est souvent pire. Les mots viennent aussi difficilement pour traduire ce que l'on ressent.

Alors, souvent, le surdoué se tait. Ne pas parler car on ne sait comment dire. Et parfois, lorsque l'on parle, blesser bien involontairement. Ce n'était pas le bon mot, pas celui qu'il aurait fallu...

Se perdre dans sa pensée conduit souvent le surdoué à passer par des détours pour cerner une idée. C'est parfois la seule solution pour tenter d'éclaircir ses propos.

NE PAS COMPRENDRE LE SENS DES MOTS :
QUAND ON NE DÉCODE PAS LES IMPLICITES

> Marc, 24 ans, l'explique ainsi : « Pour moi, les surdoués ont un problème d'ordre sémantique. Quand un mot n'est pas utilisé dans le bon contexte sémantique, ce mot n'est pas compris. Je prendrai l'exemple de la physique. J'ai beaucoup de mal avec les notions de physique alors que cela me passionne. En physique, beaucoup de mots proviennent ou ont été intégrés au langage courant. La conséquence de cela est que, pour un même mot, j'ai plusieurs définitions et je le ressens physiologiquement. Pour comprendre les notions de physique, je suis en général obligé d'aller chercher le contexte historique dans lequel la notion a été exprimée. Sinon je ne les comprends pas. »

L'explication personnelle de Marc est élaborée. Mais, dans la vie du surdoué, cette difficulté est quotidienne. Dans une discussion, le surdoué répond à côté. Ou semble ne pas comprendre la question qu'on lui pose. Cela devient vite agaçant, épuisant, insupportable. On pense qu'il le fait exprès, que c'est de la provocation. Souvent le dialogue se bloque. Et la discussion dégénère en reproches. Pourquoi ?

Parce que le sens mis dans un mot, dans une tournure de phrase, n'a pas pris la même signification pour chacun.

> « On ne peut pas parler de vie après la mort, c'est impropre. Après la vie, c'est justement la mort, il faudrait trouver un autre mot. » Julien, 10 ans, n'arrive pas à comprendre l'utilisation de ce non-sens...

Pour un surdoué, la précision absolue est fondamentale, il comprend les choses au sens littéral. Pour qu'il saisisse ce que vous voulez lui dire, il faut lui expliquer le contexte. Alors il donnera aux mots le même sens que vous. Et le partage redeviendra possible. Sinon il ne comprend pas. Ou, plus exactement, il comprend autrement. Voici la source de malentendus éprouvants et de conflits inextricables, que l'on retrouve à tous les stades de la vie et dans tous les domaines : à l'école, l'enfant est « hors sujet » ou ne répond pas à une question qui semble pourtant simple, avec ses parents, l'enfant fait exactement le contraire de ce que l'on a demandé, pour l'adulte, dans le milieu professionnel, un rapport de forces s'engage avec un patron ou un collaborateur, dans le couple les discussions dérapent.

Cette difficulté à décoder les implicites ordinaires donne parfois la sensation au surdoué, petit ou grand, qu'il ne comprend rien au monde. Cela renforce son sentiment d'étrangeté et de décalage. Puisque tout le monde semble fonctionner de la même façon et que moi je n'y arrive pas, alors c'est moi qui ne suis pas normal ! Il souffre doublement : de la perception de cette différence qui l'isole des autres et de l'attaque de l'image de soi qui en découle. Le surdoué pense qu'il est responsable, que c'est de sa faute et qu'il est bien nul de ne pas savoir faire comme les autres.

Ces mécanismes peuvent être à l'origine d'un repli sur soi et d'un désinvestissement progressif du monde. D'une perte d'intérêt.

Du côté de l'affectif, le cerveau du surdoué montre aussi des singularités

Les soubassements du fonctionnement affectif du surdoué se trouvent aussi nichés dans le cerveau et dans les processus neurophysiologiques de la perception sensorielle. Nous verrons que ces singularités éclairent pour une grande part les caractéristiques habituellement retrouvées dans l'organisation de la personnalité du surdoué et dans son rapport au monde, toujours singulier.

UN SURDOUÉ PENSE D'ABORD AVEC SON CŒUR

Voici probablement la plus présente des spécificités du système émotionnel des surdoués, une de celles qui sont le plus caractéristiques de leur fonctionnement : l'ingérence émotionnelle. Malgré la prééminence majoritairement accordée aux formes de l'intelligence dans le profil du surdoué, il apparaît en réalité que c'est plutôt du côté du fonctionnement émotionnel et affectif que se révèle leur plus profonde personnalité, très singulière. D'une certaine façon, on pourrait dire, avec peu de risques de se tromper, qu'un surdoué pense d'abord avec son cœur, bien avant de penser avec sa tête. Et que c'est bien là que peuvent émerger des incompréhensions notoires mais aussi des blessures secrètes difficiles à assumer et à partager.

L'hyperréceptivité émotionnelle est centrale chez le surdoué. Véritable éponge, il absorbe en continu la moindre particule émotionnelle en suspension autour de lui. D'une sensibilité exacerbée aux émotions ambiantes, le surdoué ressent également les émotions des autres. C'est ce que l'on appelle l'empathie. L'empathie du surdoué est constante et perturbe ses relations humaines. Il ne peut parvenir à être uniquement avec quelqu'un dans une attitude simplement réceptive à l'autre. Il est toujours obligé de vivre, en même temps que l'autre, tout ce que celui-ci ressent et vit émotionnellement. Cette perméabilité laisse peu de repos et conduit à des ajustements constants. Et puis, quand on ressent si fort, comment être indifférent ? Comment ne pas s'impliquer, à fond, dans toutes les situations ? Comment s'isoler de ce brouhaha émotionnel capté avec force par tous les sens ?

L'HYPERESTHÉSIE OU LA PERCEPTION INTENSIVE DE TOUS LES SENS

L'hyperesthésie désigne la capacité sensorielle exacerbée. Des cinq sens. Un surdoué a des compétences visuelles, auditives, gustatives, olfactives, mais aussi kinesthésiques (le toucher) qui se révèlent très supérieures à la moyenne de la population.

- La vue perçante, aiguisée

Les reliefs sont plus nets, les contrastes plus marqués. Qu'il soit ébloui par la lumière ou caché dans l'ombre, rien n'échappe à la sagacité visuelle du surdoué. Minimes, imperceptibles, secondaires, tous les détails d'une scène sont repérés, perçus, analysés. Ceux dont d'autres ne perçoivent même pas la présence. Très tôt, le regard est scrutateur. Quelquefois même dérangeant par son intensité. Les expériences pratiquées avec des surdoués montrent qu'ils sont capables d'extraire d'une photo ou d'une image chargée en multiples détails un nombre significativement plus élevé d'éléments et dans un laps de temps beaucoup plus court.

- L'ouïe, acérée

Elle distingue simultanément des informations sonores en provenance de plusieurs sources, comme si le surdoué disposait de plusieurs canaux auditifs. Tous les messages auditifs perçus sont traités en même temps et le surdoué pourra réagir indifféremment à l'un ou l'autre de ces messages. À la grande surprise de son entourage, bien convaincu qu'il ne pouvait écouter tout en ayant l'oreille branchée sur son baladeur audio, et avec la télévision allumée, une conversation téléphonique en cours et un vacarme ahurissant dans la rue. Et pourtant, si. Il a non seulement bien entendu mais tout entendu et même parfaitement intégré. Essayez et vous constaterez qu'un surdoué a toujours la réponse quand vous lui demandez sournoisement : qu'est-ce que je viens de te dire ? De plus, les capacités de discrimination auditive permettent au surdoué d'entendre des sons sur de très basses fréquences. Un murmure, un bruissement, un filet sonore parviennent au cerveau avec la même netteté qu'un son plus perceptible.

- L'odorat, toujours actif

L'odorat est devenu un sens secondaire dans nos sociétés modernes. On ne l'utilise jamais pour analyser ou comprendre l'environnement. Au cours de l'évolution, l'ouïe et la vue sont devenues nos sens privilégiés.

Le surdoué, lui, a conservé cette capacité étonnante de se servir des odeurs pour retirer des informations sur les personnes et les choses qui l'entourent. Il en parle rarement car il ignore que les autres ne disposent pas de ce sens et, quand il le comprend, il pense alors que son odorat exacerbé est une tare honteuse. Alors il se tait. Pourtant, avec son odorat, le surdoué élargit encore sa réceptivité sensorielle et augmente significativement le nombre de données sensibles qui seront traitées et intégrées par le cerveau. Avec l'odorat, il comprend certaines choses qui sont invisibles et imperceptibles par les autres, il tire des conclusions ou mémorise des éléments qui enrichissent encore la complexité de sa pensée.

- Le goût et le toucher

Ils ont été moins étudiés, mais l'observation clinique montre un nombre étonnant de « gastronomes » chez les surdoués et le rapport très particulier qu'ils entretiennent avec le toucher. Sensibles à la texture de la peau des autres, attirés par les matières, ils ont souvent besoin de toucher pour bien comprendre. Comme si, par ce geste, ils s'assuraient d'avoir bien intégré toutes les composantes d'un objet. On retrouve également dans cette population un nombre étonnant de personnes qui ne supportent pas le contact avec telle ou telle matière : laine, matière synthétique, papier journal. Leur réaction est épidermique et elles peuvent avoir certaines allergies à leur contact.

> La capacité exacerbée des cinq sens explique l'extrême réactivité émotionnelle et l'importance de l'affectif.
> Tous les sens en éveil de façon constante élargissent la réceptivité au monde.
> L'exacerbation des sens génère une sensibilité émotionnelle élevée : tout est perçu et tout le temps.
> L'hyperstimulabilité, c'est-à-dire la rapidité du déclenchement d'une réponse émotionnelle de l'organisme, est directement corrélée à l'hyperesthésie.

ET DANS LE CERVEAU ?

Il a été noté une sensibilité particulière de l'amygdale chez les surdoués, ce qui explique la perméabilité importante aux stimuli sensoriels. L'amygdale est enfouie au plus profond du cerveau émotionnel, le plus archaïque. L'amygdale est la première à recevoir les images, les sons, les odeurs, les sensations qui viennent de l'extérieur. Elle déclenche des émotions de façon automatique, sans analyse consciente préalable. Plus la réceptivité de l'amygdale est élevée, plus nombreuses et fréquentes seront les perceptions et les réactions émotionnelles. L'amygdale, véritable sentinelle du corps, capte le moindre signal sensoriel présent dans l'environnement et y réagit de façon intense. Face à cette déferlante émotionnelle, le cortex préfrontal va rapidement se désactiver. Le cortex préfrontal est cette zone du cerveau (située en avant, sous le front) qui contrôle nos émotions et organise notre pensée. Siège de ce que l'on appelle les fonctions exécutives, c'est notre « tour de contrôle » qui aiguille, planifie, canalise, et donne les ordres adaptés pour gérer une situation. C'est dans cette zone du cerveau que l'on prend les décisions « raisonnables » et que l'on analyse les tenants et les aboutissants d'un problème. Quand le système limbique (siège des émotions) et en particulier l'amygdale est saturé par une forte charge émotionnelle, cela empêche le préfrontal de fonctionner. Il se met sur *off*. Les émotions prennent le contrôle exclusif de la situation sans être ni canalisées, ni contrôlées, ni intégrées dans un processus d'analyse plus complexe. Et, sous l'emprise des émotions, tout peut arriver. Le cerveau est submergé et le surdoué est emporté par ses émotions. Avec les risques que cela comporte. Car, si on a vu que les émotions sont essentielles pour fonctionner de façon adaptée et prendre des décisions correctes, le trop émotionnel fragilise et brouille les capacités d'analyse raisonnées.

La grande susceptibilité, retrouvée dans tous les profils de surdoués, est une des conséquences de ce processus neuropsychologique de sensibilité émotionnelle exacerbée et mal contrôlée.

QUAND ÇA DÉBORDE VRAIMENT : LA VIOLENCE DES RÉACTIONS ÉMOTIONNELLES

Contenir, se retenir... exploser. Alors tout devient incontrôlable. Les émotions débordent. Le comportement s'emballe. La violence de la crise est d'autant plus impressionnante que le point de départ peut paraître insignifiant.

Un seuil émotionnel est atteint qui ne peut plus être élaboré ni canalisé. C'est l'hyperréactibilité émotionnelle, qui s'explique par un seuil de réactivité significativement plus bas chez les surdoués, la capacité de régulation émotionnelle étant moins élevée.

En clair : un surdoué réagit beaucoup plus fort à des plus petites choses. Sur un plan neuropsychologique tout se joue au niveau du cortex préfrontal face à la déferlante émotionnelle.

LES BOUFFÉES D'ÉMOTION

Il faut comprendre que le surdoué se contient beaucoup. Il tente de mettre à distance toutes ces émotions qui l'assaillent en continu. Très vite, il est touché, blessé. Une remarque anodine, un mot rapidement employé, une phrase négligemment formulée, vont déclencher des bouffées d'émotion que le surdoué, dans un premier temps, essaie de canaliser, d'intellectualiser, de minimiser. Il tente de faire baisser la charge malgré les larmes qui montent, la colère qui gronde. Mais, si la situation de pression émotionnelle se prolonge, alors toutes les digues craquent et l'intensité émotionnelle emporte tout. À l'image d'un tsunami dévastateur.

La violence de la réaction n'est plus du tout en rapport avec la situation initiale, parfois banale. Dans ces moments-là, ce peut être des hurlements, des coups de poing d'une force inouïe contre les murs, des objets qui valsent... L'agressivité contre soi ou contre les autres est rare. Cette crise de l'extrême a pour objectif d'évacuer le surplus. C'est un exutoire. Mais parfois cela peut engendrer de vrais conflits ou avoir des conséquences plus graves.

La grande difficulté est de lui faire retrouver son calme. Tenter de raisonner, de parler a peu d'impact. Tout ce qui peut être dit risque de décupler l'intensité de la crise. La seule possibilité est d'attendre. Sans rien dire ou seulement des choses très neutres. Parler d'autre chose. On a parfois l'impression qu'il faut le faire « revenir » tant ses émotions l'ont emporté loin de la raison. L'idée est de ne pas donner prise à l'emballement émotionnel. La discussion devra venir dans un second temps.

LA SYNESTHÉSIE, UNE ÉTONNANTE COMPÉTENCE SENSORIELLE

La synesthésie est définie comme une association involontaire de plusieurs sens, ce qui veut dire que la stimulation d'un sens est perçue simultanément par un autre sens, sans que celui-ci ait été stimulé spécifiquement. C'est un croisement des sens avec superposition perceptive.

Par exemple, un synesthète peut non seulement voir la couleur rouge mais l'« entendre » aussi. L'origine ? Un excès de substance blanche dans le cerveau qui permet la connexion entre les différentes zones du cortex et le transfert d'informations. Les surdoués semblent particulièrement concernés par cette prolifération de substance blanche et seraient très fréquemment synesthètes.

Cette compétence intermodale (la participation simultanée de plusieurs sens) contribue à la prolifération d'associations d'idées, à la juxtaposition de sensations et d'émotions, à l'amplification et à l'exacerbation des sens. Il est rare que les surdoués parlent de cela car, comme pour beaucoup d'aspects de leur personnalité, ils ignorent que les autres ne vivent pas les mêmes expériences.

La synesthésie est constante et involontaire. On ne peut pas décider de la stopper.

On comprend combien la synesthésie contribue à la réceptivité sensorielle hors du commun des surdoués et à l'intensité de la perception émotionnelle.

De grands artistes étaient synesthètes. Souvenons-nous de Rimbaud et de son poème *Les Voyelles*. Comme beaucoup de synesthètes, Rimbaud voyait les voyelles en couleurs. Mais nous pouvons aussi citer le peintre russe Kandinsky dont les œuvres très colorées étaient pour lui une sensation tactile. Ou le compositeur Franz Liszt qui composait ses morceaux en nuançant les couleurs que la musique évoquait...

Petite expérience insolite : et vous, êtes-vous synesthète ?

• Si, à la lecture de ce texte, les mots s'affichent en couleurs (alors que je n'utilise que du noir et blanc). Si chaque lettre a une couleur propre (A, jaune, O, bleu, E, blanc, I, rouge, U, vert...), mais que le mot EAU n'est pas la somme de E, A, U car il est vert brillant !
• Si, quand vous écoutez quelqu'un, vous voyez autour de lui des formes géométriques.
• Si, quand vous écoutez de la musique, vous avez un goût sucré dans la bouche...
• Ou seulement l'un des trois ou encore quelque chose de semblable...
Alors vous êtes probablement synesthète !

Petit résumé à l'usage de ceux qui veulent comprendre d'un seul coup d'œil.

- Être surdoué, ce n'est pas être plus intelligent que les autres, mais fonctionner avec une intelligence différente.

- Quand on est surdoué :
  - l'hypersensibilité,
  - l'ingérence émotionnelle constante,
  - la réceptivité sensorielle exacerbée,
  - l'empathie qui capte toutes les émotions des autres,
  - les capacités surdéveloppées des cinq sens

sont des composantes indissociables de la personnalité.

- L'intelligence du surdoué est riche et puissante, mais s'appuie sur des bases cognitives différentes :
  - une activation cérébrale d'une haute intensité,
  - un nombre de connexions de neurones significativement plus élevé, des réseaux de neurones qui se déploient dans toutes les ères du cerveau,
  - un traitement des informations en arborescence avec une ramification rapide d'associations d'idées qui ont du mal à se structurer,
  - un déficit de l'inhibition latente qui oblige le système cérébral à intégrer toutes les informations en provenance de l'environnement sans tri préalable : les surdoués en ont *plein la tête*,
  - une impossibilité d'accéder aux stratégies utilisées lors de la résolution d'un problème car les connexions se font à grande vitesse et en deçà du seuil de la conscience,
  - une intelligence intuitive et en images qui se débrouille mal du langage, des mots et de la structure verbale.

• Les caractéristiques cognitives et affectives du surdoué sont validées par les connaissances scientifiques actuelles et en particulier par les neurosciences. Il ne s'agit ni de croyance, ni de mythe, ni de fantasme mais d'une réalité objectivable.

Les mythes ont la vie dure !

> « Ceux qui pensent que l'intelligence a quelque noblesse n'en ont certainement pas assez pour se rendre compte que ce n'est qu'une malédiction[5]. »
>
> Martin PAGE

Oui, certains continuent à penser et surtout à revendiquer qu'un surdoué est un être doué d'une grande intelligence, qu'il a donc de grands atouts pour réussir facilement sa vie et qu'il n'y a aucune raison de considérer que cela puisse être source de difficultés ou de fragilités particulières.

Voici ce que certains psychologues écrivent :

« L'hyperfonctionnement intellectuel n'est en rien synonyme d'une quelconque difficulté ou d'un renoncement obligatoire à quoi que ce soit : [les surdoués] peuvent se déployer dans toutes les directions que leur désir leur impose. [...] Un fonctionnement cognitif excellent va de pair avec une vie sociale de bonne qualité et une réussite acceptée et sans ambages[6]. »

---

5. Martin Page, *Comment je suis devenu stupide* © Le Dilettante, 2000.
6. Éditorial du volume *La Culture des surdoués*, Érès, 2006. Marika Bergès-Bounes et Sandrine Calmettes-Jean.

« Nous postulons que l'enfant ou l'adolescent qualifié de surdoué surinvestit le raisonnement logique et le savoir dans le but inconscient de colmater une dépression infantile. Nous envisageons que l'inélaboration de la position dépressive a entravé la mise en place des effets structurants du complexe d'Œdipe, et a pour conséquence une problématique essentielle de perte d'objet[7]. »

Ainsi, encore aujourd'hui, des psychologues « militent » pour affirmer que tout cela est pure fantaisie et que si certains surdoués vont mal cela procède de la psychopathologie psychanalytique classique, sans aucun lien avec leurs caractéristiques de personnalité.

On continue de lire, en ce début de XXIe siècle, des thèses universitaires inspirées de la psychanalyse qui défendent l'idée que l'intelligence est un mécanisme de défense contre la dépression...

Comment est-il humainement possible de dénier toute une frange de la population sur des prétextes idéologiques dépassés ? Dans quel but ? Comment ne pas respecter toutes ces personnes en souffrance, mais aussi tous ces parents désemparés qui cherchent de l'aide pour accompagner leur enfant ?

Comment est-il possible d'ignorer que l'intelligence excessive est forcément anxiogène et qu'elle génère une sensibilité, une lucidité, une façon d'être au monde qui marquent l'ensemble de la personnalité ?

Comment dénier des singularités de fonctionnement et d'adaptation à ces 2 % de la population qui se situent en symétrie de ceux dont la déficience intellectuelle est

---

7. Thèse de Caroline Goldman, *L'Enfant surdoué normal et pathologique*, sous la direction de Catherine Chabert, université Paris-V, 2006.

objectivable ? Cela reviendrait à dire qu'on peut accepter et intégrer que la limitation intellectuelle a des incidences sur le fonctionnement de la personnalité et sur l'adaptation sociale, que les déficients doivent être aidés et accompagnés que des mesures prophylactiques et pédagogiques doivent être envisagées, mais que, de l'autre côté de la courbe, il ne se passe rien. C'est le vide, cela n'existe pas. C'est juste de l'intelligence *en plus*, donc aucune raison de s'en préoccuper. Aucune raison de prendre en compte toutes les singularités et les difficultés d'adaptation que cette intelligence excessive génère. Cela me met vraiment, vraiment en colère.

Mais si je suis honnête ou, peut-être, si je cherche à me rassurer, on constate que la « débilité » a mis elle aussi longtemps à être acceptée. Il est vrai qu'il a fallu plusieurs décennies pour que l'on comprenne que la déficience intellectuelle relevait du handicap mental et qu'il était indispensable d'en prendre la pleine mesure. Alors peut-être faut-il attendre que les mentalités évoluent, que les neurosciences accélèrent encore leurs prodigieuses avancées, que certains cliniciens actualisent leurs connaissances pour que, enfin, les surdoués soient compris et aidés dans les fragilités qui leur sont spécifiques. Comme tous ceux, quelles qu'en soient les raisons, qui ont besoin qu'on les aide à alléger leur souffrance. Comme tous ceux pour lesquels notre métier de clinicien consiste à les accompagner vers leur plein épanouissement.

CHAPITRE 2

Pourquoi est-il essentiel de s'intéresser à l'adulte surdoué ?

« Je ne saurais vous dire mon soulagement de me savoir normale, moi qui me suis toujours vécue comme décalée, inadaptée, inapte. J'ai enfin pu mettre des mots sur mes maux, et, si je ne suis pas libre, je me sens vraiment libérée. »

Ce témoignage d'une lectrice de 43 ans à la parution de mon premier livre sur l'enfant surdoué[1] résume, avec les mots justes, le nouveau souffle que l'on peut éprouver, lorsque, enfin, on se sent appartenir à un groupe qui partage un fonctionnement similaire au sien. La question de l'adulte surdoué est encore plus sensible à traiter que celle de l'enfant. Si on peut admettre, malgré des réticences encore vives, que l'enfant en développement puisse montrer certaines aptitudes particulières, il est bien difficile d'accepter que des adultes gardent ce mode de fonctionnement tellement singulier qui les distingue. Eux-mêmes le perçoivent, sans savoir le nommer, les autres le ressentent, mais l'attribuent spontanément à un trait de caractère, à

---

1. *L'Enfant surdoué, l'aider à grandir, l'aider à réussir*, Odile Jacob, 2002.

une originalité, à la personnalité « marginale », « rebelle » ou trop sensible de leur ami… L'adulte se retrouve ainsi pris, et ce depuis toujours, dans un système de miroirs qui lui renvoient des images de lui-même multiformes et souvent déformées.

À la recherche de soi…

Lui-même cherche son reflet, son identité, a besoin, comme chacun, de comprendre qui il est, comment il fonctionne, pourquoi on l'aime, pourquoi il est rejeté, quels sont ses forces ou ses atouts réels, quelles sont ses vraies limites. C'est une quête légitime et universelle. Ressentir en soi le noyau identitaire autour duquel on est construit et à partir duquel on s'inscrit dans le jeu de la vie et dans sa relation aux autres. Depuis notre toute petite enfance, nous tentons, sans relâche, de nous comprendre nous-mêmes pour mieux comprendre le monde, les autres et, surtout, mieux vivre. Ce mouvement naturel peut, selon les personnalités, être plus ou moins consciemment vécu. Certains avancent dans la vie avec des certitudes, des convictions protectrices et rassurantes : les choses doivent être faites comme ceci ou comme cela, il convient de réagir de telle ou telle façon selon la nature des situations. D'autres tâtonnent, s'interrogent sans cesse, sur tout, tout le temps, questionnent le monde sur le sens de la vie, s'inquiètent de petites choses qui ébranlent ce qu'ils pensaient savoir, réagissent à la moindre variation de l'environnement, reprennent sans relâche le commencement de toute chose pour être bien sûrs d'en avoir compris le sens profond, vivent toujours avec ce léger sentiment d'être à la fois avec et à côté des autres. Des adultes à l'adaptation précaire, qui vivent parfois dans des vies qui ne leur ressemblent pas tout en faisant semblant d'y croire... puisque tout le monde à l'air de trouver tout cela tellement normal !

Leur détresse singulière ne peut échapper à des cliniciens à l'œil exercé et expert. Le nombre d'adultes surdoués en rupture de vie et en souffrance psychologique parfois sévère est élevé et il convient d'en prendre sérieusement la mesure. Confiés à des professionnels non experts ou, pire encore, rejetant ce diagnostic, ils se verront précipités dans des « pèlerinages » diagnostiques et thérapeutiques qui ne feront qu'accentuer leur malaise et leur profond sentiment de solitude et d'incompréhension.

> « Merci. Vous n'avez pas idée à quel point cela fait bizarre de se sentir normal. Quel paradoxe ! Moi, qui toute mon enfance ai toujours voulu être différent, le jour où votre livre[2] m'a dit "tu es différent", je me suis senti normal. C'est stupide mais apaisant. [...] Quel choc ! J'ai eu la larme à l'œil pendant toute ma lecture. [...] Vous m'avez raconté l'histoire de ma vie, de mon raisonnement. Quel soulagement. Je n'ai jamais passé de tests de QI, mais je me suis toujours douté de quelque chose. Il y a toujours eu ce truc qui, quand vous êtes face à d'autres personnes, vous dit : attends, là, il y a un problème, ils ne réagissent pas comme il faut. Alors évidemment quand le fou dit que tout le monde est fou, il est fou. Suis-je donc fou ? »

▶ *Les clefs essentielles*

Se sentir à la fois comme les autres et pourtant différent. Mais différent en quoi ? pourquoi ?

---

2. *Ibid.*

La nécessité de garder cette différence tout en voulant à tout prix « être normal », c'est-à-dire dans la norme.

La sensation que, si on ne réagit pas comme les autres, ce ne sont pas les autres qui peuvent être mis en cause, mais soi-même. Et, comme le veut la pensée commune : si je ne suis pas « comme les autres », si je ne réagis pas « comme les autres », si je ne comprends pas « comme les autres », alors je suis fou.

La nécessité d'être compris, tel qu'on est vraiment. Et non pas, comme il est habituel de comprendre et traiter ce qui diffère de la norme : en psychiatrisant. Les surdoués partagent avec la population des malades psychiatriques un point central de fonctionnement : leur différence dans l'adaptation au monde. Une façon d'« être au monde » qui les distingue de leurs semblables. Alors, parfois, la confusion s'installe, au risque de diagnostiquer un trouble psychiatrique alors qu'il ne s'agit point d'une « folie ordinaire », mais d'une personnalité extraordinaire, au sens étymologique, c'est-a-dire en dehors de l'ordinaire. Cela fait une immense différence !

Alors, oui, je veux dire à tous ces adultes surdoués, ceux qui le savent, ceux qui l'ont compris, ceux qui l'ignorent tout en le ressentant : vous êtes des personnes singulières :
- avec une forme de pensée,
- un mode de raisonnement,
- une façon de percevoir, de comprendre et d'analyser le monde,
- une sensibilité exacerbée,
- une émotivité débordante,
- un besoin de savoir et de maîtrise incoercible,
- une réceptivité émotionnelle intense, à l'environnement, aux autres,

- une nécessité de questionnement et de remise en question incessante, de tout, tout le temps,
- une lucidité aiguisée qui vous laisse rarement en paix,
- une intime conviction d'être nul même quand les autres vous trouvent intelligent,

... qui font de vous des « étrangers » parmi les autres alors que votre souhait le plus intime serait d'être acceptés par ce monde que vous comprenez trop, tout en n'y comprenant rien, que vous cherchez à apprivoiser et qui semble toujours s'échapper, par lequel vous voudriez vous faire adopter et qui vous rejette dès que vous vous exprimez...

Être simplement compris. Compris dans votre singularité. Car vous ne demandez pas obligatoirement à être compris sur le fond : vous comprenez bien que les autres ne peuvent toujours vous suivre dans vos raisonnements, dans vos questionnements, dans votre sensitivité, mais vous demandez seulement à être honnêtement compris dans un respect mutuel de l'identité de chacun. Quelle que soit sa différence !

➤ Comme notre monde est curieux !

La différence est devenue un leitmotiv de nos sociétés et de nos politiques occidentales : intégrer la différence, toutes les différences, est aujourd'hui une volonté politique active et mobilisatrice. Des ministères y sont entièrement consacrés, des aménagements doivent être intégrés, partout, pour accueillir ceux qui sont différents, ceux pour lesquels l'intégration est rendue difficile : les handicapés, les immigrés, les SDF... Tant mieux, bien sûr ! Et merci à cette société moderne qui a compris cette nécessité cruciale de faire une place à chacun. Mais je ne peux m'empêcher d'être souvent attristée de voir combien ceux dont la différence est invisible à l'œil nu, dont la différence ne ressemble pas d'emblée à un handicap, dont la différence suscite plus l'envie que la pitié, bref que tous ces surdoués qui souffrent en silence et cherchent seuls des solutions à leur différence ne soient jamais (trop rarement) pris en compte par notre société du XXIe siècle. La détresse de ces adultes et leur problème d'intégration, de vie parfois, devraient susciter, si ce n'est de la compassion, au moins de la compréhension. Et, au risque d'être taxée d'élitisme, j'ose affirmer qu'il serait tellement satisfaisant, aussi, de ne pas attendre la souffrance, l'égarement, la marginalisation, pour que notre société comprenne toute la richesse de ces surdoués et tout le bénéfice que nous pouvons tous retirer de leur sensibilité au monde et de leur intelligence atypique ! Quel gâchis ! Et dire que certains pensent encore que les surdoués sont ceux qui réussissent brillamment, ceux qui remportent les concours de nos écoles les plus prestigieuses, ceux qui occupent les places les plus enviées de nos sociétés ! Comment continuer à penser des choses pareilles ? Ce qui est sûr, c'est que ceux qui pensent qu'être surdoué doit seulement être considéré comme une chance ignorent tout de ces personnalités fragiles et sensitives qui ne demandent qu'une chose : réussir, elles aussi, à être aimées et acceptées, comme elles sont.

L'intelligence excessive est un double mal : elle fait souffrir et personne ne songe à plaindre celui qui en souffre. Au contraire, elle peut susciter jalousie et agressivité et amplifier ainsi la souffrance. On ne dira jamais de quelqu'un : « Il est sympa, mais le pauvre, il est trop intelligent ! » Alors, comment compatir avec ceux dont l'intelligence semble toute-puissante ? Peut-on parvenir à intégrer, comme l'écrit Malraux dans *La Condition humaine* : « L'homme souffre parce qu'il pense. »

➤ *Le BB, Brillant Bosseur, n'est pas le surdoué...*

C'est l'origine de la confusion. Penser que celui qui réussit brillamment est forcément surdoué. Alors que l'on mélange deux caractéristiques distinctes. Le Brillant Bosseur est celui qui possède une grande intelligence mais une intelligence adaptative. Une forme d'intelligence semblable à celle de tous. Seulement différente en *quantité* et non en *qualité*. Le Brillant Bosseur a une intelligence *quantitativement* supérieure mais *qualitativement* identique. De plus, avec cette intelligence adaptative, il saura l'optimiser en travaillant pour en faire une force de réussite exemplaire.

Ce sont ceux-là qui, avec facilité, réussissent scolairement, professionnellement et même humainement, au sens le plus classique du terme. Ce sont ceux-là qui sont les chouchous des profs. Ce sont eux qui raflent les premières places, de la maternelle à la vie professionnelle. Et tant mieux, il faut des premiers. Cela renforce le challenge et ne doit pas faire crier à l'injustice. Personne ne songe à penser injuste qu'un tennisman remporte un tournoi car il est plus « doué » que son adversaire, ou que tel compositeur de musique soit capable, grâce à son talent, d'émouvoir des milliers d'auditeurs en extase. Alors, pourquoi l'intelligence serait-elle plus suspecte ? Pour ceux que tout cela agacerait quand même, on peut mettre un léger bémol : il semble que les enfants modèles, les BB, soient des adultes anxieux...

Mais ces BB se distinguent des surdoués par leur facilité à utiliser leur potentiel dont les formes adaptées conviennent bien à notre société. À côté, la nature plus échevelée, désordonnée, brouillonne, intense, tumultueuse de l'intelligence du surdoué rend son « formatage » plus difficile. Pour lui, le combat, c'est lui-même d'abord. C'est parvenir à apprivoiser, dompter, canaliser sa pensée et sa compréhension tentaculaire du monde en un courant linéaire et concentré. Tout en apaisant les aspérités les plus sensibles et douloureuses de sa sensibilité. C'est son premier défi. Après, seulement après, il pourra s'interroger sur comment faire avec le monde ? Comment répondre aux attentes ? Comment réussir, lui aussi ?

Une question fréquente : que deviennent les enfants surdoués ?

C'est une question récurrente. Inlassablement, tous la posent. Que deviennent les enfants surdoués ? Qui sont-ils à l'âge adulte ? Que deviennent-ils ?

J'ai envie de répondre d'abord : ils deviennent ce qu'ils sont. Ils deviennent ce qu'ils ont toujours été. Ils deviennent des adultes construits à l'image de leur personnalité et de leur histoire de vie. Ils deviennent des personnes différentes selon qu'ils ont été aimés, accompagnés, compris ou exclus, rejetés, maltraités par la vie et les autres, ils deviennent ce qu'ils peuvent… comme chacun d'entre nous.

Ce que j'introduis ici est l'idée qu'il n'y a pas de voie tracée, identique pour tous. Que nous avons chacun nos différences. Soit nous sommes parvenus à « faire avec », ou nous avons « lutté contre », ou encore nous sommes restés dans un brouillard sur nous-mêmes qui nous a fait avancer à tâtons, sans direction, sans objectif et donc avec un sentiment persistant d'insatisfaction.

Cela est vrai, aussi, pour les surdoués. Comme les autres même si, avec eux, c'est toujours PLUS que les autres. Plus dans le sens où ce qui sera douloureux mais acceptable pour l'un se transformera en bombe émotionnelle pour le surdoué. Tout est amplifié. Exacerbé. Extrême.

➤ *L'adulte : ancien enfant précoce ?*

Cet intitulé vous fait sourire ? Je l'espère ! C'est celui en tout cas qu'une association de parents m'avait un jour proposé comme thème de conférence. Nous voyons d'emblée tous les non-sens que renferme cette proposition : est-ce à dire que l'on arrive à l'âge adulte en ayant perdu sa « précocité » qui est devenue quelque chose d'« ancien », qui n'est donc plus d'actualité ? Bizarre, bizarre... L'idée qu'être surdoué s'assimile à une précocité de développement intellectuel et que par conséquent cela ne concerne que les enfants est encore bien ancrée !

➤ *La question centrale que se posent tous les parents*

Cette anecdote autour de ce thème « baroque » sur *l'adulte, ancien enfant précoce*, très révélatrice de l'ambiguïté autour de cette question, ne doit pas faire oublier combien elle est légitime pour les parents d'un enfant surdoué. Être parent, c'est se voir confier la mission d'accompagner nos enfants pour qu'ils deviennent des adultes heureux de vivre et heureux dans leur vie. C'est un raccourci, mais l'enjeu majeur est là.

Avec un enfant surdoué, dont tout le fonctionnement intellectuel et affectif aiguise les contours, l'inquiétude des parents est démultipliée. En comparaison d'un autre enfant qui, tout en rechignant, accepte une contrainte, qui peut admettre d'obéir sans discuter à l'infini, qui s'attriste des remarques d'un parent mais reste solide… l'enfant surdoué va exploser à la plus petite frustration, s'entêter sans lâcher pour discuter un ordre, s'effondrer en larmes à la moindre allusion négative… Comme tous les enfants me direz-vous ? Oui, mais non, pas tout à fait. Chez eux, tout est plus exacerbé, plus absolu, plus impérieux. À chaque étape de son développement, l'enfant surdoué montre des singularités qui rendent la tâche du parent plus complexe et le remettent en permanence en question. Dans ce parcours, la traversée des années d'école cristallisera le maximum d'angoisses.

La peur de mal faire, de ne pas savoir comment faire ou pire encore de « tout gâcher » s'insinue en chaque parent.

➤ Une condition favorable : avoir été diagnostiqué enfant

Il existe une grande différence sur le « devenir » de l'enfant surdoué, selon qu'il a été ou non diagnostiqué enfant et l'âge auquel ce diagnostic a été pratiqué.

On peut distinguer plusieurs grands groupes :

1. Le groupe des adultes dépistés dans l'enfance, dont l'hyperintelligence et l'hyperémotivité (HYPIE ?) ont toujours été considérées comme une facette de leur personnalité.

2. Le groupe de ceux qui, dépistés dans l'enfance, n'ont pas été considérés comme des enfants singuliers. Ou, pire encore, dont on a alors attendu de grands succès dans cette confusion dévastatrice entre intelligence et réussite.

3. Ceux qui ont été dépistés à l'âge adulte, par hasard, par erreur, par curiosité, par identification à leur enfant.

4. Enfin, le groupe de ceux n'ayant jamais été dépistés et qui ne le seront probablement jamais. Ceux-là échappent

à notre perspective et apportent sûrement un biais dans la compréhension des surdoués : qui sont-ils ? Comment vont-ils ? À quoi ressemble leur vie ?

Parmi eux, ceux qui ont franchi au mieux tous les obstacles et ont réussi, en tout cas en regard des critères habituels. Car eux, au fond d'eux, que ressentent-ils ? Sont-ils satisfaits de cette réussite affichée ? Qu'ont-ils fait, comment ont-ils ménagé leur sensibilité, leur affectivité, leur insondable besoin d'amour ? Nul ne le sait ! En tout cas pas scientifiquement ni cliniquement, mais, regardez autour de vous : malgré le rêve que certains d'entre eux représentent à nos yeux, ne percevez-vous pas une petite flamme vacillante derrière ces sourires satisfaits ? Pour moi, c'est l'idée de l'image qu'ils ont d'eux-mêmes et de leur vie au moment du coucher qui me taraude parfois : dans l'intimité de leur chambre, de l'obscurité qui s'installe à l'intérieur comme à l'extérieur, comment vont-ils vraiment ?

Et puis, parmi ceux jamais dépistés, on trouve aussi sûrement beaucoup de ces adultes en errance, dont on dit : je ne comprends pas ce qui s'est passé. Qui n'ont jamais pu construire une vie professionnelle, sentimentale, humaine qui corresponde à ce que l'on perçoit de leurs compétences intellectuelles et humaines. Ceux « qui ont tout loupé » ou encore qui vivent en marge et sans réel projet. Ni vraiment dedans ni vraiment dehors. Je pense que ceux-là sentent au creux d'eux-mêmes une part étouffée et jamais reconnue, une révolte sourde et jamais exprimée, une sensation de puissance enfouie qui ne peut même plus être pensée... Une souffrance muette et sans mots, car comment nommer l'innommable, ce dont on ne sait rien, ce pour quoi on ignore même l'existence de mots ?

➤ *Peut-on tenter des pronostics ?*

Un diagnostic précoce pour grandir mieux

Il est facile de comprendre que, lorsque le diagnostic a été posé tôt dans la vie de l'enfant et qu'il a grandi dans un environnement bienveillant et protecteur, il a de meilleures chances d'être épanoui et satisfait de sa vie à l'âge adulte. C'est sûrement le meilleur pronostic ! Son intelligence et sa sensibilité ont été intégrées harmonieusement dans la construction de sa personnalité et de son identité. Cette compréhension de lui-même lui a donné à chaque étape la possibilité de donner sens à ses expériences de vie. Il est et a toujours été « en pleine possession » de ses moyens. Les bases narcissiques de sa personnalité sont solides. Il peut avancer dans la vie en pleine confiance. Il est « confortable » avec lui-même.

Dépisté... mais avec un diagnostic déformé ou ignoré

Lorsqu'un diagnostic a été fait et que le seul retour qu'en a connu l'enfant est : tu as un QI élevé, tu as donc tout pour réussir ! Il est clair que cette « chose étrange », ce QI mystérieux aux pouvoirs qu'on lui a dits magiques, est restée « une composante extérieure à son développement ». Un peu comme si on lui avait dit qu'il avait la chance d'avoir « quelque chose » en plus, un objet précieux qu'il posséderait, mais dont on ne lui a rien expliqué.

Autre version : « Maintenant on sait que tu as de grandes possibilités, donc tu dois les exploiter ! »

C'est le lit d'une culpabilité infinie : pour l'enfant se joue un véritable drame intérieur. Même s'il n'en exprime rien. Et un drame qu'il transportera toute sa vie : si on me dit que je dois réussir, si je ne réussis pas, c'est que je suis vraiment un bon à rien, un nul, un incapable. Si je ne vaux rien, à quoi sert-il que je continue ? Si je ne réussis pas, je décevrai tout le monde et on ne m'aimera plus. On me délaissera. Si je suis supposé être *plus* que les autres alors que je me sens tellement *moins*, tellement plus vulnérable, tellement plus bête, tellement plus inutile, alors qui suis-je ? Toutes ces questions seront prises en compte par le système de pensée et de sensibilité de l'enfant surdoué. Tout un réseau de culpabilité qui s'alimente d'autant plus que, si les difficultés à réussir persistent, l'image de soi s'effondrera et des troubles psychologiques parfois sévères finiront par se déclencher. Et une spirale infernale se refermera sur l'enfant, jetant un voile bien sombre sur ses perspectives d'avenir !

Attention, enfants fragiles : soyez prudents dans l'explication du diagnostic. Mettez des mots justes qui donneront sens à ce que vit l'enfant. Oubliez l'idée, trop tentante parfois, de dire à votre enfant que vous êtes content, rassuré. Que maintenant on sait qu'il va pouvoir réussir ! Ce n'est pas cela être surdoué ! C'est une façon d'être au monde, de comprendre, de penser, de raisonner, de ressentir, qui s'organise de façon différente et qui, si elle comporte de réelles possibilités et des ressources considérables, a besoin d'être accompagnée avec douceur et fermeté bienveillante. C'est une force fragile qui peut briller et vous éblouir, mais se casser à la moindre secousse. Prudence et confiance.

> « Je l'ai toujours su, mais on me disait : puisque tu es intelligente, tu dois réussir. Alors j'ai tout fait pour être conforme à ce qu'on attendait de moi. Avec la peur au ventre : de ne pas y arriver, de décevoir. Puisqu'on me disait que je devais y arriver. Eux, les adultes, ils le savaient que j'étais capable. Et je me sentais si nulle ! J'avais si peur ! Alors, oui, j'y suis arrivée ! Enfin, si on peut considérer que prof de maths, c'est une réussite ! Mais au moins avec les maths je m'égarais moins dans mes pensées, c'était logique, enfin

pas toujours, mais rationnel et cela me rassurait. Et je n'avais rien à "raconter" quand on me demandait ce que je faisais. Les maths, ça n'intéresse personne, que les profs de maths ! » Michelle, 48 ans.

Un diagnostic que l'on feint d'ignorer ou que l'on cache à l'enfant a des effets très pathogènes

Il arrive, oui il arrive, que certains parents préfèrent ne rien dire à leur enfant du diagnostic qui a été posé à l'issue du bilan. Pourquoi ? Parce qu'ils craignent que leur enfant « ne prenne la grosse tête » et qu'il ne fasse plus d'efforts au prétexte de son intelligence élevée. C'est de leur propre projection dont il s'agit là ! Ces parents-là n'ont entendu que l'aspect intellectuel du diagnostic et pour eux cette fierté, cette chance, ne doit pas « pervertir » leur enfant. C'est leur façon à eux de le vivre. On rencontre aussi certains parents qui décident d'ignorer le diagnostic. Mon enfant est intelligent, d'accord, donc il doit réussir, point. À quoi servirait, pensent-ils, de dévoiler un diagnostic dont ils ne perçoivent pas toutes les dimensions ? Je ne critique pas, chacun vit les choses comme il le peut, mais je trouve cela dangereux pour le développement de l'enfant.

Cacher un diagnostic, c'est empêcher l'enfant de se connaître tel qu'il est vraiment. C'est le faire grandir en l'amputant d'une part de lui-même. L'enfant, face à certaines situations, vivra les choses difficilement, sans comprendre pourquoi, sans savoir d'où viennent ses difficultés. En particulier, dans ses rapports avec les autres, l'enfant se sentira parfois différent, aura du mal à s'intégrer au groupe ou encore se sentira rejeté. Alors, il souffrira sans avoir les clefs qui lui en expliqueraient les raisons. Sa sensibilité, sa perception amplifiée du monde, son émotivité débordante seront vécues par lui comme des défauts qu'il faut réprimer. Il ne saura jamais qu'il est un enfant dont la personnalité s'articule autour de singularités intellectuelles et affectives qui en font à la fois un enfant d'une grande richesse et un enfant distinct. Osons une comparaison : imaginons un myope à qui l'on décide de ne rien dire et dont la vision ne sera pas corrigée. Pour lui, il sera « normal » de voir flou et il tentera de s'adapter malgré tout, persuadé que tous voient comme lui. Dans les moments les plus difficiles, il pensera alors que cela vient de lui. Il pourra se sentir nul ou incompétent et se dévaloriser. Comment peut-il savoir que c'est sa myopie qui transforme sa vision du monde ? Et qu'avec des lunettes il verrait tellement plus clairement ! C'est la même chose pour le petit surdoué : savoir, c'est avoir une meilleure visibilité sur soi et sur le monde. C'est comprendre que sa différence s'explique, qu'elle a un nom, qu'on peut en parler et l'expliciter. Et ça change tout !

Leçons de logique élémentaire, pour résumer

- Savoir *qui on est* est un préalable incontournable pour comprendre ce que l'on devient. C'est la base de la construction de soi.
- Être un adulte surdoué, c'est vivre avec une personnalité construite sur des formes atypiques de fonctionnement intellectuel et affectif. Les connaître, c'est avoir la possibilité de vivre en toute conscience de soi.
- L'adulte surdoué a d'abord été un enfant surdoué ; le savoir, c'est lui donner toutes les possibilités de grandir au plus près de lui-même.
- L'enfant surdoué deviendra... un adulte surdoué.
- L'enfant surdoué est un enfant atypique, il deviendra donc un adulte singulier.
- L'enfant surdoué peut devenir un adulte au talent remarquable. Ou non. Il n'y a pas de lien de cause à effet obligatoire, ni dans un sens ni dans l'autre. Chacun son chemin. Ce qui compte est qu'existe un chemin.

CHAPITRE 3

De l'enfance à l'âge adulte : la difficile construction de soi

La traversée de l'enfance

Pierre, 8 ans, m'explique : « Je viens vous voir parce que je suis à part. Pour prononcer cette déclaration, Pierre appuie sur la liaison et j'entends : je suis "Zapar" ». Je réplique alors à cet enfant : « Ah, alors tu es venu me voir parce que tu es Zapar ? » Ce sera le début de l'histoire des aventures de Zapar, qui, comme l'histoire du Petit Prince, raconte la détresse de ce Zapar qui court le monde pour se faire des amis, qui se sent si seul, si triste, si différent. Qui a peur des autres et pourtant voudrait tant être avec eux et leur ressembler. Qui ne comprend pas pourquoi il se fait rejeter, lui qui a soif de justice, d'amour et de générosité. Au fil des séances, l'histoire de Zapar se construit et nous comprenons qu'il ne peut communiquer qu'avec ses émotions. C'est par ce moyen qu'il va tenter d'entrer en contact avec les autres, avec le monde. Mais la route est longue et périlleuse et Zapar aura besoin de résoudre des énigmes auxquelles il ne comprend souvent rien pour pouvoir se faire, un peu, accepter dans ce monde et enfin rencontrer des amis... qui lui ressemblent !

J'ai relu récemment cette histoire qui illustre avec cette immense clairvoyance de l'enfance tous les écueils qui guettent notre jeune surdoué sur sa route : comprendre et se faire comprendre, communiquer alors que l'on ne fonctionne pas selon les mêmes processus, se rencontrer alors que les autres nous rejettent, ressentir si fort les émotions des autres et se sentir si seul. Avec, comme leitmotiv, un vécu douloureux de décalage permanent et d'incompréhension réciproque.

Reprenons le fil de l'histoire du petit surdoué. Avec les grandes étapes de son développement.

➤ *Les toutes premières années*

• Bébé scrutateur, il ne regarde pas le monde, il le transperce de son regard.

Ses interrogations semblent déjà présentes. Saisissables. Les mamans racontent parfois combien elles se sont senties décontenancées par ce tout-petit qui posait sur elles un regard interrogateur. Certaines disent même qu'elles se sont senties déstabilisées, comme si leur enfant s'assurait qu'elles sauraient s'occuper de lui correctement.

> « Parfois, j'ose à peine vous le dire, mais son regard me faisait peur. J'avais l'impression qu'il me jugeait. Dans ces moments-là, je le mettais tout de suite dans les bras de mon mari. »

Tout petit, ses gestes, ses postures, ses mimiques, ses babillages occupent l'espace. Vif, curieux, il interroge le monde de son langage non verbal. Et il absorbe tout ce qui se passe autour de lui. Au maximum.

• Les mots viendront vite. Ou pas d'ailleurs. Les parents rapportent souvent que lorsque cet enfant s'est mis à parler, il parlait quasi couramment. Qu'il n'est pas passé par le langage « bébé ». L'acquisition du je est rapide. La syntaxe correcte. Le vocabulaire riche et élaboré.

- Puis, viennent, précocement les questions. Sur tout. Sans interruption.

Avec, comme thème central, les limites de la vie et de la mort. Des questions qui angoissent beaucoup les adultes car ils ne savent jamais bien que répondre : pourquoi on vit ? Et après la vie ? La mort, c'est quoi ? Et avant les hommes sur terre, il y avait quoi ? Et pourquoi les hommes existent ? Etc. La difficulté est que notre philosophe en herbe ne se contentera jamais de réponses évasives. Il veut savoir, il veut comprendre. Il veut qu'on lui réponde. Pourquoi ? Parce que lui il y pense tout le temps à ça. Et ça l'angoisse. Comme nous tous me direz-vous ? Oui, bien sûr, sauf qu'il a 2 ans, 3 ans, et que c'est bien compliqué d'expliquer à un enfant des choses auxquelles nous n'avons pas de réponse satisfaisante. Surtout qu'on ne veut pas l'angoisser. Alors on tournicote des réponses approximatives. Mais cela ne lui suffit pas. Il rebondit. Il recommence. Sans fin. Il a besoin d'être rassuré. Comment faire ? Devant nos égarements, il cessera progressivement de nous harceler. Il a compris que nous ne pouvions répondre. Cela lui fait peur. Très peur. Mais il a pitié car il comprend que notre peur... de sa peur est aussi importante que la sienne. Ces questions, il continuera de se les poser. Voilà, il est seul face à lui-même, déjà. Mais comme il s'est arrêté, l'adulte est réconforté. Il ne sait pas que, dans l'intimité de son être, les questions douloureuses continuent d'assaillir l'enfant. Il est important que nous le sachions, pour comprendre que cet enfant, même silencieux, a tellement besoin d'être perpétuellement rassuré.

- La lecture, souvent avant l'heure.

Comprenez le tempo habituel, la fameuse frontière du CP. Pourquoi lit-il ? Parce qu'il cherche à comprendre le monde et qu'il saisit très vite que l'accès au langage lui ouvrira les portes de l'infini. Et justement, lui, l'infini, c'est son truc ! Alors il demande à apprendre. Les parents sont souvent décontenancés : ont-ils le droit ? Quelle hégémonie de l'école qui culpabilise les parents qui répondent simplement à la curiosité de leur enfant ! Ils s'entendront parfois dire, en effet, qu'un apprentissage « sauvage » peut nuire à l'apprentissage « académique ». Que cela pourra poser des problèmes dans la scolarité de l'enfant... Je comprends l'inquiétude des enseignants face à une hypothétique surstimulation parentale et la peur que cet enfant devienne un « singe savant ». Mais agiter ce genre d'épouvantail face à des parents seulement attentifs à cette envie d'apprendre si spontanée chez l'enfant. Quelle dangereuse dérive ! Parents, soyez tranquilles. Si votre enfant a envie d'apprendre à lire, aidez-le. Il a seulement besoin d'un guide, pas d'un maître. Il entrera dans la lecture avec une vraie envie de découvrir le monde. Joli présage !

Puis, très vite, l'enfant lit tout. Goulûment. Avidement. Sa jubilation est intense. Il lit les boîtes de céréales, les pubs dans la rue, les enseignes de magasin... Il exulte ! « Trop bien », diraient les enfants d'aujourd'hui.

Les premières bases de l'image de soi

Dans son cheminement narcissique, l'enfant ressent qu'il dispose de certaines compétences. Il construit une première image de lui, confiante. À ce stade, et malgré quelques premières incompréhensions, le petit enfant suscite plutôt l'admiration. Et la fierté de ses parents. On le dit en avance, éveillé, « rigolo ». Donc, pour l'instant, tout va bien, ou presque.

➤ Le temps de l'école

Les premiers malentendus : ne pas comprendre les implicites

« Quand j'étais en grande section de maternelle, la maîtresse écrivait le jour et la date au tableau. Puis elle interrogeait les élèves de la classe. Personne ne répondait. Alors, moi qui savais déjà lire et écrire, j'ai pensé tout de suite que la règle à l'école était : quand la maîtresse pose une question, on ne doit pas répondre. J'ai réalisé à la fin du primaire que si les élèves ne répondaient pas, c'était tout simplement qu'ils ne savaient pas lire ! Je n'avais pas décodé correctement leur mutisme et j'en avais déduit des règles totalement fausses ! Alors, pendant longtemps je n'ai pas répondu à la maîtresse quand elle m'interrogeait. Et pendant longtemps je n'ai pas compris pourquoi cela la fâchait. C'est vraiment dingue. » C'est Arthur, 22 ans, qui se remémore avec nostalgie et une pointe de colère cet épisode insolite de ses premiers jours d'école. Expérience qui, des années après, continue à l'émouvoir. Il reste stupéfait de cette incompréhension qui a marqué sa vie et qui conditionne, dit-il, ses difficultés d'aujourd'hui. Il continue à se sentir décalé et se demande toujours s'il a bien compris...

Je pourrais vous rapporter mille et une anecdotes. Toutes reflètent la même constante : l'enfant surdoué ne décode pas les implicites de l'école. Ou, plus exactement, il les comprend ou les interprète différemment. Ce malentendu fondamental avec l'école et l'enseignement fonde son rapport au savoir, aux apprentissages, à son implication scolaire. Et creuse le lit de difficultés prévisibles et qui restent pourtant longtemps – toujours ? – incompréhensibles pour lui et pour les adultes. Comment penser que la difficulté vient tout simplement de l'illusion que chacun a bien compris de la même façon. Que l'élève a correctement compris la demande, a décodé, comme les autres, ce que l'on attendait de lui. S'il ne répond pas ou à côté, ce n'est ni de la provocation, ni de l'insolence, ni de l'opposition, mais une simple... incompréhension !

Plus tard, dans le parcours scolaire, on retrouvera encore et encore ces équivoques lourdes de conséquences. Face à un énoncé, à une consigne, à un problème, l'élève ne comprend pas ce qu'on lui demande. Sa forme de pensée singulière, distincte de celle de l'élève ordinaire qui a intégré depuis longtemps le savoir-faire scolaire, l'entraîne dans un décodage parallèle, différent ou encore au-delà de la question posée. Alors bien sûr, il répond à côté, fait un hors sujet ou rend copie blanche, car il est convaincu qu'il ne sait pas faire.

> Un professeur de français de collège raconte :
> « Avec ces élèves, quand on leur soumet un texte et qu'on leur demande d'expliquer, par exemple, comment on peut comprendre qu'il s'agit d'un dialogue, il faut leur dire de noter, avant tout, toutes les évidences. Car, ce qui est attendu et qui sera noté est : on sait qu'il s'agit d'un dialogue car deux personnes parlent entre elles, parce qu'il y a des guillemets, parce que les phrases commencent par un tiret, c'est tout ! Inutile d'aller analyser et disséquer le texte pour en extraire l'essence... Voilà un genre d'évidence que le surdoué ne déduira jamais si on ne le lui précise pas clairement. Comment imaginer une seule seconde que c'est seulement cela qui est demandé.
> On le retrouve d'ailleurs, complète ce professeur, au moment où l'on rend les copies avec la correction et que cet élève dit : Ah, c'est ça qu'il fallait faire ! C'était trop simple ! »

LA SPIRALE : DE L'INCOMPRÉHENSION À L'ACCUSATION

On comprend combien ce mode de fonctionnement piège le surdoué et le place au centre d'une spirale d'incompréhension réciproque. L'enseignant le désigne comme insolent, provocant, voire rebelle et résistant à la tâche scolaire. L'élève ne comprend pas les causes de ses difficultés, n'accède pas à une visibilité sur son fonctionnement singulier et hors normes scolaires, et vit ces reproches comme autant d'attaques injustifiées qui blessent l'image qu'il a de lui-même comme la confiance qu'il peut témoigner aux adultes. Qui peut l'aider ?

LE BESOIN DE PRÉCISION

Pour répondre, pour exécuter une consigne, le petit surdoué a besoin de comprendre *exactement*. Souvent, il peut faire autre chose que ce qui a été demandé parce qu'il a compris différemment. Sa recherche de précisions est une stratégie d'adaptation, mais qui est souvent vécue comme de la provocation ou de l'insolence.

> En consultation, je demande à Pierre, 9 ans, comme je le fais avec tous les enfants, en quoi il est fort à l'école. Je suis moi-même un instant décontenancée par sa réponse : « Fort à l'école ? En classe ou à la récré ? »

Ce besoin de précision se retrouve aussi dans l'interprétation littérale des mots, source de nombreuses confusions. « Alors, Théo, qu'est-ce que tu fais de tes vacances ? » « J'en prends soin », me répond ce garçon de 7 ans à qui je posais une question banale dans l'attente d'une réponse... banale !

Les premières déceptions

L'ÉCOLE, C'EST ÇA ?

Il n'est pas rare en effet que l'enfant surdoué, impatient et curieux d'aller à l'école, en revienne déçu à l'issue des premières journées. Il pensait apprendre, vite, des tas de choses nouvelles et se retrouve, dépité, en train de coller des gommettes ou de colorier. Il dira souvent : l'école, c'est pour les bébés. Au fil des mois, puis des années, une autre déception le guette : quand on sait, cela n'intéresse pas l'enseignant ! Les « Toi, je sais que tu sais » viendront brimer notre jeune élève enthousiaste. Donc, conclura-t-il, à l'école, il n'est pas recommandé de savoir. Sans compter, piètre destin de l'intelligence, que savoir est mal vu par les autres enfants qui désigneront vite le petit zèbre comme la tête de Turc idéale ! La pire insulte : intello ! Alors on apprend à se taire, pour ne pas être trop maltraité.

LA PEUR D'ÊTRE NUL OU LE SENTIMENT DE L'ÊTRE DEVENU : LES PIÈGES DU DÉCALAGE

Mais d'autres obstacles sérieux attendent le surdoué. D'autant plus difficiles à vivre que l'enfant ne s'y attendait pas. Habitué à comprendre vite, à mémoriser sans effort, à apprendre sans le moindre travail, il n'arrive pourtant pas à faire ce qu'on lui demande. Ou plus exactement sa façon de faire n'est pas la bonne et les remarques négatives et les mauvaises notes commencent à apparaître. Décontenancé, il ne sait plus comment faire et ne comprend pas pourquoi ça ne marche pas. En plus, autour de lui, on s'étonne et on le bouscule avec des « peut mieux faire, ne fait pas d'efforts, doit travailler plus sérieusement », etc. D'accord, mais comment ? Et comment faire comprendre qu'on n'y arrive pas quand on ne sait pas expliquer la nature de ses difficultés. Elles sont liées, bien sûr, au décalage produit par l'intelligence différente, mais qui le sait ? Elles sont aussi liées à la difficulté d'avoir accès à ses stratégies de pensée. Ne pas pouvoir justifier une réponse, même juste, ne pas savoir argumenter, développer un raisonnement, structurer ses idées, même quand on sait, sont autant de pièges de ce fonctionnement intellectuel atypique qui correspond mal aux exigences scolaires.

Alors, quand l'échec s'installe, le découragement recouvre petit à petit la bonne volonté initiale et la conviction d'être nul et incapable. La spirale de l'échec est enclenchée avec ses conséquences multiples sur l'équilibre psychologique, le comportement et l'image de soi. Une spirale bien difficile à inverser quand les difficultés s'accumulent et que les années passent.

ENFANT SURDOUÉ ET TROUBLES D'APPRENTISSAGE :
DE FAUX ENNEMIS

Contrairement aux idées reçues, les troubles d'apprentissage n'épargnent pas les enfants surdoués. Les connaissances actuelles évoquent au contraire leur fréquence inattendue : près d'un quart sont dyspraxiques (difficultés d'écriture et d'organisation) ou dyslexiques, plus de 10 % ont un trouble de l'attention. La difficulté est que ces troubles peuvent passer longtemps inaperçus car l'enfant compense ses difficultés avec son intelligence. Jusqu'à un certain moment où ce n'est plus possible. L'enfant se retrouve alors face un échec que ni lui ni personne n'avaient anticipé. Avec l'effondrement narcissique qui y est directement associé. Restons attentifs face aux difficultés scolaires du surdoué, elles ont peut-être une cause spécifique !

Les premiers moments d'ennui

L'ennui naît du décalage entre son rythme et celui des autres : quand on comprend au premier mot, quand on mémorise à la première lecture, quand on sait faire à la première explication. Que faire de tout ce temps où l'enseignant répète sous plusieurs formes pour s'assurer que tous ont assimilé ? Le temps de l'école peut devenir long, très long. Et, comble du paradoxe, puisque à l'école l'enfant surdoué ne peut utiliser pleinement son intelligence, puisque la nature même de l'enseignement ne lui donne pas la possibilité d'exercer ses compétences, que la facilité le fait tourner en roue libre et le démotive, alors le temps de l'école devient un « temps libre » pour penser. Et penser, cheminer dans sa pensée, peut être pour l'enfant une source d'inquiétude. Alors, l'école, souvent, trop souvent, l'enfant surdoué n'aime pas. Les années d'école lui semblent interminables… L'ennui va empoisonner son parcours scolaire. Il peut être à l'origine d'une série de troubles qui vont encore compliquer l'intégration et l'équilibre psychologique.

La difficile rencontre avec les autres

> « Je peux être cette partie de moi qui correspond aux autres de ma classe, et je m'entends bien avec eux. Mais il n'y a personne d'autre avec qui je peux partager le reste de ma vie, personne qui comprenne ce qui m'importe le plus. » Chloé, 5 ans, est pourtant encore une minifille, déjà perdue dans la cour de récréation…

Se faire des amis, se faire aimer… enjeux de toute une vie. Pour l'enfant surdoué, qui a du mal à trouver chez les autres des repères identificatoires, qui se sent à la fois pareil et si différent, qui souvent ne comprend pas la réaction ou l'attitude des autres, qui toujours se sent décalé même quand il semble intégré... la rencontre avec les autres est perturbée. Au pire, elle devient une source infinie de blessures, car le rejet, l'exclusion ou les railleries viennent stigmatiser cet enfant étonné par tant d'agressivité. Lui ne sait pas ce qui, chez lui, fait l'objet d'attaques répétées. Les autres ne comprennent pas bien cet enfant différent qui les dérange... « Vilain petit canard », l'enfant surdoué souffre de cet isolement forcé et peut ressentir un authentique sentiment d'étrangeté.

Le besoin de diriger est un autre piège dans sa relation aux autres. L'enfant surdoué éprouve un besoin impérieux de commander car, au fond de lui, il a la conviction que, lui, sait ce qu'il faut faire et comment le faire. Pas parce qu'il se croit plus fort, plus intelligent, plus doué. Mais parce qu'il ressent que c'est comme cela que ce sera bien pour les autres. Petit chef, il ne sera alors guère apprécié. Surtout qu'il peut s'énerver ou être violent. Les garçons surtout. Car les filles chercheront le consensus. La négociation. Plus subtiles dans leur façon de faire, elles chercheront à emporter l'adhésion plutôt que de s'imposer arbitrairement.

L'émotion débordante

Encore une caractéristique de personnalité qui s'accommode mal de la vie avec les autres. Quand on ressent tout si fort, y compris les émotions des autres, on devient d'une perméabilité à l'environnement qui conduit à des réactions, des comportements, qui peuvent apparaître démesurés, inadaptés et très étranges pour les autres. Des larmes soudaines à une colère violente, d'une peur incompréhensible qui apparaîtra aux autres ridicule et injustifiée à un enthousiasme débordant... toute cette turbulence émotionnelle coupe l'enfant surdoué de son entourage. Le rend étrange aux yeux des autres. Lui-même peut finir par avoir honte de ses réactions incontrôlables.

Le sens exacerbé de la justice le conduira aussi à des prises de position, à des interventions intempestives, à des bagarres fiévreuses de mots ou de gestes. Dans son rapport aux profs, cela lui sera parfois fatal. Très vite, l'enseignant considérera l'intervention de cet élève comme impertinente. Méprise...

> **Le capital confiance entamé par l'expérience de l'école**
>
> La difficile rencontre de l'enfant surdoué avec l'école va progressivement entamer son capital confiance. Au sens étymologique, confiance vient de foi, *fides* en latin. Ce qui signifie avoir foi en soi et avoir foi dans ceux qui nous entourent. Sentir que l'on peut s'appuyer sur les autres car ils nous comprennent. Pourtant, pour le petit surdoué, c'est trop souvent l'inverse qui se produit. Non seulement il ne croit plus en lui, mais son vécu scolaire le fait sérieusement douter de la possibilité de compter sur les autres pour le comprendre et l'aider.

➤ *À la maison, ça se complique aussi*

Éduquer, élever, accompagner un enfant surdoué au quotidien est d'une grande richesse, mais demande une énergie soutenue. Du matin au soir et du soir au matin, cet enfant sollicite, intervient, discute, argumente, ne se contente jamais d'explications simples, veut savoir pourquoi et encore pourquoi, remet en question toutes les consignes... Pourquoi je dois faire ça ? À quoi ça sert ? Pourquoi tu me le demandes ? Pourquoi c'est obligé ? etc. Testeur de limites, de toutes les limites, cet enfant pousse à bout des parents exténués et souvent malheureux de se sentir débordés. Pour l'enfant qui capte et ressent la difficulté de ses parents à le contenir, c'est une source d'inquiétude supplémentaire : si mes parents craquent, comment je fais, moi ?

Et puis, sentir les faiblesses et les limites de ses parents complique les processus d'identification : ressembler à son père, à sa mère, et s'appuyer sur ces modèles pour grandir alors qu'ils semblent si fragiles... Le petit surdoué, décontenancé, se construit souvent seul, en érigeant ses propres repères. Pas facile.

Des crises et des larmes. Les larmes au bord des yeux ou qui se déversent dans une crise inconsolable, une colère subite d'une violence démesurée, une bouderie inaccessible à la discussion, une réaction intense à une situation banale... sont les expressions de l'hyperréceptivité émotionnelle. Difficiles à vivre et à gérer. Pour tous.

➤ Un rapport aux adultes difficile

Le petit surdoué ne comprend pas le rapport aux adultes. Pour lui, il peut parler aux autres, petits et grands. Sans distinction. Pour lui, c'est sûr, on l'écoutera. Dans un premier temps, il ne comprendra pas qu'on le gronde. Qu'on lui dise que l'on ne demande pas ce genre de choses aux « grandes personnes ». Que ça ne se fait pas. Alors, petit à petit, il assimilera que l'on ne doit pas, qu'il ne faut pas. Que poser des questions, c'est mal. Que ça dérange. Petit à petit, il se taira. Se repliera sur lui-même. Même s'il ne comprend toujours pas pourquoi ses questions dérangent...

> **Le miroir déformé de l'enfance et ses risques**
>
> Trop souvent, le surdoué sort de l'enfance avec une image de lui attaquée. Et déformée. Il se sentait tout-puissant, il se sent perdu. Il croyait en lui et dans ses compétences, il se sent vulnérable et fragile. Il avait envie de grandir, il a peur de la complexité du monde. Il n'est plus très sûr de savoir, de pouvoir l'affronter.
> Ce sont les risques : ce n'est pas un drame annoncé. Les surdoués heureux, bien dans leur peau, dans leur vie, avec les autres, existent. Sûrement en très grand nombre. Sauf qu'on les connaît moins bien car ils ne consultent pas. Ou peu. En prévention. Grâce, d'ailleurs, à la meilleure compréhension du fonctionnement atypique des surdoués et à l'importance d'un accompagnement éclairé.

La grande étape : l'adolescence

L'adolescence fait peur. D'emblée s'activent des représentations autour de ce moment de la vie qui semble si difficile, si tumultueux, si périlleux.

Danger et dérive d'une société qui a érigé l'adolescence en groupe aux normes établies et au fonctionnement homogène. Aujourd'hui, on *est* un adolescent, on doit être *un* adolescent avec tout ce que cela implique de comportements, de mode vestimentaire, d'opposition, de revendications. Le marketing est lui aussi passé par là...

Étymologiquement, le terme « adolescence » vient du verbe latin *adolescere* qui signifie « grandir ».

Et l'adolescence est bien un processus, un mouvement. C'est une transformation qui touche la totalité de l'être sur les plans corporel, psychique, intellectuel, affectif, social... ; c'est un passage, une étape dynamique, ce n'est pas un état identitaire à part entière. Il ne faut pas tout confondre !

> Le grand paradoxe de l'adolescence : se transformer tout en restant soi-même. L'enjeu identitaire en est la pierre angulaire. L'identité est l'objectif du processus adolescent.

Alors oui, bien sûr, la tempête peut dominer l'adolescence, oui, l'adolescence est un moment important de la vie, oui, certaines crises d'adolescence peuvent être violentes, oui, certaines souffrances s'exaltent à l'adolescence.
Mais restons prudents et gardons tout notre bon sens. Dans les deux sens :
• « Vous savez, il a 6 ans et j'ai l'impression d'avoir déjà un petit ado. Qu'est-ce que ça va être la crise de l'adolescence ! » Dans ce cas, le séisme est attendu, presque programmé. La perspective de l'adolescence effraie et le parent a peur dans l'anticipation.
• « Vous savez, c'est normal, c'est un ado. » Quand cette petite phrase aux allures bien inoffensives vient ponctuer la description de certains troubles, il faut se méfier de cette banalisation rassurante. Mettre sur le compte de l'adolescence des dérives ou des souffrances singulières peut être très préjudiciable à l'aide dont cet adolescent a réellement besoin.

Nous voyons bien dans ces deux attitudes toutes les inquiétudes et les idées reçues que véhicule la notion d'adolescence. Accompagner un adolescent, c'est l'aider à grandir, à s'accomplir, à avoir moins peur, en étant conscient et averti des perturbations que peut vivre notre enfant, mais sans les exagérer ni les minimiser. À leur juste place, en restant à la nôtre. Celle de parents responsables et capables de résister. C'est vraiment de cela dont nos enfants ont besoin.

➤ L'adolescence du surdoué : de l'illusion à la trahison

À l'adolescence, le besoin d'être comme les autres est fort. L'identification au groupe domine. Surtout être pareil pour se sentir exister et accepté. Alors, l'adolescent surdoué ne veut pas, ne veut plus de sa différence. Et encore moins de celle-là. Être surdoué ? Ridicule, sans intérêt, nul. « Ça ne veut rien dire ! », ponctue-t-il souvent.

Première réelle et ambivalente difficulté de l'adolescent surdoué : être différent dans sa façon de vivre les choses et de se construire *et* refuser absolument une différence qui dérange et perturbe le sentiment d'identité.

L'impossible certitude

La forme de pensée des surdoués, toujours en marche, aux associations multiples, qui les entraîne toujours plus loin dans les questions et les nouvelles hypothèses, empêche toute possibilité d'obtenir des réponses précises et univoques. Chaque nouvelle réponse entraîne une nouvelle question. Alors, le doute est permanent et sur tous les sujets, du plus intime au plus extérieur. Ce mode de fonctionnement entraîne une forte problématique autour du choix. Comment choisir quand tant de possibilités existent, quand on ne peut jamais s'arrêter avec sérénité sur une certitude ? Et pourquoi choisir ceci plutôt que cela puisque tout peut toujours être remis en question ? Choisir, c'est renoncer…

On comprend combien l'intelligence est anxiogène lorsque l'on ne peut jamais s'arrêter de penser.

> Mélanie a 16 ans. Elle arrive un matin en consultation, épuisée, et implore :
> « Est-ce qu'il n'y aurait pas un médicament pour que je m'arrête de penser ? »

« Les hommes simplifient le monde par le langage et la pensée, ainsi ils ont des certitudes ; et avoir des certitudes est la plus puissante volupté en ce monde, bien plus puissante que l'argent, le sexe et le pouvoir réunis. Le renoncement à une véritable intelligence est le prix à payer pour avoir des certitudes, et c'est toujours une dépense invisible à la banque de notre conscience[1]. »

L'heure des choix impossibles

Le moment de l'adolescence est l'heure des choix. Choix d'orientation, choix pour l'avenir. Et, devant l'hésitation incessante de l'adolescent, la phrase des adultes tombe, insensée, véritable injonction paradoxale : maintenant tu dois choisir car tu n'as plus le choix... Véritable injonction paradoxale qui fige l'adolescent : choisir est déjà pour lui une mission impossible et pourtant on insiste sur l'idée qu'il n'a plus le choix de... ne pas choisir ! Comment se sortir de cette impasse ?

---

1. Martin Page, *Comment je suis devenu stupide* © Le Dilettante, 2000.

La conscience collective

Les adolescents surdoués ont le plus souvent une conscience collective très forte. Ils ne peuvent jamais s'extraire du contexte dans lequel ils vivent. Leur façon de considérer l'environnement en grand angle empêche la centration sur soi et conduit à intégrer dans ses inquiétudes et ses sources de satisfaction des éléments concernant un environnement très large. Déjà très jeunes, ils ne supportaient pas l'injustice, à l'adolescence, ils ne peuvent admettre les injustices du monde et les incohérences...

> Julien, 20 ans me disait récemment : « De toute façon, comment pourrais-je admettre d'être heureux dans un monde plein de haines et de conflits, avec tant de malheurs. Pour moi, c'est impossible ! » Et, malgré l'amour qu'il porte à sa petite amie, il ne peut s'autoriser à être heureux.

Pour les adolescents surdoués, il devient vite impossible d'accepter un bonheur égoïste. Devant leur impuissance à changer le monde, ils en viennent à la vacuité de leur propre vie. S'il s'agit de vivre dans un monde aussi injuste, avec si peu de possibilités de le voir réellement évoluer, pourquoi vivre ? Et ai-je le droit d'être heureux ? Dans l'enfance, les illusions de toute-puissance, l'espoir d'être celui qui parviendra à combattre les inégalités humaines sont souvent très actifs. Les moyens de changer le monde occupent une grande part de la pensée effervescente de l'enfant. Il échafaude des plans, des programmes, des idées nouvelles, qu'il pense pouvoir un jour réaliser. « Quand je serai grand, confie Jean, 8 ans, j'inventerai un remède contre le sida. » Et parce qu'il a lu ou entendu que la sauge avait certaines vertus, il prépare dans sa tête une composition de plantes « miracles ». Il est convaincu de sa capacité à sauver les malades du sida, comme tout enfant encore soumis au fantasme d'omnipotence. Sauf que ses préoccupations le dépassent bien souvent. Elles sont bien différentes de celles des autres enfants du même âge, qui pour la plupart ignorent les ravages de cette maladie ou même, s'ils les connaissent, ne se sentent pas concernés.

« Le lendemain matin, j'ai dit à maman que je ne pouvais toujours pas aller à l'école. Elle m'a demandé ce qui n'allait pas. Je lui ai répondu :
"Comme toujours, la même chose que d'habitude.
— Tu es malade ?
— Je suis triste.
— À cause de quoi ?
— À cause de tout.
— Quoi, tout ?
— La viande et les produits laitiers qu'il y a dans notre réfrigérateur, les bagarres de rue, les accidents de voiture, Larry…
— C'est qui Larry ?
— Le sans-abri devant le Muséum d'histoire naturelle qui dit toujours : "Je vous assure que c'est pour manger", quand il demande de l'argent. Que tu ne saches pas qui est Larry alors que tu le vois probablement tout le temps, […] l'affreux petit bonhomme qui n'a pas de cou à la caisse de la salle IMAX, penser qu'un jour le soleil va exploser, qu'à chaque anniversaire on me donne toujours au moins un truc que j'ai déjà, les pauvres qui deviennent obèses parce qu'ils mangent des saletés parce que c'est moins cher […], les cauchemars, Windows de Microsoft, les vieux qui n'ont rien à faire de la

journée parce que personne ne pense à passer du temps avec eux et qu'ils auraient honte de demander aux gens de passer du temps avec eux, les secrets [...], les belles chansons, l'idée qu'il n'y aura plus d'êtres humains dans cinquante ans.

— Qui a dit qu'il n'y aurait plus d'êtres humains dans cinquante ans ?

[...]

— Tu es une optimiste ou une pessimiste ? [...]

— Ni une optimiste ni une pessimiste, mais je suis optimiste.

— Alors tu vas être désagréablement surprise d'apprendre que les hommes vont se détruire mutuellement dès que cela sera devenu possible c'est-à-dire très bientôt.

— Pourquoi les belles chansons te rendent tristes ?

— Parce qu'elles ne sont pas vraies.

— Jamais ?

— Rien n'est à la fois beau et vrai[2]. »

La lucidité exacerbée sur le monde et sur les autres rend difficile la sérénité intérieure

Le moindre détail, en particulier affectif, prend des proportions démesurées, une ampleur considérable et souvent ingérable émotionnellement. La susceptibilité affective, la vulnérabilité à la critique fragilisent considérablement les adolescents surdoués, car ils ne parviennent pas à mettre de la distance. Cette lucidité est encore amplifiée par leur capacité d'analyse intellectuelle. On n'est pas ici uniquement dans le domaine du ressenti, mais dans l'ana-

---

[2]. J. Safran Foer, *Extrêmement fort et incroyablement près* © Éditions de L'Olivier, 2006, pour la traduction française, coll. « Points », 2007.

lyse approfondie de chaque situation vécue. Une analyse d'une extrême finesse dont aucune des données n'aura été omise.

UNE LUCIDITÉ IMPITOYABLE SUR SOI

Être lucide sur les autres, c'est d'abord être lucide sur soi. Les surdoués s'autoanalysent sans aucune concession et perçoivent chacune de leurs failles, de leurs limites, de leur plus petit défaut. La conquête narcissique leur est ainsi plus difficile. Ils portent souvent sur eux-mêmes un regard impitoyable et ont du mal à s'aimer.

LA LUCIDITÉ COMME FREIN À L'IDENTIFICATION

Cette extrême lucidité entrave la projection dans l'adulte qu'ils pourraient devenir : ils analysent avec acuité tous les risques à venir et peuvent en éprouver une peur authentique qui peut bloquer leur développement. À l'adolescence, l'intelligence est particulièrement anxiogène.

La troisième dimension

Il est surprenant de constater que dès la préadolescence les surdoués vivent chaque situation en trois dimensions. Ils vivent la situation et en même temps la mettent en perspective, comme en contre-plongée, et se placent dans une position d'observateur de la scène. Ils se regardent agir, se comporter, penser. Ils se sentent à la fois acteurs et spectateurs. Ils anticipent ce qui va se passer, ce que l'autre va répondre, les émotions de l'autre (on connaît leur capacité d'empathie), sur ce qu'eux-mêmes vont dire. Les adolescents racontent comme il est parfois difficile de ne pas vivre les choses tout simplement sans cette constante nécessité de tout analyser et percevoir dans les moindres détails.

La survenue de la puberté et la défense contre la charge émotionnelle

Habituellement, c'est à l'adolescence que se met en place le dernier stade du développement cognitif : l'abstraction, la conceptualisation et la pensée hypothético-déductive. Mais l'adolescent surdoué est parvenu à ce stade de maturation de pensée depuis longtemps et les processus pubertaires se jouent sur une pensée déjà aboutie. L'abstraction va alors être utilisée avec force. La puberté et les transformations corporelles qu'elle active font émerger des sensibilités et des émotions nouvelles qui peuvent renforcer les mécanismes de *défense par la cognition*. L'adolescent va tenter de manipuler cognitivement toutes ses émotions pour les mettre à distance. Avec un risque de dévitalisation : plus rien ne peut être ressenti à travers le corps. Ou encore l'émergence d'un vide sidéral intérieur pour ne plus rien ressentir. Le clivage intellect/corps peut devenir massif et couper tout contact avec la sphère émotionnelle. Les adolescents vont alors soit inhiber totalement leurs émotions, soit les agir et partir dans des dérives plus ou moins graves, dont les addictions et les troubles du comportement seront les principales manifestations.

La peur d'être amoureux

Être amoureux suppose de laisser émerger ses sentiments et ses émotions. Or c'est justement ce que cet adolescent-là combat. La résistance au sentiment amoureux est souvent très forte. Pour l'adolescent, le risque est de lâcher les digues et de se retrouver emporté par une vague d'émotions qu'il ne pourra plus contrôler ni maîtriser. L'adolescent a peur de ce débordement émotionnel, de dévoiler sa vulnérabilité et sa sensibilité, de souffrir. Il utilise souvent l'humour comme mode d'entrée dans la communication et comme mécanisme protecteur. C'est aussi, pour lui, une arme privilégiée de séduction.

Les décalages pubertaires

Il peut arriver, lorsque l'adolescent est en avance scolairement, qu'il existe un décalage pubertaire dont il aura honte.

> Julia, 10 ans, est en cinquième : « Je ne vais pas dormir chez mes copines, raconte-t-elle, parce qu'au moment de prendre la douche je suis gênée. Les filles de ma classe ont toutes des seins et moi j'ai rien du tout. On dirait un bébé. J'ai l'impression de ne pas être normale. »

L'identification aux pairs

L'identification aux autres est difficile pour l'adolescent surdoué. Le sentiment de différence qu'il perçoit va être encore plus vivace à l'adolescence où être en groupe, appartenir à un groupe est la règle. Dans ses tentatives d'intégration, l'adolescent surdoué perçoit toujours une distance entre lui et les autres, même avec ses copains. Comme s'il ne pouvait jamais être totalement là. Une distance, même infime, le sépare des autres. Et puis l'adolescent surdoué a souvent du mal à s'intéresser aux sujets qui retiennent principalement l'attention des autres adolescents et doit souvent faire un effort considérable pour s'adapter. Pourtant, comme les autres, il a besoin du groupe pour se construire. Cette possibilité de trouver dans le groupe un support identificatoire lui échappe et le renvoie à une forme de solitude douloureuse. Certains peuvent ainsi se replier totalement sur eux-mêmes au risque d'une coupure importante avec l'extérieur. Lorsque le surdoué est dépisté beaucoup plus tard, il raconte souvent le sentiment d'étrangeté qu'il a si souvent éprouvé dans ses relations aux autres et la peur qu'il a eue d'être fou pour ne pas parvenir à s'intégrer. Le sentiment de différence a alors créé un profond malaise dont il lui est bien difficile de sortir. Ce qui éclaire une fois encore la nécessité incontournable d'un diagnostic précoce. Pour éviter le pire et favoriser le meilleur développement possible.

➤ Quand l'échec scolaire est au rendez-vous...

L'adolescent surdoué peut aussi éprouver un doute douloureux sur sa valeur intellectuelle par la non-reconnaissance de son mode singulier de pensée. Doute qui fragilise lui aussi les bases narcissiques. Quand on n'a jamais reconnu ce que vous êtes vraiment, il est bien difficile d'intégrer son mode de pensée à sa construction identitaire.

Le deuil des illusions de l'enfance

La grande déception de l'adolescent surdoué est de prendre la pleine conscience des limites de la réalité. Alors que plus jeune il pensait qu'il pourrait plus tard accomplir de grandes choses, qu'il pourrait changer le monde, inventer une vie nouvelle, il se rend soudain compte des limites de ses propres capacités et de celles du monde : c'était une illusion ! L'adolescence confronte le surdoué à un deuil douloureux : celui d'une part de lui-même et de ses projections d'enfant.

> Le rôle des parents est capital car la vulnérabilité de l'adolescent surdoué est grande et il a besoin d'aide, même si tout son comportement semble indiquer le contraire.

Une colère démesurée

Chez l'adolescent surdoué, la colère est probablement l'émotion dominante de cette période. Colère envers la terre entière, colère d'être différent, colère de ne pas réussir comme on le voudrait, colère de se sentir incompris, colère envers le système, les normes, contre la vie qui les contraint d'exister...

➤ *Les formes pathologiques spécifiques de l'adolescent surdoué*

Quand l'adolescent surdoué va mal, les formes pathologiques vont emprunter les mêmes voies que toute pathologie adolescente, mais avec des singularités qu'il faut connaître afin d'adapter la prise en charge.

Trouble de l'estime de soi et dépression

Les troubles de l'estime de soi de l'adolescent surdoué sont quasi systématiques. Les fluctuations autour de l'image qu'il a de lui-même et avec laquelle il a grandi perturbent toute possibilité d'une stabilité rassurante. Tantôt convaincu qu'il pouvait tout accomplir, puis brusquement accablé par son sentiment profond de nullité, particulièrement valorisé pour certaines de ses réussites, puis soudain violemment attaqué sur un échec imprévisible, l'adolescent a une visibilité sur lui-même bien troublée.

Nul ? Doué ? Capable ? Incompétent ? Comment se retrouver dans cette mosaïque d'images fragmentées et contradictoires ?

Les troubles sévères de l'estime de soi ont classiquement des corrélations élevées dans les syndromes dépressifs et se retrouvent en particulier dans les décompensations dépressives des adolescents surdoués qui se construisent autour d'un conflit sur l'image de soi et dont les assises narcissiques sont singulièrement fragilisées.

« Surtout ne plus penser » : la singularité de la dépression de l'adolescent surdoué

À côté de symptômes classiquement associés à un épisode dépressif, la dépression du surdoué peut être qualifiée de dépression sur du *vide*. L'objectif : surtout ne plus penser. Surtout ne plus activer cette infernale machine à penser qui constitue justement la racine de la souffrance. Ce vide dépressif est un mécanisme de défense contre les pensées. Il n'est pas un vide structurel comme on le rencontre dans d'autres tableaux cliniques. Pour l'adolescent surdoué, *penser* est un équivalent symbolique de *danger*, de danger de mort. La défense par la cognition verrouille de son côté l'accès aux émotions. En consultation, l'adolescent, inlassablement, répond *Je ne sais pas* aux questions qu'on lui pose. Il ne veut pas, il ne peut pas s'autoriser à activer cette pensée, au risque d'être de nouveau submergé par une souffrance insupportable. Ne plus penser, c'est tenter d'oublier les questions sans réponse, questions sur soi, sur les autres, sur le monde, sur le sens de la vie... et de la mort. On comprend combien la résistance thérapeutique est difficile à assouplir et la prise en charge délicate.

Inhibition intellectuelle et phobie scolaire

Pour l'adolescent surdoué, l'inhibition est une stratégie d'intégration. Saborder son propre fonctionnement, c'est tenter d'être identique aux autres mais aussi d'arrêter de souffrir. Dans les années 1970, le psychiatre Alain Gauvrit parlait d'anorexie intellectuelle : surtout ne plus se nourrir de pensées et dénier toute forme d'intelligence. On revient ici à la notion de deuil d'une part de soi-même : mon intelligence ne sert à rien, elle est même dangereuse pour mon intégration et pour ma vie psychique. Seule issue, la saborder.

Il s'agit réellement d'une attaque de soi, d'un retournement agressif contre soi-même.

Et il n'est pas rare que ce processus, poussé à l'extrême, parvienne effectivement à attaquer le potentiel intellectuel. L'inhibition intellectuelle permet également à l'adolescent de revêtir un masque de pseudo-débilité qui l'aide à passer inaperçu.

La phobie scolaire est la forme la plus sévère du trouble anxieux. Elle est malheureusement significativement fréquente dans la population des adolescents surdoués. C'est une des pathologies les plus difficiles à soulager sur le plan thérapeutique et encore plus complexe face à l'adolescent surdoué dont les mécanismes d'intellectualisation et la logique rigide seront bien difficiles à atténuer. Retourner à l'école ? Pour quoi faire ? Pour quel avenir ? Pour quelle vie d'adulte ? Ces adolescents se sentent dans une impasse insupportable et toute perspective d'issue est constamment remise en question. Aucune réponse n'est satisfaisante, aucune piste ne comporte de certitudes, aucune hypothèse ne prend un sens acceptable.

L'envers du décor : de la confiance à la pression

« Je sais que tu peux », « De toute façon tu y arriveras toujours ! » Mais comment faire alors quand on a si peur d'échouer ? Comment dire que l'on se sent si nul et que cette confiance rend le parcours encore plus difficile ? Que si nos parents ont cette idée que l'on peut y arriver et que l'on n'y arrive pas, c'est une culpabilité immense qui nous ronge ?

Qu'un voile de honte nous enveloppe. Que l'on se sent si seul et si impuissant. Et puis, face à notre échec, comment ne pas penser que l'on est définitivement nul ? Malgré les attentes, malgré notre prétendue intelligence ? Avec comme risque ultime une dévalorisation encore plus profonde et une attaque du sentiment de soi horriblement douloureuses.

> Clémence, 16 ans, est en classe de première. Elle a toujours été une bonne élève. Mais elle a aussi toujours douté d'elle. Comme souvent chez les surdoués qui se remettent très constamment en question. Qui repèrent chaque faille, chaque faiblesse. Pourtant, il est vrai, elle a toujours réussi. Et même si, aujourd'hui, à l'adolescence et à l'approche de choix d'orientation de vie décisif, sa peur devient incommensurable et son malaise narcissique ingérable, ses parents la soutiennent inconditionnellement. Ses tentatives de suicide, ses passages anorexiques, ses malaises en classe, ses évanouissements inexplicables et inexpliqués par les médecins n'entament pas la confiance absolue de ses parents et plongent Clémence dans un chaos intérieur infernal. Pour l'aider, ses parents lui disent sans cesse : ne t'inquiète pas, ça va passer, tu vas y arriver... Et ce discours, loin de rassurer Clémence, démultiplie ses angoisses. Elle se sent désespérément seule face à ses problèmes. Alors, que faire ? Si quand on encourage nos enfants, cela devient une source d'angoisse pour eux alors que l'on sait combien ces enfants ont besoin d'être valorisés et encouragés ? C'est vrai, le paradoxe est là. La bonne attitude : l'équilibre. Féliciter, témoigner de la fierté, mais laisser à l'adolescent un espace où il a le droit d'être en difficulté et d'aller mal. Et comprendre que certains signes sont des appels d'urgence. Que l'adolescent a aussi besoin d'entendre que c'est normal d'avoir peur, que la peur est parfois très douloureuse, que le doute peut devenir obsédant. Souvent, c'est la peur des parents face à la peur de leur enfant qui les conduit à ces attitudes. Ne pas dénier les émotions de l'autre, c'est déjà un immense soulagement et une possibilité de réaménagement psychique. Il ne faut jamais l'oublier !

➤ *Prendre en charge l'adolescent surdoué*

Pour prendre en charge correctement un adolescent surdoué, encore faut-il savoir qu'il est surdoué, mais aussi connaître ses particularités de fonctionnement afin d'adapter les modalités thérapeutiques. Pour l'adolescent surdoué un thérapeute avisé est une prescription obligatoire ! En psychothérapie de l'adolescent surdoué le thérapeute doit *s'engager*. Avec la conviction que des issues sont possibles et qu'elles seront trouvées, ensemble, dans une alliance empathique, interactive et résolument dynamique. On ne peut attendre de cet adolescent-là qu'il élabore. Le thérapeute doit *tracer* la route qui lui semble la mieux adaptée.

L'adolescent surdoué, on ne le prend pas par la main, on *l'entraîne* avec soi.

Avec un adolescent surdoué si le thérapeute lui dit : *voilà ce que je comprends, voilà ce que l'on va faire et voilà pourquoi ça va marcher...* Cela va déjà beaucoup mieux pour cet adolescent perdu face à lui-même et qui a tant besoin d'être reconnu pour ce qu'il est. Vraiment. Intimement. Ainsi, on ouvre la voix à un accompagnement efficace et éclairé.

N'oublions pas l'effet placebo dont les effets thérapeutiques sont aujourd'hui largement prouvés en médecine. Quand on pense qu'un médicament sera efficace, le cerveau anticipe sur le soulagement et libère des substances chimiques comme la morphine qui apaisent la souffrance. En psychothérapie, ce processus peut aussi être enclenché ! Ne l'oublions pas !

L'indispensable prise en charge de la part cognitive du soi

Une orientation thérapeutique centrale : la part cognitive du soi doit être intégrée dans la thérapie. Elle consiste à permettre à l'adolescent de réapprivoiser progressivement sa pensée en l'accompagnant doucement et patiemment dans ce cheminement délicat. Il faut intégrer d'emblée que le *risque de pensée* est la barrière qui sera la plus difficile à franchir puisque *penser* est précisément à l'origine de la pathologie. Cette *réanimation cognitive* est indispensable à la redynamisation psychologique globale, à la restauration narcissique. La prise en charge de la part cognitive du soi suppose la capacité d'intégrer une médiation cognitive dans la relation thérapeutique. C'est un levier thérapeutique incontournable.

Une prise en charge obligatoirement éclectique

La prise en charge de l'adolescent surdoué, c'est aussi la nécessité de l'éclectisme : pouvoir passer avec souplesse d'un cadre thérapeutique à un autre afin de constamment s'ajuster à l'expression de la souffrance. Fonctionner dans un cadre thérapeutique unique et figé enferme l'adolescent dans un processus auquel il aura beaucoup de mal à adhérer.

L'adolescent surdoué : un manipulateur averti !

Le thérapeute doit également être averti de la remarquable capacité de manipulation du jeune surdoué. C'est d'abord lui qui teste le psy, qui évalue ses capacités à le comprendre et à l'aider. Il ne s'agit pas d'une opposition ou d'un rapport de forces stérile, mais de son incoercible besoin d'analyse et de compréhension des personnes qui l'entourent et de son talent pour y parvenir. Dans certains cas, pour faire plaisir à ses parents ou pour éprouver une secrète jubilation intellectuelle, le surdoué s'adaptera au style de son psy, à ce qu'il a compris qu'il attendait de lui. Souvent il anticipe ses questions, ses interprétations, et le psy pris au piège sera conforté dans un illusoire sentiment de compétence. Mais au final ce sont souvent des mois ou même des années de prise en charge inutiles qui laissent l'adolescent surdoué aux prises avec ses difficultés, inextricables. Car ce dont justement il a besoin c'est qu'on le comprenne sincèrement et qu'on l'aide efficacement. Il est avide d'aide, mais désabusé de ne pas en trouver.

*Scène d'une thérapie ordinaire :
le psy et l'ado surdoué*

Ou le combat dans l'arène d'un toréador et son taureau : la lutte à mort. Qui gagnera du psy ou du patient ? Ou plutôt, le psy parviendra-t-il à faire baisser la garde de ce patient fougueux, défensif, sur ses gardes ? Ce patient vulnérable qui a tellement peur que l'on s'approche de son vécu émotionnel, protégé avec une énergie farouche. Si le thérapeute y parvient, il aura symboliquement « tué » ses mécanismes de défense, sa carapace hermétique, pour le plus grand bien de l'ado. Si c'est l'ado qui « gagne », il sera doublement perdant : il garde ses blessures secrètes et, une fois encore, a réussi à prendre le dessus sur l'autre, à le dominer, alors qu'il attendait tellement d'être aidé. Cela le conforte dans sa certitude douloureuse que personne ne peut vraiment le comprendre ni l'aider. La « mise à mort » pour le patient, c'est baisser la garde et accepter l'aide de l'autre. C'est reconnaître sa vulnérabilité parce que le psy a réussi ses passes : gagner la confiance et l'estime de l'ado surdoué en détresse.

Édouard raconte :
« Ma psy a abattu ses cartes trop vite ! Elle aurait dû continuer à me cuisiner encore un peu. Elle a résisté pendant une heure et puis elle a lâché et sa personnalité a repris le dessus. Avec sa sensibilité. Elle devait être fatiguée, ça lui a demandé beaucoup d'énergie ! »

On voit dans les propos d'Édouard toute l'énergie déployée dans ce combat intime. Et l'effort, la tension que cela demande à chacun des protagonistes dans cette lutte à la fois inégale, mais qui se joue sur le même terrain. Édouard a lâché, à son tour, par compassion. L'estime qu'il a envers sa psy l'a poussé à éviter de la mettre en trop grande difficulté professionnelle. Il la respecte et respecte ses compétences. Ce qui le sauve... lui !

On peut encore faire quelque chose ?

« L'adolescence représente une ouverture qu'il convient de ne pas manquer[3]. »

C'est important. Il faut être confiant. L'adolescence n'engage pas l'avenir. On peut avoir eu une enfance facile et vivre une adolescence difficile, on peut avoir été un enfant difficile et traverser sereinement l'adolescence, on peut avoir une adolescence douloureuse et devenir un adulte heureux...

> L'adolescence est une promesse : les cartes sont redistribuées et le jeu de la vie se jouera autrement à l'issue de cette période. Toujours. Pour tous. Il n'existe pas de malédiction de l'adolescence ni de troubles irréversibles.

---

3. Philippe Jeammet, *L'Adolescence*, J'ai lu, 2004.

Mes rencontres avec les adolescents surdoués

J'ai rencontré beaucoup d'adolescents surdoués en dérive. Parfois graves. Ils étaient au départ presque tous butés. Furieux. Bien décidés à ne pas collaborer. Bien décidés à ne pas donner ce plaisir aux adultes. Mais, quand on sait ce que cette résistance masque, quand on connaît les ressorts de la vulnérabilité qui se cache derrière, quand on a saisi les rouages du fonctionnement intellectuel et affectif de cet adolescent, alors on peut, sans intrusion, lui parler... de lui. Avec l'adolescent surdoué, il faut faire une voix *off*, il faut raconter ce que l'on comprend, il faut exprimer ce que lui refuse d'admettre. Alors, petit à petit, d'abord surpris, puis soulagé que l'on parle enfin de lui avec les mots justes, il parviendra à investir cette relation particulière, celle où on rencontre un autre pour mieux se rencontrer soi-même. Et le pari est gagné, presque gagné, la relation peut s'engager, le processus thérapeutique est en route. Il deviendra vite une complicité. Je l'affirme tranquillement, au risque de choquer certains psys traditionnels : sans une connivence avec l'adolescent surdoué, rien ne peut être engagé. Le psy doit s'impliquer lui aussi dans la relation sans détour, sans manipulation. C'est la seule façon de gagner la confiance de cet adolescent d'une méfiance extrême et qui ne peut fonctionner avec l'autre qu'avec le gage d'une profonde sincérité réciproque. C'est comme ça.

> Philippine, 16 ans, entre dans mon bureau, boudeuse. Les psys, elle connaît ! Elle en a tant vu ! Ses parents l'on traînée là mais elle a compris depuis longtemps que les psys ne servent à rien. C'est le message qu'elle cherche clairement à me faire passer. Je ne cherche pas à faire baisser ses résistances. Je ne rentre pas dans son discours. Je ne réagis pas à ses attitudes agressives. Je trace, à côté d'elle, un chemin. J'explique ce que je comprends. Pourquoi

elle ne va pas bien. Pourquoi elle se sent si mal et si impuissante. J'exprime ce que je crois et ce que je pense indispensable pour elle. Presque comme si je ne me préoccupais pas de sa présence et de ses réactions. Presque malgré elle. Progressivement Philippine me lance un regard furtif, se redresse imperceptiblement sur son siège, amorce un sourire timide qu'elle voudrait masquer... C'est gagné ! La confiance est établie. Le travail thérapeutique peut commencer. Je devrais plutôt dire, le partenariat. Car maintenant c'est ensemble que nous allons chercher et trouver des *chemins de traverse* pour la remettre sur une voie qui lui convienne et sur laquelle elle se sente, enfin, confortable.

Quand arrive le grand jour : être adulte !

Un peu comme le déclic : on en rêve enfant de ce « quand je serai grand », avec toutes les promesses que semble contenir cet état. Avec cette grande illusion : je pourrai faire tout ce que je veux !

Mais *quand* est-on adulte ? Est-ce une réalité ou un concept ?

Un rêve peut-être, mais qu'on a souvent du mal à actualiser. Il existe un fossé entre être adulte aux yeux des autres, et d'abord des enfants, et se sentir adulte soi-même. Combien d'entre nous ressentent ce fossé ? On s'est tous imaginé ce que c'était qu'être adulte quand on était petit, mais ça ne colle jamais vraiment avec ce que l'on ressent aujourd'hui.

➤ Être adulte, c'est prendre par la main l'enfant qu'on a été

« Cet homme, à peine plus vieux que moi, que je salue poliment dans l'ascenseur, sait-il que c'est un petit garçon qui lui parle, un peu intimidé, un peu gêné d'avoir à parler à une grande personne, comme si lui-même en était une, et surpris, oui, presque flatté, malgré ses 50 ans, que l'autre semble y croire ? Guère plus, sans doute, que je ne connais le petit garçon que mon voisin est resté pour lui-même, ignoré de tous, et comme absurdement enfoui sous les traits d'un presque sexagénaire... Il n'y a pas de grandes personnes. Il n'y a que des enfants qui font semblant d'avoir grandi, ou qui ont grandi, en effet, mais sans pouvoir y croire tout à fait, sans parvenir à effacer l'enfant qu'ils furent, qu'ils demeurent, qu'ils portent en eux ou qui les porte[4]... »

Alors, quelquefois, on joue à l'adulte, on fait semblant d'être adulte, on se donne des airs d'adulte... tout en rêvant comme un enfant ! Et en pensant avec nostalgie comme était bonne cette période de notre vie où nous pouvions nous laisser porter par les autres. Par ceux que l'on croyait être des adultes, des vrais ! Même si on n'était pas toujours d'accord ou que leur comportement nous rendait triste ! On donne aux enfants l'illusion que les adultes savent, peuvent, sont tout-puissants, ou presque et, arrivés aux portes de cette étape de vie, les enfants découvrent la grande supercherie : on ne sait toujours rien, on ne sait toujours pas bien comment faire, on a toujours peur. Et quelle peur ! Encore plus grande, plus forte que lorsqu'on était

---

4. André Comte-Sponville, *La Vie humaine*, Hermann, 2005.

petit. Car aujourd'hui, auprès de qui rechercher du réconfort ? Même éphémère ? On a compris, ça y est ! On a compris que l'on n'était pas tout-puissant à l'âge adulte ! Et que la route était riche, certes, mais bien périlleuse.

L'enfant surdoué, lui, avait compris depuis longtemps

Le plus souvent, l'enfant surdoué grandit en sachant. Sa capacité à ressentir l'autre, les autres, sa réceptivité émotionnelle, ses capacités de perception et d'analyse lui avaient bien envoyé le message : attention, leurre ! Il a acquis très tôt la certitude qu'être adulte n'est pas conforme à l'image que ces derniers tentent de donner. Il sait très vite qu'être adulte est une mission compliquée, tortueuse, pour laquelle on dispose rarement de solutions toutes faites et qui suppose un réajustement permanent. L'enfant surdoué comprend également très vite, trop vite, que la solitude face à la vie guette encore plus intensément l'adulte que ce que lui peut éprouver enfant. Que lorsque l'on est adulte, on est seul, même entouré d'amour. Alors, l'enfant surdoué, et plus encore l'adolescent, a peur de cette arrivée. Il n'est pas pressé malgré son impatience de devenir autonome. Sa peur est d'autant plus immense qu'il doute de ses capacités à affronter la complexité de la vie. Il envisage mal de pouvoir se satisfaire d'un bonheur ordinaire, il craint de ne jamais parvenir à accomplir ses rêves. Mais, plus encore, il a peur de cette solitude programmée, lui chez qui l'affectif est tellement central. Pour qui le lien et le regard des autres revêtent tant d'importance. Lui pour qui l'engagement affectif ne peut être qu'absolu.

> La difficulté des surdoués n'est pas liée directement à leur différence, mais à leur *sentiment* de différence.

CHAPITRE 4

Se découvrir surdoué

> « Ce n'est pas possible que je sois surdoué, je suis trop nul ! »

Se poser directement la question d'être ou ne pas être surdoué est rare. Pour plusieurs raisons. L'ambiguïté des termes, d'abord.

Si on peut concevoir qu'un enfant puisse être en avance sur le plan intellectuel, qu'il puisse être précocement intelligent ou même qu'il puisse être particulièrement intelligent, il s'agit finalement d'une comparaison par rapport à une « norme ». Même si l'idée d'une vitesse accélérée de développement est erronée, on peut admettre qu'un enfant soit « intellectuellement précoce ». À l'âge adulte, cela perd d'emblée tout son sens. La notion devient caduque.

Surdoué ? Si cela contient l'idée d'un *plus que*, ou pire encore d'un *mieux que* ou d'un talent avéré, se penser surdoué revient à avoir une perception de soi surdimensionnée... exactement l'inverse de l'image que le surdoué, le vrai, a de lui-même. L'intelligence a comme premier effet de douter de... son intelligence ! On peut alors en conclure que lorsque l'on est surdoué, on n'imagine pas un seul instant que cela nous concerne. Pour ceux qui n'ont pas été diagnostiqués plus jeunes, bien évidemment.

Pour se penser surdoué à l'âge adulte, il faut en avoir saisi toutes les dimensions, toutes les nuances. Il faut avoir compris qu'il s'agit moins d'un haut niveau intellectuel que d'une intelligence aux composantes singulières qui modifie la façon de percevoir, comprendre et analyser le monde. Il faut avoir intégré que la dimension affective est une composante essentielle de la personnalité du surdoué. Être surdoué est peut-être finalement, d'abord penser avec son cœur, bien avant de penser avec sa tête.

Être surdoué, c'est une personnalité toujours marquée par ce double sceau : une intelligence puissante au fonctionnement qualitativement différent, une sensibilité intense qui imprègne chaque moment de vie.

Comment peut-on se découvrir surdoué ?

➤ Via *ses propres enfants, souvent...*

C'est probablement le plus fréquent. Lorsque la question se pose pour un enfant, quelles qu'en soient les raisons, le parent se retrouve doublement confronté à des interrogations sur lui-même.

1. Le regard sur ce que vit son enfant, sur sa façon d'aborder certains événements, sur les difficultés qu'il peut rencontrer. Le parent peut alors ressentir une sensation de déjà vu, de déjà vécu.

2. La description du fonctionnement de l'enfant lorsqu'on restitue les résultats du bilan psychologique. C'est souvent très spectaculaire. On parle de l'enfant et soudain le parent se sent directement concerné, touché,

ému par ce qu'il entend. Il a cette sensation curieuse que c'est de lui qu'il s'agit. Timidement, il demandera parfois si c'est « héréditaire », si c'est « normal » qu'il ait lui aussi vécu le même genre de choses et de la même façon... On sent ce parent intimement bouleversé même s'il tente de cacher son trouble. Alors, il arrive qu'on lui propose de le revoir, seul. Ou il tente de le demander lui-même. Confus d'oser croire qu'il puisse être lui aussi concerné...

➤ ... Ou ceux des autres, parfois

Cela fait aussi partie des possibilités. On a appris qu'un enfant de notre entourage a été diagnostiqué surdoué. On entend parler de cet enfant par ses parents ou on a l'occasion de partager des moments avec lui. Et l'effet miroir fonctionne. Si être surdoué correspond à cet enfant-là, alors, est-ce aussi cela qui me distingue des autres et que je ressens confusément en moi ?

➤ Par soi-même, rarement

Comment s'imaginer une chose pareille ? Nous l'avons dit, se penser intelligent ou, plutôt, différemment intelligent est rarement le fait de ceux dont l'intelligence culmine. L'humilité, le doute, la remise en question de soi sont plus couramment les automatismes de la pensée du surdoué.

Il faudra des rencontres, des informations entendues, des lectures fortuites... pour que s'élèvent faiblement les premiers murmures. Pour aller plus loin, c'est souvent dans le regard des autres que l'adulte cherchera les premières confirmations. Il posera certaines questions qu'il pensera anodines, il interrogera ceux qui l'ont connu enfant sur certains épisodes de sa vie, il demandera quelquefois l'avis de professionnels. Mais rarement directement. Trop difficile. Trop compliqué. Trop audacieux.

Tout seul, l'adulte pourra chercher à approfondir cette piste qu'il ressent à la fois comme prometteuse, mais dangereuse. Il a presque honte de son audace à imaginer que cette voie peut l'emmener jusqu'à lui-même...

« Ça, c'est tout moi, mais je ne suis pas intelligente ! », ponctue Aurore, 35 ans, qui vient de lire une description du fonctionnement du surdoué. Significatif, non ?

> Mais, au fond de soi, cachée, une petite voix souffle parfois des mots secrets à l'oreille... Une petite voix qui dit « pourquoi pas ? », une petite voix qui souligne combien ce portrait du surdoué nous ressemble. Et les petites voix intérieures, il faut presque toujours les écouter. Elles ont souvent raison car elles s'enracinent dans des connaissances sur soi que l'on n'a jamais pu exprimer, parce qu'elles se font l'écho d'intuitions intimes dont on a finalement toujours été convaincu sans oser se les approprier.

Comment savoir que l'on est surdoué ?

Passer le pas, c'est d'abord faire un bilan. C'est assumer ses interrogations sur soi, accepter la rencontre avec un psychologue pour évoquer ce questionnement, admettre de se confronter à l'épreuve des tests et enfin se confronter à une analyse de soi, reflet intime de ce que l'on est, de ce que l'on accepte et de ce que l'on refuse sur soi-même. Faire un bilan, c'est partir à la découverte de son territoire intérieur sans bien savoir ce que l'on découvrira.

➤ *Un bilan, c'est quoi ?*

Un bilan est un ensemble de tests qui ont pour objectif une compréhension globale de la personne. Pour être complet et fiable, un bilan doit toujours comporter deux parties :
• L'évaluation intellectuelle qui permet d'approcher l'intelligence et les ressources cognitives disponibles.
• L'exploration de la personnalité pour appréhender l'organisation affective et apprécier l'équilibre psychologique.

Une évaluation de l'intelligence ne prend son sens que resituée dans le contexte d'une approche globale de la personnalité. Pratiquée seule, une échelle d'intelligence n'exprime qu'une facette de la personnalité dont l'interprétation des résultats peut être compromise et erronée.

> Un bilan doit toujours être complet et pratiqué par un psychologue expérimenté. Seuls les psychologues sont habilités à pratiquer des tests validés, et sont formés à la passation et à l'analyse de l'examen psychologique. Toute autre approche et tout autre praticien, aussi compétent soit-il dans son domaine, ne sont pas autorisés à utiliser les tests psychologiques.
> Un bilan ne se résume pas à des résultats, mais relève d'une analyse approfondie de toutes les dimensions de la personnalité que les tests vont permettre de repérer.

➤ *Quels tests ?*

Il existe de très nombreux tests, mais certains sont privilégiés dans la pratique psychologique.
• Pour l'intelligence et le fonctionnement intellectuel au sens large : la WAIS (*Wechsler Adult Intelligence Scale*). D'autres épreuves, comme les matrices de Cattell, la figure

de Rey, le D 48, enrichiront la compréhension du fonctionnement intellectuel selon les objectifs poursuivis par le bilan.
• Pour l'analyse de la personnalité : les tests dits projectifs (on projette une partie de sa personnalité à travers les images proposées) et principalement le Rorschach. Le fameux test des taches d'encre. Longtemps détourné de son utilisation initiale par les psychanalystes qui l'ont interprété à la lumière de leur théorie, le Rorschach a retrouvé sa juste place grâce à une analyse rigoureuse et étendue fondée sur les recherches en psychologie générale[1]. Le Rorschach correctement utilisé est une formidable « photographie » du fonctionnement psychoaffectif et des fragilités psychologiques éventuelles. Le test Z, développé par Zulliger, en est une version plus courte mais construite et analysable sur les mêmes critères et tout aussi riche d'interprétation. Parmi les autres tests de personnalité, on trouve également des échelles standardisées sur l'estime de soi, l'anxiété, les relations sociales, pour n'en citer que quelques-unes. Toutes ces épreuves ont pour principe d'approcher au plus près l'organisation de la personnalité.

▶ *La WAIS,* the *test d'intelligence*

La WAIS est la star des échelles d'intelligence pour adulte, c'est le test le plus couramment utilisé dans le monde. La WAIS est l'outil des psychologues et permet une évaluation de l'efficience intellectuelle globale. L'échelle est construite de façon à obtenir un score global de QI qui soit le plus juste reflet de l'intelligence générale.

N'oublions pas que le QI n'est pas un score absolu, mais un score relatif. Il ne s'agit pas d'une mesure de l'intelligence,

---

1. Et en particulier le travail remarquable de John Exner.

mais de son expression. Le QI traduit ce que le sujet testé parvient à produire avec son intelligence comparativement à une population de référence de même âge chronologique.

La WAIS comporte onze épreuves (et trois optionnelles) qui vont chacune explorer une dimension intellectuelle. Les épreuves sont regroupées en deux catégories : l'échelle verbale et l'échelle de performance.

Les épreuves de l'échelle verbale sont classiquement considérées comme celles les plus corrélées aux connaissances acquises, à la mémoire, aux compétences mathématiques. D'une certaine façon, elles se réfèrent au bagage intellectuel dont on dispose, fruit de la culture, de l'apprentissage et de l'expérience. C'est ce que les psychologues appellent l'intelligence cristallisée.

Les épreuves de performance, elles, sont des tâches inédites dont la réussite ne dépend que de la capacité du sujet à activer, dans l'ici et maintenant de la passation, des stratégies cognitives nouvelles. C'est l'intelligence fluide, indépendante de tout apprentissage préalable, celle qui reflète le plus précisément les ressources intellectuelles dont dispose celui qui passe le test.

La WAIS, à passer de 16 à 89 ans

La WAIS est étalonnée pour être passée de 16 à 89 ans. Comme les autres échelles d'intelligence de Wechsler, sa forme est révisée et actualisée environ tous les dix ans. Lorsque l'on passe une WAIS, il faut toujours s'assurer que la version utilisée est celle en vigueur au moment de la passation au risque de résultats qui perdent toute fiabilité. Des versions de la WAIS existent dans la plupart des pays développés et sont étalonnées selon la culture de référence.

Comprendre et analyser les résultats

L'analyse des scores permet d'obtenir une série d'indices qui vont dresser un profil intellectuel précis.
• Le score global, le QI total, est le reflet de l'intelligence générale. Deux autres mesures de QI affinent son interprétation : le QI verbal et le QI performance, expressions des deux catégories d'épreuves proposées, l'échelle verbale et l'échelle performance[2].
• Quatre autres indices seront calculés par combinaison des scores obtenus dans les différentes épreuves : compréhension verbale, organisation perceptive, mémoire de travail et vitesse de traitement.
• Puis, au-delà de ces scores généraux, de nombreuses autres comparaisons entre les scores, entre les échelles, entre les indices, peuvent être étudiées. Plus de cinquante valeurs peuvent être extrapolées à partir de la WAIS.

L'analyse des résultats offre ainsi une compréhension large et approfondie du fonctionnement intellectuel et de ses multiples facettes.

Comment se répartissent les scores de QI (et celui de chacun des indices)

Les scores se répartissent autour d'une moyenne dont la distribution obéit à la loi dite « normale », celle du mathématicien Friedrich Gauss (qui était d'ailleurs surdoué !). C'est la fameuse courbe en cloche.

---

2. Attention : dans la nouvelle version du WISC, l'échelle d'intelligence des 6-16 ans, ces valeurs de QI verbal et QI performance n'existent plus. Seules les quatre indices : compréhension verbale, organisation perceptive, mémoire de travail et vitesse de traitement permettent l'analyse du test et composent le QI total.

Par construction statistique :
- le QI moyen = 100,
- l'intervalle de confiance (écart-type) = 15. Plus on s'éloigne de la moyenne, plus notre fonctionnement intellectuel diffère de la « normale ».

Ce qui donne la répartition suivante :

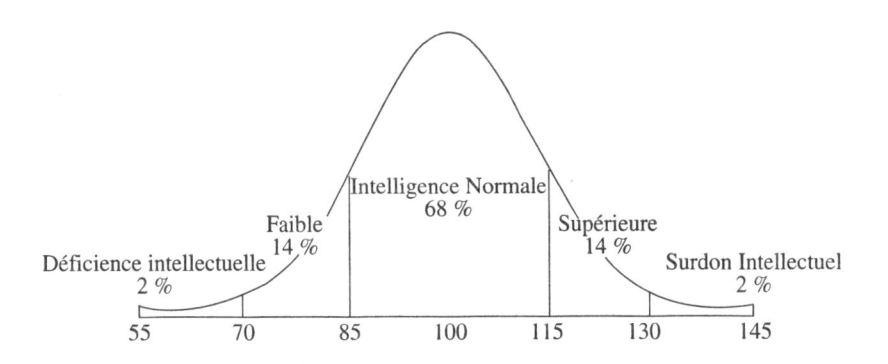

```
                    Intelligence Normale
                          68 %
              Faible            Supérieure
              14 %              14 %
Déficience intellectuelle              Surdon Intellectuel
    2 %                                     2 %
   55      70      85     100    115    130     145
```

Poser le diagnostic de surdoué

- Un diagnostic de surdoué peut s'envisager à partir d'un score de QI total de 130, ce qui correspond à deux écarts-types au-dessus de la moyenne.
- Plus les scores sont homogènes entre les deux autres QI, verbal et performance, plus le diagnostic sera fiable.
- Quand tous les indices sont supérieurs à 130, le potentiel intellectuel est exceptionnellement élevé.

Il s'agit là de conditions diagnostiques optimales, celles qui offrent d'emblée la meilleure visibilité et qui permettent une sorte d'assurance d'un minimum d'erreurs d'interprétation. Cela ne veut pas dire que l'on peut se contenter de cette seule évaluation. Des tests supplémentaires doivent toujours compléter le diagnostic afin d'appréhender la personnalité dans son ensemble et évaluer le poids du fonctionnement intellectuel dans la dynamique psychologique. Seule cette démarche diagnostique globale permet de confirmer le diagnostic et de comprendre la personnalité dans toutes ses dimensions.

L'objectif reste toujours d'apprécier l'aide, l'accompagnement qui seront le plus précisément adaptés, à cette personne-là, dans l'histoire qui est la sienne.

La démarche diagnostique : quand les scores ne sont pas aussi significatifs

➤ *La démarche diagnostique est toujours une démarche globale*

Un diagnostic est une démarche clinique complexe. Aucun diagnostic ne peut être posé sur la valeur d'un simple indice. Quel qu'il soit. Seul un faisceau de signes va orienter puis confirmer le tableau clinique.

Quand on pratique un bilan, on suit un arbre décisionnel : suivant les résultats obtenus ou les hypothèses qui apparaissent au fur et à mesure de la passation, on proposera telle ou telle épreuve pour cerner au mieux le fonctionnement de la personnalité et ses troubles éventuels. Et ce dans la sphère intellectuelle ou affective de la personnalité.

• Un bilan est une démarche dynamique qui s'ajuste à chacun.

• Un chiffre de QI n'est pas un diagnostic. C'est un indice qui oriente le diagnostic.

• Le diagnostic est la synthèse de l'expertise du clinicien, fruit de son professionnalisme et de son expérience, dans la rencontre avec son patient.

➤ Quand les profils ne sont pas directement significatifs

L'anxiété

Un test comme la WAIS est très sensible à de nombreux facteurs. L'anxiété est son principal détracteur. L'anxiété des adultes lors de la passation d'un test est toujours importante. Elle a deux visages : celui, positif, qui permet de mobiliser ses ressources de façon optimale, celui, plus sombre, qui finit par inhiber l'expression intellectuelle par son intensité. Il peut ainsi arriver que l'ensemble des scores soit minoré par l'anxiété. Plus fréquemment, certaines épreuves seront particulièrement échouées alors que d'autres seront préservées et donc réussies. Il faut savoir que dans la WAIS le poids de l'anxiété ne produit pas les mêmes effets selon la nature des épreuves.

Les états psychologiques perturbés

La dépression, par exemple, atténue considérablement la pleine expression du potentiel intellectuel. Quand on est confronté à un tableau dépressif (confirmé par les autres épreuves du bilan), les scores de la WAIS doivent être interprétés en incluant l'incidence des affects dépressifs. Tous les autres troubles psychologiques auront une influence sur les résultats des tests et devront s'inscrire dans la démarche diagnostique.

Les difficultés spécifiques

Certaines personnes peuvent conserver à l'âge adulte des séquelles de troubles anciens : les dyslexie, dyspraxie, problème attentionnel... se feront plus ou moins ressentir dans les différents domaines explorés.

L'hétérogénéité entre les deux échelles

Un score très élevé dans une échelle comparativement à un score significativement plus bas dans l'autre sera étudié selon le sens du décalage.
• Quand c'est l'échelle verbale qui est particulièrement réussie, on peut penser que l'investissement de l'intelligence revêt une grande importance pour celui qui passe les tests. S'appuyer sur ses connaissances, sur sa mémoire, sur sa logique, sur ses capacités d'abstraction, peut refléter un malaise psychologique quand l'intellect est utilisé comme mécanisme de défense. Ce décalage peut aussi s'expliquer par la nature différente des épreuves entre les deux échelles. À l'échelle verbale, on peut activer plus facilement les ressources intellectuelles bien intégrées en mémoire, c'est souvent avec cette intelligence que l'on fonctionne au quotidien. En revanche, à l'échelle performance, il s'agit de mobiliser des compétences inhabituelles, ce qui pour certains s'avère difficile quand ils sont convaincus... qu'ils sont nuls !
• Un haut niveau de QI à l'échelle performance signe une intelligence puissante. Le potentiel est là, mais certaines difficultés dans l'expression de ce potentiel ont bloqué son actualisation et sa pleine utilisation. On trouve également cette configuration chez ceux dont le stress ou l'inhibition dans la relation au moment du test empêchent d'exprimer verbalement leurs compétences et leurs savoirs. Dans

l'échelle verbale, une interaction directe et verbale est engagée avec le psychologue alors que les activités cognitives de l'échelle performance sont non verbales et plus autonomes. Pour certains adultes, cette relation peut être difficile à soutenir. Quand il faut faire les choses seul, cela marche bien. Quand il faut dire les choses à l'autre, le malaise est trop fort.

Il s'agit là des grandes configurations classiques. De nombreuses autres combinaisons sont possibles.

> Quand on a l'habitude de rencontrer des surdoués, l'hypothèse diagnostique se construit très rapidement et se confirme vite, au-delà des tests. Pour le clinicien averti, c'est… évident ! Ce qui revient à dire que les tests confirment ce que le regard professionnel avait d'emblée compris… Mais ce qui ne veut pas dire que les tests sont inutiles. Bien au contraire. Leur éclairage reste essentiel et incontournable.

> Il n'y a pas de bons ou de mauvais résultats de bilan. Un bilan permet toujours de mieux se comprendre et d'avoir des clefs pour avancer dans la vie. Passer un bilan est toujours préférable à des questions lancinantes laissées sans réponse.
> Passer un bilan est courageux, c'est une vraie rencontre avec soi.

Ce qu'il faut retenir

1. On ne doit jamais se limiter à un seul test et encore moins au simple score de QI.
2. Tous les indices doivent être étudiés et compris dans leurs combinaisons.
3. Au-delà des scores, ce qui est analysé dans une échelle d'intelligence, ce sont les procédures, les stratégies, la nature du raisonnement qui sous-tendent le fonctionnement intellectuel. On s'intéresse davantage au *comment* qu'au *combien*.
4. Les processus de pensée s'éclairent à la double source de l'intelligence et de l'affectif. L'un ne peut jamais aller sans l'autre et ne peut être compris sans l'éclairage de l'autre.
5. On peut conclure à un diagnostic de surdoué même si les scores de QI n'atteignent pas les bornes quantitatives classiques. Seule l'analyse complète et approfondie d'un bilan permet de comprendre le fonctionnement de l'intelligence et la structure de la personnalité. Le QI est une condition nécessaire pour le diagnostic, mais pas une condition *sine qua non*.
6. On peut aussi parler d'intelligence élevée, sans diagnostic de surdoué, même si les scores aux échelles d'intelligence sont très supérieurs.
7. Seul le psychologue peut déterminer la nature des tests adaptés selon la démarche diagnostique envisagée. Seul le diagnostic du psychologue a une valeur clinique.
8. Le psychologue se doit de TOUJOURS procéder à un compte rendu détaillé oral et écrit du bilan pratiqué. Toute pratique dans laquelle on obtiendrait un QI sur un document écrit sans autre explication n'est que pure fantaisie ou le témoin d'un psychologue incompétent et aux pratiques déontologiquement incorrectes.

> ### *Une* ou *des* **intelligences ?**
>
> La critique la plus courante vis-à-vis des tests d'intelligence classiques porte sur le fait que ces tests ne prennent en compte qu'une partie de l'intelligence. En particulier l'intelligence dite académique, l'intelligence verbale, le raisonnement logico-mathématique et les compétences visuo-spatiales. C'est vrai. Mais il faut comprendre que la spécificité d'un test comme la WAIS est sa validité. Ce qui veut dire que les études attestent de son excellente corrélation avec d'autres tests qui évaluent l'intelligence sous d'autres formes : quand on a un QI élevé à la WAIS, cela signifie que l'on obtiendrait un résultat élevé dans d'autres tests d'intelligence. C'est cela que l'on appelle la validité d'un test et c'est cela qui fait la différence entre un test standardisé et un test hors validation scientifique.
>
> Par ailleurs, les autres formes d'intelligence (émotionnelle, musicale, intra- et interpersonnelle…) parlent de compétences personnelles et de ressources de personnalité. Certes essentielles. Elles sont bien évidemment incluses dans l'intelligence générale mais restent peu pertinentes lorsqu'elles sont isolées d'une évaluation globale.

➤ *Quelle fiabilité des tests sur Internet ?*

Passer des tests sur Internet est une façon ludique de tester ses capacités dans un certain nombre de domaines. Cela permet d'avoir une idée de ce que l'on est capable de réussir, de résoudre, de comprendre. C'est comme une esquisse d'un portrait qui demande à être abouti. Ce qui veut dire qu'il peut être instructif de faire des tests grand public, car c'est une façon d'éprouver son intelligence, mais les résultats, indicatifs, ne doivent jamais être confondus

> ### Historiquement... Le saviez-vous ?
> Les premiers tests d'intelligence standardisés ont été créés par deux psychologues français, Binet et Simon, en 1905, à la demande de l'Éducation nationale qui souhaitait pouvoir évaluer... le retard mental ! Puis, un autre psychologue, Daniel Wechsler, américain cette fois, qui travaille dans un hôpital psychiatrique d'adultes, adapte ce test pour les adultes en 1939. La première échelle d'intelligence de Wechsler était née et se déclinera par la suite en version enfant. Il existe aujourd'hui trois formes d'échelles : La WPPSI pour les enfants avant 6 ans, le WISC pour les enfants scolarisés, et la WAIS pour les adultes. Ce sont ces tests qui font référence dans les diagnostics psychologiques et qui permettent d'obtenir un QI validé. Certains tests psychométriques (ceux qui évaluent l'intelligence) sont plus anciens. En particulier, l'armée a toujours été le premier consommateur de tests d'intelligence dans ses recrutements. De nombreuses autres versions de tests d'intelligence existent et sont utilisées dans des secteurs professionnels variés. La différence est liée à leur vocation, chaque test recherchant une dimension plus spécifique en fonction du domaine d'application. Ce sont alors des compétences précises de l'intelligence qui sont explorées : technique, humaine, artistique, littéraire, mathématique... Seuls les tests psychologiques validés offrent la possibilité d'une évaluation de l'intelligence générale.

avec un diagnostic. Comme pour tous les diagnostics d'ailleurs : on peut rechercher certains signes d'une maladie ou de problèmes de santé à travers des autoquestionnaires ou des descriptions sur Internet, dans des magazines, dans des livres, mais cela n'aura jamais de valeur médicale. Ce sont des indicateurs, des pistes, qui doivent toujours être validés par des professionnels.

Les tests de QI sur Internet n'ont pas fait l'objet de validation scientifique ni d'étalonnages contrôlés. Ils ne sont pas standardisés et leur résultat n'a de fiabilité que par rapport à leur objectif : une tentative d'approche de la connaissance de soi. Point.

Un bilan à l'âge adulte : une démarche courageuse et difficile

Faire un bilan à l'âge adulte ne va pas de soi. Loin s'en faut. Faire un bilan, c'est accepter de se livrer, de s'exposer au regard d'autrui. C'est surtout prendre un immense risque : avoir des réponses aux nombreuses questions que l'on se pose sur soi. Et des questions tellement anciennes ! A-t-on vraiment envie d'avoir des réponses ? Tant qu'il ne s'agit que de questions, on peut imaginer toutes sortes d'hypothèses. Selon les circonstances, on peut se « bricoler » une image de soi conforme à ses besoins du moment. Se poser des questions ne présente aucun risque puisque, justement, on n'a pas les réponses !

• *Première étape* : frapper à la porte d'un psychologue... Pour lui dire quoi ? Que l'on voudrait faire un bilan ? Mais pourquoi ? Comment dire ? Comment exprimer l'indicible, ce à quoi on ne peut croire soi-même ? Et que va penser le psy ? Orgueil ? Prétention ? Inadaptation ? Folie, aussi ! Je ne connais pas un adulte surdoué qui ait entrepris cette démarche de bilan et qui ne soit pas passé par ces différents stades d'angoisse, de doute, d'allers-retours dans sa tête, d'hésitations… De plus, l'adulte doit s'assurer que le psy à qui il tente timidement d'exprimer sa démarche est bien capable de l'entendre. Sommes-nous si nombreux ? Combien de psys peuvent faire des bilans psychologiques complets avec des adultes en dehors des filières de recrutement ? Mais, surtout, combien de psys peuvent entendre que derrière ce murmure timide se cache une vraie souffrance, différente de celle classifiée dans les manuels de psychologie ou de psychiatrie ? Je ne critique pas les psys, bien évidemment, mais je suis en colère contre le manque de formation sur la réalité de ce que vivent ces êtres en recherche, voire en difficulté de vie et qui ne trouvent pas d'espaces pour élaborer leurs questions. Je suis en colère aussi, et encore plus, contre ceux qui s'acharnent à considérer que tout ça n'existe pas et que, si les déficients existent, les surdoués sont une invention ! Que l'intelligence n'est sûrement pas un problème, mais une chance. Bref, que, quand on est intelligent, le problème ne peut pas justement être l'intelligence !

• *Deuxième étape* : surmonter la peur du face-à-face avec les tests. Décider de se mettre en face de l'autre pour se retrouver en face de soi-même est une grande aventure qui demande un courage exceptionnel.

Les enfants, eux, ont l'habitude d'être évalués, jaugés, notés. Ils ont l'habitude d'entendre les adultes parler d'eux. Ils sont coutumiers de l'exercice. Pour eux, « faire un bilan » comporte des résonances familières même si, bien sûr, ils comprennent bien la nature différente de l'enjeu.

Mais un adulte ? Il a peur, très peur, à double titre :

— Il a peur de se rendre compte qu'il est en difficulté dans certaines épreuves et d'en éprouver une réelle déception. « J'ai donc dû me tromper, je suis vraiment nul, quel

prétentieux d'avoir cru un seul instant que je pouvais être intelligent... » sont les réflexions intérieures qui vont aussitôt s'activer et le déstabiliser profondément.
– Il a peur de s'exposer dans ses limites de fonctionnement au regard de l'autre. Avec la honte qui rôde, et l'idée que le psy va le trouver tellement pitoyable dans sa quête insensée.

Ce sont celles-là les peurs importantes éprouvées par l'adulte dans cette épreuve des tests. Une peur d'autant plus prégnante que l'anxiété ressentie par un adulte au cours d'un bilan est toujours très forte et crée des inquiétudes ininterrompues. Injustifiées pour la plupart, mais difficiles à vivre et à gérer. Il faut le savoir. L'anxiété est toujours présente !

Et puis, c'est une chose de s'amuser à s'autoévaluer par des tests sur Internet ou dans des magazines, mais c'est une tout autre aventure que de s'engager dans une démarche diagnostique professionnelle. L'enjeu n'est pas le même. Faire un bilan avec un psychologue, c'est prendre un risque. Un vrai risque. De se confronter à soi, d'abord, mais aussi à l'autre. Au regard de l'autre sur soi. Le regard du psy sera le premier qui analysera le bilan et mettra des mots. Des mots dont à la fois l'adulte attend beaucoup et qu'il redoute tant !

Le diagnostic : de la libération à une nouvelle inquiétude

« Il est vrai que "cela donne du sens" à des comportements, des événements de ma vie inexpliqués et incompréhensibles, pour tous, comme pour moi (comme un écroulement en seconde, après avoir été une brillante élève, un parcours sentimental en décalage total avec ce que je suis).

Après l'euphorie de l'analyse et de la résolution de problèmes, cela laisse place à une certaine amertume, l'impression de ne pas avoir été maître, de ne pas avoir complètement choisi sa vie. »

➤ Ce qui change après le bilan ? La liberté !

La vérité nous rend libre. La vérité sur ce que l'on est. Et peut-être encore plus que la liberté, la libération. On n'est plus prisonnier de notre vie mais on redevient – devient ? – maître du jeu. C'est grisant de sentir que l'on retrouve la possibilité de faire des choix, de penser sa vie, de se comprendre, d'évaluer ses vraies envies, ses réels besoins, à la lumière de soi-même. De ce que l'on est vraiment. Avant, c'est vrai, on fonctionnait pourtant, pas trop mal parfois, mais la visibilité était brouillée. On pensait que c'était notre voix qui s'exprimait alors que c'était une construction de nous-même. Jusqu'à des personnalités en « faux-self ».

Le faux-self : une personnalité masquée

Le faux-self est un anglicisme couramment utilisé en psychologie pour désigner la personnalité déformée que se construisent certaines personnes pour protéger leur vrai moi. Le faux-self correspond souvent à ce que l'on pense que les autres attendent de nous. Notre personnalité devient conforme aux désirs des autres. Cela nous permet d'être aimé. C'est quelquefois confortable. Mais ce n'est pas notre nature profonde qui, étouffée, ne parvient plus à s'exprimer. Qui gronde parfois et nous déstabilise. Car on ne sait pas d'où vient cette force soudaine et violente. Imprévisible. Alors, on utilise une grande énergie pour qu'elle reste, et cette énergie n'est plus utilisable pour autre chose. On « pompe » notre énergie à maintenir notre personnalité d'« apparat ». C'est une construction épuisante et de tous les instants.

Avec le diagnostic, avec ce nouvel éclairage, surgit la sensation, très forte, d'être, enfin, « rentré chez soi ». La sensation d'être « arrivé » après de longues années d'errance.

« C'était donc ça ! », « Ouf ! » Ce sont avec ces termes que les adultes qui viennent d'être dépistés expriment quasi unanimement leur immense soulagement.

➤ S'autoriser à être ce que l'on est

Se retrouver en face de soi, c'est la possibilité de s'autoriser, enfin, à envisager une vie qui nous ressemble. Tout, alors, redevient possible !

➤ Je n'y crois pas... Mais peut-on parler de croyance ?

À l'issue du bilan, la première réaction de soulagement est immense. Salvatrice. Avec la sensation prenante qu'un voile se déchire et que notre réalité se redessine. Mais cette euphorie est éphémère, très vite assombrie par un nouveau doute : le doute sur soi. Toujours le même. Car, sous sa forme la plus paradoxale, l'intelligence crée... l'intelligence. L'intelligence sur soi, celle qui repère les failles. Et qui distille le doute : ce n'est pas possible. Ce ne peut être de moi dont on parle.

Alors, le mode de pensée du surdoué reprend le dessus. Il va employer toutes ses ressources cognitives pour se défendre et intellectualiser. Il va s'évertuer à justifier ses résultats, à démontrer que son intelligence est « normale », que ses scores n'ont rien d'exceptionnel, que « tout le monde fonctionne comme lui ». Il va expliquer que s'il y est bien arrivé dans le test, c'est parce que le hasard veut que ce soit des choses qu'il savait, qu'il en ignore beaucoup d'autres, il tentera de convaincre que sa mémoire est bonne parce que c'est son métier qui le veut ou que la logique, ça a toujours été son « truc ». Le surdoué aura toujours une bonne raison pour prouver que le considérer comme différent, c'est cela qui est... anormal !

Puis, ce sont les tests qui vont être mis en examen : d'où viennent-ils ? Qui les a conçus ? Mesurent-ils vraiment l'intelligence « parce que, vraiment, c'était tellement facile ! » ? Et puis qu'est-ce que ça veut dire l'intelligence ? De toute façon, tout le monde réussit pareil, non ? etc. Alors il faudra expliquer, encore et encore. Car chaque réponse relance une nouvelle hypothèse, une nouvelle question, un nouveau doute. Les tests disponibles, les notions actuelles de l'intelligence, les étalonnages des échantillons de référence ont des failles bien sûr. Alors comment prouver ? Si ce n'est répéter inlassablement qu'il ne s'agit pas de mesure de l'intelligence, que l'intelligence par définition ne se mesure pas, qu'il s'agit de scores relatifs qui permettent de comparer avec ce que d'autres du même âge obtiennent généralement comme résultats, que ce qui importe c'est le mode de fonctionnement sous-jacent qui a conduit à ce score et non pas le score lui-même... Mais une séance suffira rarement. Parfois le surdoué fait semblant d'avoir été convaincu par vos arguments. Mais soyez-en sûr, il y reviendra.

L'étape suivante, ou simultanée, c'est le psy, ses compétences, son expérience qui sont remis en cause. Mais là les questions sont moins directes. L'adulte surdoué ne veut pas mettre son interlocuteur mal à l'aise. Ne veut pas le blesser. Il contourne ses questions, mais il les pose quand même ; pour que vous compreniez sans comprendre. Ou plutôt pour que vous compreniez même s'il dit peu.

En synthèse, le message est : je n'y crois pas ! Ce qui signifie : comment puis-je soudain accepter cette version de moi ? Comment puis-je entendre sans discussion que je ne suis pas celui que je croyais être, celui toujours un peu différent, étrange, décalé ? Celui qui parfois s'est demandé s'il n'était pas fou, ou complètement idiot ? Celui que l'on a parfois orienté dans des voies de secours, tout le monde étant bien persuadé qu'il n'y avait pas d'autre possibilité ? Ce que le surdoué avait admis d'ailleurs.

Donc, comment croire à tout ça, à ces tests, à ce bilan, à cette analyse ?

Un tourbillon agite les pensées, les représentations, les souvenirs, les phrases tant répétées, les blessures enfouies, les espoirs perdus, les peurs cachées... Mais je sais aussi que des étincelles de pensée rallument cette vivacité intellectuelle toujours intacte et à laquelle, malgré tout, l'adulte surdoué continue à se connecter. En secret.

➤ *Puis vient la colère*

Colère contre ses parents, contre la vie, contre les autres. Colère de ne pas avoir été compris. De n'avoir pas su se comprendre soi-même. Et parfois d'avoir fait des choix obligés ou peu adaptés. D'avoir pris des chemins dans lesquels on s'est un peu ou beaucoup perdu. Où l'on est mal.

Peur de décevoir encore, maintenant que l'on sait. Les surdoués sont-ils condamnés à réussir ?

Cette peur d'un nouvel enjeu se déclenche fréquemment à l'annonce du diagnostic. Les questions se précipitent. Être surdoué, est-ce que cela suppose que je devienne une personne remarquable ? Douée ? Supposée réussir tout ce qu'elle entreprend ? Et très facilement en plus ! Cette peur est liée à une forme d'illusion : comme si, en faisant un test, on était devenu une personne différente. Avec de nouvelles obligations. Un vrai leurre, mais une perception inquiétante. C'est soi-même que l'on retrouve après un bilan, ce n'est pas l'attente du monde.

*Attention de ne pas se laisser rattraper
par les représentations dominantes*

Ce que je veux dire ? Très simple : face au diagnostic, il arrive presque systématiquement que les représentations communes sur l'intelligence s'activent automatiquement dans la tête de l'adulte surdoué. Comme si, dans l'ici et maintenant de ce moment où il prend conscience de lui-même, l'adulte perdait soudain tout son bon sens et sa compréhension fine des choses. Et ce qu'il se passe alors devient presque absurde : l'adulte pense qu'il doit changer sa vie, qu'il doit repenser son métier et ses choix professionnels, qu'il doit reprendre des études, qu'il doit se poser la question de son couple, bref, qu'il doit sûrement changer des choses. Peut-être tout. Comme si la représentation courante d'une grande intelligence supposait l'obligation d'un grand destin. Ce n'est pas une critique bien sûr. Mais un constat. L'explication ? La peur, évidemment. Car, dans cette lecture accélérée de sa vie, l'adulte se reconnecte brutalement à lui-même, à son moi le plus intime, à tous ses doutes soigneusement enfouis, à toutes ses questions méticuleusement étouffées, à tous ses idéaux auxquels il a appris à renoncer. La peur prend le visage d'une culpabilité douloureuse : et si j'avais raté ma vie ? Alors, comment, vite, me rattraper ? Maintenant que je sais, que dois-je faire pour me montrer à la hauteur de ce diagnostic ? Erreur de la pensée qui s'engouffre justement dans la vulnérabilité narcissique du surdoué. L'image tourmentée qu'il a de lui-même l'entraîne, d'emblée, dans une remise en perspective, dans le doute.

➤ *Et maintenant on fait quoi ?*

La question est légitime. La réponse est plus subtile. Plus complexe. Il s'agit moins de *faire* quelque chose de différent que d'*être* enfin soi-même. Le bilan ouvre à une nouvelle représentation de soi et permet de réenvisager ce que l'on vit avec cette nouvelle compréhension de soi. Mais on est toujours le même. C'est-à-dire que le bilan ne nous a pas *transformé*. C'est pourtant une sensation inconsciente ressentie souvent par les adultes qui font un bilan. Comme s'ils étaient passés par une boîte à transformation qui les avait modifiés. Le changement opéré est celui du regard sur soi, non pas de la réalité de soi. Et c'est bien différent. Cela signifie aussi que l'enjeu n'est pas de transformer sa vie, de tout changer, de tout reprendre à zéro. De tout réussir. L'enjeu, une fois encore, est intime, personnel. C'est une réconciliation avec soi-même, avec la vie, avec les autres. Cela peut se faire sans bruit, sans bouleversement de vie. Juste un réaménagement intérieur. Bien sûr, certaines fois, cela entraînera des modifications du cours de sa vie, mais là n'est pas l'objectif essentiel. On pourrait presque parler d'effets secondaires.

Se faire accompagner

« Je suis allé voir un psy. Cela m'a aidé. Un peu. Mais quand j'ai essayé de lui dire que j'avais fait un bilan et que j'étais... enfin, je n'ai même pas su quoi lui dire ! Vous voyez ! Eh bien, il m'a simplement répondu que ce n'était pas le problème. Que la thérapie allait s'intéresser à mes vraies difficultés. Mais moi, très vite, j'ai eu l'impression que s'il ne voulait pas entendre parler de "ça", je n'avancerais pas dans ma thérapie. Et voilà, au bout de quelques séances, il s'est passé exactement ce que je craignais : j'avais la sensation que tout un pan de ma personnalité était laissé de côté. Et que mon psy ne comprenait qu'une infime partie de moi-même. Et comme je voyais que le reste, il ne le comprenait pas et que ça ne l'intéressait pas, je n'osais même plus lui en parler. J'avais toujours peur qu'il se moque ou qu'il me dise encore que ce n'était pas le problème ! Alors j'ai arrêté. Et maintenant, je ne sais plus quoi faire. »

« Je n'arrive pas à aller me faire suivre, comme on dit. Parce que justement, j'ai souvent l'impression d'être devant ! C'est étrange. J'ai à la fois la conviction d'être une archinulle, et en même temps j'ai l'illusion d'être complètement supérieure. Vous voyez, c'est nul de dire ça ! Mais, je suis si lucide sur les gens que j'ai l'impression de "les voir venir" avec leurs questions. Et j'ai surtout l'impression qu'ils ne comprendront jamais aussi bien mon problème que ce que je pense en savoir moi-même. Je tourne en rond car, en réalité, je n'arrive pas à avancer dans ma vie. »

Ces deux témoignages soulignent bien la grande difficulté de la prise en charge. Et ses pièges. Pour le patient. Pour le psy. Ces témoignages confirment aussi l'évidence : ces patients ont besoin d'aide, mais d'une aide éclairée. Avec des psys rompus à cette ambivalence mortifère qui enferme le surdoué en lui-même, rompus à cet exercice de manipulation qui ne parle que de recherche de réassurance, rompus à cette lucidité transperçante du surdoué qui implore qu'on soit suffisamment solide pour résister... et pour l'aider.

Un bilan ne peut jamais être isolé d'un accompagnement. Pour donner sens. Pour mettre des mots. Pour retisser une histoire de vie plus confortable.

Se découvrir surdoué à travers un bilan est une étape décisive car cela génère des interrogations profondes sur soi, sur sa vie, sur les autres, qui ne peuvent trouver de réponses que dans une relation thérapeutique bienveillante.

➤ *L'objectif de la prise en charge ?*

Retrouver le chemin vers soi. Revisiter son histoire à la lumière de ce nouvel éclairage. Un peu comme si on revisitait un musée et que l'on changeait les légendes des tableaux. Les images sont toujours les mêmes, mais leur explication a changé. Alors on ne voit plus les choses de la même façon. On les comprend différemment et on parcourt autrement l'histoire de sa vie.

La nouvelle image de soi qui émerge de cette déambulation intérieure va permettre de redessiner les contours de sa personnalité. Mais aussi de réorienter les questions que l'on se pose sur sa vie, sur ses choix. Il ne s'agit pas de tout changer. Bien sûr que non. Mais de braquer le projecteur dans des directions nouvelles. Des zones insoupçonnées apparaissent soudain, ce que l'on considérait comme majeur s'estompe, ce que l'on ne voyait plus reprend de l'importance. On comprend ce qui nous anime et pourquoi, on se dégage d'une culpabilité embarrassante et étouffante, on décide en pleine lumière de la vie qui nous convient et dans laquelle on se sent bien.

Dans cette perspective nouvelle, on peut aussi confirmer des choix. On peut, par exemple, rechoisir son mari, sa femme. On peut rechoisir son métier. On peut rechoisir la vie que l'on a construite. Ce qui signifie que l'on regarde autrement nos décisions passées et que cette relecture nous permet de comprendre pourquoi cela nous correspond. Alors on décide, en pleine conscience, que cela nous convient. Et ça change tout !

➤ *Dire ou ne pas dire*

Et surtout dire quoi ? Dire comment ? Déjà, pour les enfants, il est souvent difficile d'expliquer aux autres. Les mauvaises interprétations sont si rapides. Alors, quand on est adulte, n'est-ce pas un peu ridicule d'expliquer que l'on est surdoué ? Que c'est pour cela qu'on ne se sentait pas très bien ? Que c'est à cause de ce profil atypique que l'on a développé certains troubles ? Que c'est notre intelligence qui est à l'origine de nos souffrances ? Que c'est parce que l'on est surdoué que l'on réagit émotionnellement si fort ? Vous voyez, la grande difficulté est de ne pas pouvoir dire simplement les choses. Au risque d'un nouveau malentendu. Ou pire de moqueries et de railleries, qui, même si elles sont affectueuses, n'en seront pas moins blessantes. Parler de ce diagnostic signifie tout expliquer. Tout raconter. Pour être sûr d'être bien compris. Car c'est de cela qu'il s'agit. Se redonner une chance d'être compris par ceux que l'on aime. Par ceux qui comptent.

Je serai franche. C'est difficile à faire passer. Peu sont capables d'intégrer toutes les dimensions que comporte ce diagnostic. Peu parviendront à en intégrer toutes les nuances. Alors, oui, vous pouvez en parler. Mais seulement à ceux qui sauront vous entendre. Seulement à ceux avec lesquels un partage peut vous aider, vous faire avancer. Ou faire évoluer une relation. Restez prudents. Comme vous avez depuis longtemps appris à le faire. Vous le savez, chercher la compassion ou simplement la compréhension des autres peut se révéler terriblement douloureux lorsque c'est la méprise qui se trouve au bout du chemin.

J'ai besoin d'en parler à mes parents...

Oui, je parle bien de l'adulte surdoué. Cela peut vous paraître saugrenu, et pourtant... Souvenez-vous que le petit enfant reste tellement présent dans l'adulte que nous sommes devenu. Et que cet enfant-là, devenu grand, a besoin, encore et toujours, de la reconnaissance de ses parents. Surtout lorsque les relations familiales ont été difficiles, surtout lorsque les parents n'ont jamais rien perçu des singularités de cet enfant-là. Quand on a grandi avec ce sentiment obscur de n'être jamais à la hauteur de ce que nos parents attendaient de nous, quand on n'a jamais perçu de fierté dans leur regard, quand on a vécu son enfance avec la conviction que l'on ne valait pas grand-chose, alors oui, on a vraiment ce besoin immense d'arracher ce voile de culpabilité sourde et de colère contenue. On a besoin de se révéler, enfin, dans sa réalité, pour tenter d'apaiser une blessure ancienne. On a besoin de prouver à ses parents que l'on est quelqu'un de bien, digne d'eux et de leur amour. Infantile ? Pas si sûr. Indispensable démarche ? Presque toujours. Se réconcilier avec sa part d'enfance pour vivre pleinement son chemin d'adulte. Et, quand les parents ne sont plus là, il reste souvent une certaine amertume... qu'ils n'aient jamais su, qu'ils n'aient jamais compris.

Accepter d'être encore dépendant du regard de ses parents, c'est grandir un peu plus.

➤ *Changer de regard sur soi
change le regard des autres...*

Dès que l'on commence à se voir soi-même différemment, les autres perçoivent ce changement et réagissent aussitôt. Les représentations se modifient. L'adulte perçoit autrement son reflet dans le regard des autres et s'ajuste à son tour. Le mouvement est enclenché : l'entourage intègre ces modifications et, implicitement, se comporte autrement. Cette nouvelle spirale de l'image de soi avec ces nouveaux regards croisés, ceux sur soi et ceux que renvoient les autres, va profondément aider le surdoué à réaménager son territoire intérieur et à conquérir de nouveaux territoires extérieurs.

➤ *Les groupes d'adultes surdoués*

L'alternative du groupe est à la fois une bonne idée, les adultes en ont envie, et une idée qui fonctionne mal, les adultes en ont peur. Se rencontrer en groupe pose la question du semblable : suis-je comme les autres ? Ou, plus exactement, les autres ne seront-ils pas très différents de moi et, en particulier, *plus* que moi ? Plus surdoués, s'entend ! On retrouve ici, paradoxalement, cette représentation du surdoué qui serait quelqu'un d'exceptionnellement doué. Chacun a alors peur de ne pas être à la hauteur. C'est un frein pour le travail en groupe. Il en existe un autre, important, le besoin de se sentir unique. C'est toute la dialectique de l'identification et de l'identité : rechercher le même pour se reconnaître dans le regard d'autres semblables à soi, et revendiquer sa différence, y compris parmi ceux qui nous ressemblent. D'où l'attirance des surdoués adultes pour des rencontres en groupe et la crainte du ghetto qu'il pourrait représenter. Le groupe doit se situer dans cet équilibre, le pareil et le différent, et créer une dynamique créative où chacun se retrouve, où chacun se sente à la fois impliqué et concerné, seul, mais dans un processus d'identification à l'autre, rassurant. Le groupe sert de contenant pour exprimer ce que chacun a de plus intime dans un espace où l'on se sait, où l'on se sent, respecté et compris pour ce que l'on est, vraiment. Un travail en groupe, qui prend correctement en compte ces paramètres et la spécificité du fonctionnement de ces adultes en recherche d'eux-mêmes, est un formidable accélérateur de restauration de soi.

Question finale : est-ce vraiment important de savoir ? À quoi ça sert ?

Oui, c'est essentiel de prendre conscience de ce que l'on est mais aussi de ce que l'on peut être, en accord avec soi.

Oui, être surdoué est une immense force, une richesse inouïe, mais si, et seulement si, on en connaît bien les différentes facettes, les pièges mais aussi les ressources infinies.

Oui, il est incontournable d'avoir une visibilité sur ce qui nous constitue, ce qui nous construit, ce qui nous fait avancer.

Oui, on peut être un adulte surdoué épanoui, bien dans sa vie, quand on a pris possession de soi-même et que l'on se sent confortable avec ce que l'on est.

Oui, être surdoué comporte des organisateurs spécifiques de personnalité que l'on ne doit pas subir passivement, voire douloureusement, mais que l'on doit se réapproprier pour devenir notre propre guide, éclairé, sur les chemins de la vie.

CHAPITRE 5

Une personnalité aux facettes inattendues

Chaque personnalité est unique, chaque vie est différente, chaque parcours est singulier. Bien sûr. Pourtant, chez les adultes surdoués, on peut facilement repérer des caractéristiques communes dans les « petits arrangements avec la vie », plus ou moins satisfaisants, que chacun a mis en place. On peut en dégager des typologies, certes générales, comme toutes les typologies, mais qui permettent de suivre le cheminement qui a pu conduire à telle ou telle organisation de vie. Et de satisfaction.

Essai de typologie

Cet essai incomplet et forcément réducteur de typologie ne s'applique qu'aux adultes surdoués diagnostiqués. Ceux qui savent. Trois grands groupes peuvent être distingués. Dans chacun de ces groupes, les personnalités montrent de réelles caractéristiques et le mode de vie n'a ni la même configuration ni la même incidence sur la satisfaction de vie.

▶ *Ceux qui acceptent le cadre*

Le cadre général de la vie avec ses limites, ses contraintes, mais aussi ses ouvertures, ses possibilités. Ceux-là jouent le jeu de la vie et acceptent les règles. Évoluer dans un cadre défini est une stratégie d'adaptation au service de soi. C'est une stratégie qui a de nombreux avantages et quelques vraies limites.

> « Je ne vois pas l'intérêt de ne pas accepter les règles, me dit Marie-Hélène. Je trouve plus intéressant de ne pas essayer de tout changer mais d'exploiter toutes les possibilités que je vais trouver, pour moi, à l'intérieur du système et d'en profiter au maximum. Vouloir tout changer, c'est trop d'énergie inutile. »

Parmi ceux qui évoluent dans le cadre, des profils de personnalité peuvent être opposés. L'un et l'autre n'évolueront pas de la même manière.

Les « sages » ou la passivité dominante

Ils n'ont pas envie de lutter, pas envie de se rebeller. Ils ont choisi d'accepter pour le meilleur et pour le pire. Ils vivent sans grands espoirs, sans grands idéaux, sans projets fous. Peut-être est-ce seulement de la survie. Ils ne sont pas forcément malheureux, mais pas vraiment heureux. Ils ont souvent adopté une philosophie simple qui consiste à profiter de ce que l'on a et à ne pas être préoccupé par ce que l'on pourrait avoir. Ce n'est pas de la lâcheté, c'est une forme de courage, voire de lucidité. Bien sûr, on peut considérer que la frustration est lancinante, mais étouffée. C'est un choix conscient. Pour ne pas trop souffrir, une vie banale est une alternative acceptable.

LE RISQUE : LES MOMENTS DE DÉPRESSION

Certains surdoués qui ont réussi à s'adapter, c'est-à-dire finalement à fonctionner dans le cadre et qui en sont satisfaits, se font parfois « rattraper » par leur fonctionnement de surdoué à des moments de leur vie où ils sont plus fragilisés. Dans les moments difficiles, de choix, de stress, d'épreuve à surmonter, deux forces vont alors s'opposer : la force adaptative et la force sensitive, propre au fonctionnement du surdoué. La force adaptative, plus concrète, plus rassurante, plus habituelle pour lui, va lutter pour garder le contrôle. Mais, dans ce moment délicat de la vie, dans cette faille, toutes les fragilités remontent. Alors le surdoué va mal, doute, perd ses repères. Sa confiance en lui et en ses capacités est ébranlée, attaquée. Il a soudain un sentiment inquiétant d'être dépassé et qu'il n'y arrivera plus. Il se sent impuissant. Tous les ingrédients d'une authentique dépression semblent présents.

En réalité, il s'agit d'une « dépression » au sens littéral du terme, c'est-à-dire d'un moment de « creux » où les repères antérieurs sont perdus : ce sont des moments de régression où les mécanismes de contrôle cèdent, où la maîtrise s'effondre. La structure de personnalité peut s'en trouver fortement ébranlée et obliger l'adulte à des réaménagements profonds : de la représentation de soi, de son identité, de son fonctionnement social, de son environnement affectif. Il faut bien comprendre qu'il s'agit d'un rapport de forces : l'intime en soi, réprimé depuis longtemps, presque oublié, mais qui soudain resurgit avec une force inattendue qui peut bouleverser profondément le cours de la vie. Un croisement de vie difficile à vivre. Pour le surdoué et pour son entourage. Un bouleversement qui doit être resitué dans son contexte afin de lui donner sens, pour retrouver un équilibre de vie. Il ne faut jamais oublier que l'on peut aménager sa structure de personnalité, mais qu'il est difficile, voire impossible, d'en gommer toute l'organisation. « Chassez le naturel, il revient au galop », dit l'adage populaire.

Les challengers ou l'activité dominante

Autre personnalité, autre stratégie. Les challengers prennent la vie à pleines dents. Toute leur énergie est consacrée à un seul but : réussir, se dépasser, avancer et faire avancer le monde. Leurs idéaux sont intacts. Leur passion dévorante. Leurs ressources sont entièrement mobilisées pour atteindre cet objectif qui, dès qu'on l'approche, est repoussé encore un peu plus loin. Ceux-là semblent inépuisables, rien ne semble les atteindre, aucun échec les décourager. Au contraire, les difficultés renforcent leur détermination et leur motivation. Ce sont les challengers qui parviennent le plus facilement à transformer leurs ressources de personnalité en réussite éclatante et en talent. Ce sont ceux-là qui réussissent à transformer leur faiblesse en force, leur fragilité en énergie de vie. Mais il faut être attentif à la dimension anxiogène de ce fonctionnement. Derrière ce succès resplendissant, cette vie éblouissante, ce bonheur éclatant, se cache souvent une angoisse latente que l'activité démesurée tente d'atténuer. Il faut le savoir pour ne pas être surpris par de brusques retombées, aussi brutales qu'inattendues. Cet « arrêt sur image » peut être particulièrement douloureux et ce d'autant plus que celui qui le subit n'en comprend pas bien non plus la violence soudaine et les ressorts intimes. C'est très déstabilisant pour le surdoué et son entourage. Souvent, ce sont des personnalités que l'on pense si fortes que l'on ne peut comprendre qu'elles s'effondrent ou n'aillent simplement pas bien. Les proches sont perdus et n'attendent qu'une chose, que le surdoué retrouve son énergie habituelle et redevienne le guide et le leader sur lequel tous ont l'habitude de s'appuyer.

« Si tu ne vas pas bien, toi, comment on va faire nous ? » Ainsi peut se formuler la perplexité de ceux qui considèrent cet adulte comme infaillible. Le plus déroutant est effectivement la capacité à rebondir de cet adulte propulsé par une énergie propre qui semble résister aux alertes les plus sérieuses. Méfiance quand même. Et pour ceux que ce fonctionnement concerne, ne vous perdez pas en chemin. Restez proches de ce que vous êtes. Acceptez les moments d'instabilité, de doute, d'insécurité. Ce sont aussi des moments riches de vie et de nouvelles possibilités.

Accepter la part plus sombre de soi et la respecter, c'est s'accorder une vraie valeur.

➤ *Ceux qui s'affrontent au cadre*

On pourrait les appeler les rebelles. Dans tout ce que cette dénomination a de sympathique, de dynamique, mais aussi de négatif, de destructeur. Quand on n'est jamais d'accord avec rien, que l'on refuse tout. En bloc. Quand le sens critique prend le pas sur toute autre possibilité de comprendre et d'analyser les choses. Quand on est en colère en permanence et que l'on considère tout comme une vaste mascarade inutile, sans intérêt, injuste et insupportable. Alors, la frustration l'emporte. La colère recouvre toute force de vie. L'insatisfaction devient chronique et invalidante. On ne parvient plus à avancer. La déception a pris le pas. Le découragement est trop fort.

Et si c'étaient eux les vrais créateurs ?

C'est aussi dans le refus du cadre que l'on peut trouver des créateurs, des précurseurs, des « révolutionnaires » qui sauront transformer certaines parcelles de vie et ouvrir de nouvelles voies. Être rebelle comporte de vraies ressources si on sait ne pas rester seulement victime d'une forme de vie qui ne nous convient pas. Pour créer, il faut parfois être hors cadre et s'éloigner des sentiers battus. Être rebelle devient alors un vrai talent !

> Valentine a trouvé comment faire : elle a 30 ans, un enfant à élever, et pas la moindre intention de « rentrer dans le moule ». Choisir un métier qui de toute façon la lassera vite et lui demandera une énergie qu'elle ne pourra plus utiliser pour ce qu'elle aime. Pour Valentine, c'est non. Alors elle s'est fait embaucher par une grande surface pour relever les codes barre des produits sur les rayons. Elle déambule dans le magasin et passe consciencieusement son biper sur les produits... avec un casque sur la tête branché sur des cours de philosophie ! C'est la philosophie qu'elle aime, qui l'aide à vivre, à penser et à construire des rêves de vie différents. C'est une combinaison bien jouée ! En attendant de trouver une voie qui lui convienne vraiment... (aujourd'hui elle pense à des études de psychologie).

Tu veux ou tu veux pas...

Mais tout n'est pas toujours aussi contrasté et, entre les deux extrêmes, on trouve les rebelles « soft », ceux qui ne sont pas d'accord et qui organisent leur vie en dehors du cadre, mais pas très loin de lui. Ils ne veulent pas tout accepter, mais sont conscients des avantages qu'ils peuvent retirer du système existant. Ils peuvent aussi décider de refuser le cadre, au prétexte de trouver un sens à leur vie mais se sentent alors à côté de la vie et en colère. Contre eux-mêmes, contre ceux qui sont dans le cadre, contre l'envie d'être dans le cadre et contre... l'envie d'avoir envie d'être dans le cadre ! Vous me suivez toujours ? Alors ils font des allers-retours entre dedans et dehors. Ils s'accommodent. Ils ne veulent pas renier leur identité profonde, en tout cas celle qu'ils ressentent comme essentielle, mais ils reconnaissent, au moins *a minima*, les bénéfices que l'on peut retirer d'un système organisé et codifié. Ils cherchent à se poser, mais ne savent pas bien où ni comment. Ils cherchent malgré tout, malgré eux, la reconnaissance des autres, mais de façon désordonnée. La reconnaissance de qui, pourquoi ? Comme s'ils avaient eux-mêmes honte de ce besoin du regard de l'autre. De ce besoin d'amour et de bienveillance des autres... Compliqué... Le sentiment de manque reste dominant.

> Vincent appartient à une famille de médecins. Il était lui aussi programmé pour faire une brillante carrière médicale. Mais, pour lui, il n'en était pas question. Pour vivre cette vie bourgeoise et suffisante qui est celle de sa famille ? Non merci, il n'en veut pas. Lui choisira de faire de la sculpture. Mais, clin d'œil du destin, il choisira des sculptures monumentales sur bois qui reproduisent, en taille réelle, des personnes humaines en souffrance (des patients à soigner ?). Et, pour vivre de son travail, c'est sur Internet (produit direct de nos sociétés organisées) et à travers le réseau que peut activer sa famille qu'il mettra en place ses circuits de vente. Au fond de lui, il avoue en consultation que son rêve le plus cher serait que, enfin, sa famille reconnaisse son talent et soit fière de ce qu'il est devenu. Du rebelle au « sage »... la limite est parfois ténue...

➤ Ceux qui évoluent sans cadre

Eux savent confusément que le cadre existe, mais ils ne savent pas quoi en faire. Ils ne savent pas bien non plus de quoi est fait précisément ce cadre. Alors, dehors, dedans, quelle importance ? Le flou domine leur vie ; les repères sont difficiles à trouver.

Ils vivent, mais ne sont pas ancrés. On pourrait parler d'*adultes en errance*. Ils ne savent pas où se poser. Ils ne se sentent confortables avec rien. Ils cherchent et se cherchent en permanence. Pourtant ils ignorent les raisons et les causes de leur quête. Leurs questions incessantes ne trouvent pas de réponses. Leur pensée, leur vie ne sont jamais au repos. Ils avancent sans but, sans direction, sans projets. L'isolation sociale est quasi systématique et on trouve parmi eux des vraies formes d'inadaptation sociale. Parfois graves.

Quand on ne parvient pas à trouver ses marques, on se sent mal tout le temps et partout. Quand on n'a pas intégré le cadre de l'environnement et que l'on ne s'est pas fixé un cadre intérieur, on est aigri, cynique, désabusé.

Désabusés ?

Ces adultes-là sont dans une sorte d'autodestruction et sont les plus vulnérables aux troubles psychologiques. Ce sont probablement ceux qui souffrent le plus.

> Olivier porte sur le monde un regard sardonique. Il change constamment d'activité pour gagner trois sous. De toute façon, dit-il, je m'en fous. Rien ne vaut la peine, rien n'a d'intérêt. Me marier ? Quelle mascarade, l'amour est éphémère. Des études ? Pour quoi faire ? Un métier ? Une imposture, de toute façon, c'est tous des cons. Rien ne lui fait jamais vraiment plaisir, rien ne paraît vrai-

ment le toucher non plus. Quoique ! Il ne vient pas en consultation, non plus. Les psys ? Ridicule ! Olivier, je l'ai rencontré dans sa vie. Et à force de bouts de discussions, car le faire parler plus d'une phrase relève de l'exploit, j'ai appris qu'il avait fait un bilan à l'adolescence au moment d'un échec scolaire aussi cuisant qu'inattendu. Olivier, jusqu'alors, était un brillant élève sans histoire...

➤ Une typologie pour se situer et prendre conscience

Cet essai de typologie a pour seul objectif de poser des points de repère. Ce n'est pas une fatalité de fonctionner de telle ou telle manière. C'est le fruit de mon observation clinique. Organiser ainsi des groupes distincts a pour seul intérêt l'*effet miroir* qui permet de prendre conscience de sa façon d'être. Cela peut être le début d'une prise de conscience. Cela peut aussi permettre de repérer autour de soi des profils de personnalité qui ont besoin d'un regard extérieur pour faire une démarche personnelle de prise de conscience d'eux-mêmes.

Je voudrais encore insister sur le fait que rien n'est jamais figé et que, si on se reconnaît aujourd'hui dans un certain mode de fonctionnement, on peut en changer à tous les stades de la vie et tracer un autre chemin.

Les aléas du sentiment de réussite

La réussite est au cœur de la société. L'enjeu de la réussite crée une pression et une tension constantes auxquelles il est bien difficile d'échapper. Mais de quoi parle-t-on ? La réussite est-elle vraiment ce que la société nous renvoie, ce que les autres reflètent ? Est-ce cette réussite-là qui nous rend heureux ? Parfois, bien sûr, mais pas toujours. On confond, en réalité, réussite, celle communément admise de tous, et sentiment de réussite, qui échappe aux règles établies. Le sentiment de réussite est intime. Personnel. Éprouver le sentiment de réussir sa vie est indépendant de l'environnement. Ce qui veut dire que l'on peut avoir la douloureuse sensation d'avoir loupé sa vie, alors que les autres seront éblouis par notre réussite socialement reconnue. Ce qui veut dire aussi que l'on peut considérer avoir profondément réussi sa vie malgré le regard apitoyé de notre entourage sur nos choix.

La réussite s'articule dans ce regard sur soi et l'acceptation du regard des autres qui permet de ressentir que l'on est à sa juste place et que l'on s'y sent bien.

> Le sentiment de réussite résulte d'une alchimie subtile dont le secret est différent pour chacun.

Pour le surdoué, en proie à de multiples interrogations, au doute permanent, à une remise en question incessante, comment penser sa réussite ? Peut-on seulement la penser ? Pour un surdoué, cela ne peut être qu'un sentiment fluctuant, instable.

➤ *Pour un surdoué, réussir, est-ce possible ?*

Pour un surdoué, c'est vital, mais il pense que c'est impossible. Pas comme il voudrait. Pas ce qu'il voudrait. Jamais à la hauteur de l'idéal qu'il a de la vie et de lui-même. Pour lui, réussir, c'est faire avancer l'humanité, faire avancer le monde. Il ne s'agit pas d'une réussite professionnelle classique. Ce n'est pas tout à fait ça réussir pour un surdoué, même si cela y participe. Il vit avec une vision plus transcendantale de la réussite. Il souhaiterait tellement l'atteindre. Mais lorsque l'on est capable de percevoir avec une telle lucidité les limites des autres, comment ne pas, d'abord, percevoir ses propres limites ? Alors le surdoué est rarement satisfait. L'image de réussite qu'il peut parfois donner n'est jamais synchro avec sa vision du monde. Pour vous, cette personne a réussi, mais, pour lui, la route est encore longue. Y parviendra-t-il un jour ? C'est pour lui une peur viscérale : ne pas y arriver. Il se sent si petit, impuissant, incompétent face à la tâche immense qu'il aimerait assumer.

> « Mon projet, vous allez sûrement vous moquer de moi, me confie Julien, serait d'aider l'humanité à mieux vivre. »

Encore un cran au-dessus, on trouve Michel qui murmure, conscient de la mégalomanie de son désir, que ce qu'il souhaiterait serait d'être un homme comme Jésus ou Bouddha pour transmettre un message au monde et faire profondément évoluer les hommes.

On voit bien le gouffre qui sépare ce qui relève de la réalité et du rêve grandiose. Mais qui taraude, toujours, le surdoué. Même lorsqu'il n'en dit rien et qu'il semble si rangé dans une vie classique aux bonheurs simples et à la réussite complaisante. Ne vous y trompez pas : au fond de lui, le projet insensé continue de murmurer.

➤ *Comment être heureux dans ce monde ?*

Les grandes causes aussi bouleversent l'adulte surdoué. Comme un enfant terrifié des malheurs du monde et de l'injustice de la vie. Alors que la plupart d'entre nous finissons par intégrer dans notre vision du monde petits et grands malheurs et à vivre avec tout ce qui nous entoure. Malgré la médiatisation qui nous informe instantanément et avec insistance sur les drames proches ou lointains, nous restons d'abord préoccupés de nos seuls destins individuels. Comme anesthésiés.

Pour l'adulte surdoué se joue intimement un perpétuel dilemme : comment être heureux dans ce monde criant d'injustice, comment se sentir égoïstement bien alors que tant d'autres souffrent, ai-je le droit de rester centré sur ma petite vie sans me préoccuper du destin du monde ? Je n'exagère pas. Mais peu de ces adultes surdoués en parlent. Qui le croirait ? Qui partagerait cette compassion et ce sentiment d'impuissance coupable ? On lui ferait immédiatement remarquer qu'on n'y peut rien, qu'on ne peut pas sauver le monde, qu'il est inutile de se faire un tel souci. En résumé, que cette attitude est ridicule et... infantile ! Mais si vous en parlez avec lui et qu'il se sent écouté en toute confiance, vous verrez, il vous le confirmera : il se sent concerné par tout, tout le temps.

La part infantile

Les adultes surdoués partagent une caractéristique tout à fait étonnante et pourtant bien cachée : une part infantile encore très présente. Prête à s'activer à la plus petite sollicitation. Tapie au fond de la « grande personne », mais tellement vivante.

La part infantile est ce qui reste de la magie de l'enfance : le rêve, la créativité, la certitude que tout est possible. La capacité à s'émerveiller, surtout. La capacité à être submergé par une joie profonde. Pour un petit rien. Un tout petit rien. Mais aussi à être terrassé par la moindre injustice, la plus infime souffrance : un animal blessé, un vieux qui a du mal à se relever, l'enfant qui tombe alors qu'il était si fier de ses premiers pas...

Dire de quelqu'un qu'il a des attitudes infantiles est une critique parfois violente et acerbe de la part d'adultes figés dans des certitudes rassurantes et qui s'obligent à n'adopter que des comportements sociaux communément acceptables. Un reproche en forme de regret de cette part d'enfance qu'on n'ose plus ressentir ?

➤ *La naïveté, expression de la crédulité*

C'est une des grandes particularités de cet adulte surdoué : il continue à croire, comme un enfant. Il croit au merveilleux, au magique. De la vie, des rencontres, des possibles. Sa naïveté le rend prêt à tout croire et à se retrouver très vite submergé par ce que cela entraîne. Les larmes aux yeux arrivent vite. Pourtant, il s'abstient, il se comporte en « grande personne », sérieuse, réfléchie.

Mais il garde, cachée, une âme d'enfant.

➤ *L'enthousiasme, une énergie immense*

« Mon mari me disait encore hier, c'est incroyable avec toi, tu es capable de t'émerveiller même sur des choses que tu connais déjà. »

C'est un atout inouï. Contrairement à ce que l'on pourrait penser, c'est une qualité rare, très peu fréquente. Cet enthousiasme que l'on peut ressentir alors que personne ne s'anime est une énergie exceptionnelle. Qui peut changer complètement la vie. À consommer sans modération !

➤ *La face plus sombre de la part infantile :*
la plainte et le sentiment de toute-puissance,
en alternance

Un adulte surdoué est souvent dans la plainte. Comme un enfant ! Il se plaint de tout, tout le temps. Ce n'est jamais de sa faute, toujours celle des autres. Il y croit en plus. Sincèrement. Comme l'enfant qui pense que s'il a eu une mauvaise note, c'est le prof qui est méchant ou que si un parent le gronde c'est injuste, car, dit-il, « J'ai rien fait ! ». C'est ce que l'on appelle un fonctionnement externaliste. On considère que les causes du problème sont à l'extérieur. Que notre responsabilité n'est pas engagée. Tout le monde devient potentiellement responsable : le patron, le conjoint, la société, l'économie, le gouvernement, les autres, le psy. Tous, sauf soi-même ! Car cela supposerait une profonde remise en question, opération difficile pour un surdoué fragile qui peine à avoir confiance en lui. « Je veux bien, mais je ne peux pas », répète-t-il...

Mais, lorsqu'il se rapproche dangereusement de ce point de rupture où il se sent vaciller sur ses bases, quand l'image, même vulnérable, qu'il a de lui-même menace de s'effacer totalement, on assiste à une brusque bascule : la maîtrise rigide. Soudain, l'adulte surdoué reprend le contrôle avec une illusion complète de toute-puissance, voire d'omniscience. On retrouve bien là toute la part infantile qui s'exprime : l'omnipotence du petit enfant convaincu qu'il a tout pouvoir sur les choses.

L'adulte surdoué, dans ces moments-là, partage cette certitude puérile : si je veux, j'obtiens. Si j'ai décidé, rien ne peut me résister. Et j'y arriverai.

De la plainte à la toute-puissance, c'est tout le spectre de la difficile construction de soi qui se révèle. C'est cette fragilité de l'image de soi qui malmène le surdoué et le fait osciller entre des extrêmes si infantiles. C'est parce qu'il a du mal à construire une représentation stable et confortable de ce qu'il est que le surdoué flanche et se raccroche à des mécanismes dépassés. Tous les doutes avec lesquels il vit, produits par cette intelligence acérée et cette sensibilité affûtée, brouillent les pistes : qui est-il vraiment ? Ce qu'il perçoit de lui est-il suffisamment solide pour s'y appuyer en confiance ? Tel est son grand dilemme.

Celui qui a l'âge du monde

Mais voilà l'autre facette inattendue. La part infantile du surdoué côtoie une autre perception : se sentir multiâge.

Qu'est-ce que ça veut dire ? Une chose finalement très simple, la sensation, selon les circonstances, les contextes, les personnes avec lesquelles on se trouve, d'avoir simultanément ou successivement des niveaux de maturité différents.

➤ *Oublions l'immaturité, parlons d'hypermaturité*

Voilà encore une conception qui vient à l'encontre de ce que l'on dit souvent du surdoué, en particulier de l'enfant surdoué, lorsque l'on parle d'immaturité affective. C'est une notion erronée car on confond, immaturité, avec dépendance affective. Ce qui n'a rien à voir. Oui, le surdoué est un être profondément affectif. C'est *d'abord* un être affectif. L'ingérence affective est toujours présente chez le surdoué, y compris dans l'acte cognitif. Le surdoué pense d'abord avec ses émotions avant de penser avec sa tête. Voilà ce qui lui donne parfois ce qualificatif d'immature. Comme si la dominante de l'affectif était seulement le privilège des tout petits enfants !

Au contraire, un surdoué est un caméléon. Il peut jouer sur un registre très large : il ajuste son comportement, sa pensée, ses actes, pour les adapter au plus près des contraintes de l'environnement. D'une certaine façon, le surdoué joue avec son intelligence et sa sensibilité pour déterminer son adéquation au monde.

Illustration : si on attend de vous que vous vous comportiez comme un « bébé » parce que vous savez que cette attitude vous permettra d'obtenir certaines choses, c'est possible. Si votre niveau de raisonnement, élevé, vous permet de convaincre votre interlocuteur, c'est possible. Si vous devez vous conformer à l'image précise qui correspond à votre statut ou votre fonction, c'est possible. Si on attend de vous conseils et sagesse de celui qui comprend finement les choses, c'est possible. Si vous devez analyser subtilement une situation difficile et tirer des conclusions que personne n'avait envisagées, toujours possible.

Attention, je ne suis pas en train de dire que le surdoué est tout-puissant et omnipotent ! Bien sûr que non. Mais je dis que son mode de fonctionnement, sur les versants intellectuel et affectif, lui donne une hypermaturité très caractéristique. L'hypermaturité doit être ici comprise comme cette capacité unique d'analyser avec une lucidité exemplaire toutes les composantes d'une situation et s'y adapter. Ou lutter contre, ce qui revient au même en termes de mécanisme.

> Grégoire, 15 ans, est en première. Il se sent décalé par rapport aux autres. Il n'a pas encore fait sa puberté, il est plus petit que ses

copains, il a toujours sa tête de petit garçon. Il a parfois du mal avec les filles qui lui disent qu'elles le trouvent mignon, mais qu'elles ne peuvent pas « sortir » avec lui parce qu'il n'est pas encore un homme. Les profs, dès qu'il semble s'essouffler en cours, lui font sentir qu'il est encore un peu jeune. Le directeur du lycée rencontre ses parents car il pense que redoubler une première permettrait à Grégoire de gagner en maturité. Il demande à Grégoire ce qu'il en pense, s'il est d'accord que son jeune âge crée un décalage avec les autres. Grégoire acquiesce, faiblement. Mais dans mon bureau il explose : « Ça me rend fou ! Je dois faire croire que je suis d'accord, que je suis moins mûr que les autres. Tout ça parce qu'ils me voient comme ça à cause de mon retard pubertaire ! Comment je pourrais leur expliquer que c'est tout le contraire ? C'est impossible à expliquer de toute façon. Moi, j'ai l'impression d'*user* ma maturité, comme si je rongeais mon frein. Dans ma tête, j'ai 20 ans, ou plus. Je ne supporte pas d'attendre d'avoir le bon âge pour me comporter, parler, exprimer ce que je pense. Pour vivre comme j'en ai envie. J'en peux plus. Quand je suis avec les copains de mon cousin de 20 ans, c'est génial. Et comme mon cousin me présente à eux comme quelqu'un d'hypermature même si je suis plus jeune, ça va. Ils m'acceptent, et moi je m'éclate. Enfin, je me sens bien. Mais, dans ma vie de tous les jours, je craque, j'ai toujours l'impression que je vais finir par exploser ! »

▶ *Ne pas pouvoir être à l'extérieur ce que l'on vit à l'intérieur*

Comment faire pour aider Grégoire ? Son problème, c'est le décalage entre son physique de petit ado et sa maturité de jeune adulte. Il n'y peut rien. Les autres le voient en regard de son apparence. Et s'il se met à être vraiment comme il est, à parler, à fonctionner en conformité avec ce qu'il vit à l'intérieur de lui-même, il risque de se faire rejeter par les autres car alors il paraîtrait étrange.

Et Grégoire, avant tout, veut avoir des amis. Alors, comme il le dit si bien, il « use » sa maturité à l'intérieur de lui-même. Mais cela l'épuise. Il ne va d'ailleurs pas bien, ni physiquement – il a des maux de ventre constants – ni psychologiquement – il est déprimé. Mais il tient, à toute force et à tout prix. Parce qu'il veut surmonter ces années difficiles, parce qu'il voit plus loin. Avec une vision étendue et prospective que lui donne son... hypermaturité !

« Il avait toujours semblé à Antoine avoir l'âge des chiens. Quand il avait 7 ans, il se sentait usé comme un homme de 49 ans ; à 11, il avait les désillusions d'un vieillard de 77 ans. Aujourd'hui, à 25 ans, espérant une vie un peu douce, Antoine a pris la résolution de couvrir son cerveau du suaire de la stupidité. Il n'avait que trop souvent constaté que l'intelligence est le mot qui désigne des sottises bien construites et joliment prononcées, qu'elle est si dévoyée que l'on a souvent plus avantage à être bête qu'intellectuel assermenté. L'intelligence rend malheureux, solitaire, pauvre, quand le déguisement de l'intelligence offre une immortalité de papier glacé et l'admiration de ceux qui croient en ce qu'ils lisent[1]. »

La faille spatio-temporelle[2] : vivre dans plusieurs espaces-temps

Ça se complique encore. Le surdoué se sent multiâge, mais il se situe également dans plusieurs espaces-temps :

---

1. Martin Page, *Comment je suis devenu stupide* © Le Dilettante, 2000.
2. Selon une expression de Marine Ambrosioni, psychologue à Cogito'Z.

passé-présent-futur. Temps du vécu individuel, mais qui est aussi restitué dans l'espace-temps de l'univers. Prendre une décision dans l'ici et maintenant est rendu très difficile par cette prise en compte de l'avant, de l'après, mais aussi de l'ailleurs. La perspective de soi est très différente car relativisée à l'échelle du temps et de l'espace.

Cela correspond à l'impossibilité pour le surdoué de se détacher du contexte. Son existence, sa raison d'être et de vivre, est dépendante de La Vie, avec un L et un V majuscules. Sa petite vie est reliée au sens du monde. Même si le sens lui échappe, il ne peut se considérer comme isolé du reste. Toute sa vie personnelle, insignifiante, est perpétuellement mise en perspective à l'échelle de l'univers. Pour le surdoué, seule cette perspective universelle et intemporelle peut avoir du sens et donner du sens à la vie ordinaire de chacun.

Il est évident que cette vision des choses, de sa vie comme de soi, engendre des interrogations aux réponses impossibles. Et qu'elles aboutissent, inexorablement, à des gouffres d'angoisse sans nom.

Pour un surdoué, il existe ainsi rarement d'accord intime entre ce qu'il est et ce qu'il fait. Il persiste une distance, aussi infime soit-elle, qui crée cet inconfort qui conduira soit au dépassement de soi, soit à une acceptation contrainte, source de frustration.

Pour s'en dégager, certains surdoués vont prendre le contre-pied : en surestimant leur importance et leur vie, ils tentent de défier les questions qui les taraudent. Elles sont étouffées, il ne les entend plus, préoccupé qu'il est de magnifier son existence et sa personne. Ne nous y trompons pas. C'est une mascarade. Utile parfois, car protectrice. Fragile toujours, car ne mettant jamais à l'abri d'un tremblement intérieur ou d'une secousse extérieure qui fera remonter du plus profond de lui-même l'essence même de son être.

Le tempo :
être toujours en décalage

Le tempo parle de mouvements. De rythme. Au sens où certains mouvements sont plus rapides que d'autres. Que des mouvements plus lents succèdent aux rythmes accélérés. Être dans le tempo, c'est être dans le mouvement de la vie, calé au même rythme que tout le monde.

Le tempo est le problème central du surdoué : lui n'est jamais dans le bon tempo ! Il n'est jamais synchronisé avec le mouvement général. Il est en décalage permanent : en avance, ou en retrait. En retard, ou en arrêt.

• En avance, il va souvent beaucoup, beaucoup plus vite. Pour percevoir, pour analyser, pour comprendre, pour synthétiser. En embrassant dans une perspective large toutes les données d'un problème, d'une situation. Par l'intermédiaire de ses sens toujours en éveil et qui captent, traitent, intègrent les moindres détails en présence. Doté de cette empathie qui confine parfois au masochisme tant les émotions des autres sont vécues par procuration... Alors, le surdoué a une perspective visionnaire : il a abouti quand les autres démarrent, il a compris quand la formulation de la question n'est pas terminée, il sait quoi faire alors que chacun s'interroge, bref, il va trop vite ! Le rythme des autres lui paraît dans ces moments-là comme au ralenti. Le mouvement de la vie lui semble endormi.

Une avance qui l'encombre car il est souvent seul sans personne avec qui partager. Une avance qui l'oblige à attendre, à regarder faire les autres, à repérer leurs faux pas, alors que lui sait. Mais quoi dire, comment dire en permanence ce qu'il faut faire et comment le faire sans passer pour un être orgueilleux, fier et imbu ? Sans passer pour celui à qui l'on dit : « De toute façon, tu as toujours raison. » Mais dans cette phrase beaucoup d'agressivité masquée, de rivalité, d'envie, de jalousie. D'agacement aussi.

La longueur d'avance du surdoué peut se révéler dans un grand nombre de secteurs de la vie personnelle ou professionnelle. En avance sur les autres, en avance sur son temps, en avance dans sa vie. Avoir des idées révolutionnaires, c'est bien, mais il faut les « faire passer » en les justifiant. Plus difficile. Savoir, avant que l'autre ait fini, ce qu'il va dire, agaçant pour celui qui parle, qui se sent violé dans son intimité. Comprendre avant et mieux que celui « supposé savoir » peut se révéler dramatique dans l'entreprise... On peut multiplier les exemples à l'infini. Tous ces moments de vie « décalés » et finalement inconfortables. Être en avance, pour quoi faire ?

• En arrêt ou en retrait : ce sont tous ces moments où l'hyperperception de l'environnement peut mettre en exergue un minuscule détail sur lequel le surdoué fixe son attention. Alors que les autres continuent à avancer, que le rythme de la discussion se poursuit, que la vie chemine, le surdoué, lui, est immobilisé. Captivé. Cet infime détail qui n'intéresse personne, que personne n'a même remarqué, lui semble d'une importance capitale. Pour lui, si on ne prend pas en compte cette petite partie du problème, de la situation, on ne parviendra pas à un résultat satisfaisant. On passe à côté. Alors il s'arrête, examine, réfléchit, tente d'intégrer ce segment du réel. Les autres sont loin, il est toujours là.

- Le retard est une autre forme de décalage. Une noble forme. Cette fois-ci c'est l'hyperconscientisation de la vie qui ne met pas le surdoué dans le même tempo. Pour lui, certains accordent une importance démesurée à des valeurs qui lui semblent tellement subsidiaires. Que ce soient des valeurs de réussite, d'argent, de biens matériels. Il a parfois l'impression que de nombreuses personnes courent en permanence sans but véritable. Sans donner de sens à leur vie. Et qu'elles vont trop vite sans se poser les questions essentielles : où je vais à cette allure ? Pour quoi faire ? Qu'est-ce que je cherche absolument à obtenir ? Quelles sont mes priorités ? Est-ce que cette course-poursuite effrénée m'emmène au bonheur ? etc. Alors le surdoué les laisse courir mais progresse plus lentement. En prenant le temps de ce qu'il considère comme les « vraies » choses. Il peut s'attarder dans la contemplation d'un paysage, d'une œuvre d'art, d'un spectacle de la nature, de la rue, des hommes. Il peut se poser dans une discussion, dans une rencontre qu'il souhaite vivre pleinement. Il peut rêvasser avec fantaisie, nostalgie, jubilation, à des événements passés ou à des projets d'avenir. Et prendre le temps pour tout ça. Le temps de vivre peut-être. Pleinement. Mais ça y est, il n'est plus dans le tempo et il regarde filer à plcine allure, comme au bord d'une autoroute, cette vie qu'il aborde par un plus petit chemin.

> Le surdoué est rarement dans le bon tempo et ce décalage procure une désagréable sensation d'étrangeté et, paradoxalement, d'incompréhension du monde.
> Un décalage dans le tempo génère toujours des problèmes de communication avec les autres : on ne se comprend pas, on n'est pas synchro.
> Ne pas être sur le même tempo : le grand malentendu avec le monde !

➤ *Quand le tempo n'est pas synchronisé
avec ce que l'on vit : ne pas pouvoir profiter des choses*

C'est une combinaison de la faille spatio-temporelle et du décalage de tempo : le surdoué a du mal à être totalement dans ce qu'il fait, dans ce qu'il vit. Sa pensée le conduit à resituer son présent dans ses souvenirs ou dans un passé plus large, mais aussi à se projeter dans un futur où il se souviendra de ce qu'il est en train de vivre dans l'ici et maintenant.

Illustration : Paule se promène dans un superbe paysage d'automne à la montagne. C'est une promenade particulièrement agréable, et pourtant. Paule s'interrogera sur ce qui a changé dans le paysage par rapport au siècle précédent. Ses ancêtres voyaient-ils exactement la même nature environnante ? Et pourquoi cela a-t-il changé ? Mais, surtout, Paule se voit quelques heures plus tard, lorsqu'elle racontera à ses amis la formidable promenade qu'elle a faite et combien c'était merveilleux. Elle se demande comment elle pourra décrire avec précision ce qu'elle a vu et ressenti. Mais, là, maintenant, que vit-elle ? En réalité, elle n'en sait rien car elle n'est pas totalement raccordée au présent.

Le féminin et le masculin : laisser sa place à chacun

Nous avons tous, dans notre personnalité, une part féminine et une part masculine.

La part féminine correspond à l'ouverture, la sensibilité, l'affectif, la dépendance, le fragile. À l'opposé, la part masculine est celle de la volonté, de la performance, du combat, de l'indépendance, de la force. Vision très schématique, je vous l'accorde, mais suffisante pour éclairer mon propos.

Selon que l'on est femme ou homme, l'équilibre de la personnalité favorise l'une ou l'autre de ces composantes. Ce qui ne signifie pas que la part opposée n'existe pas, mais elle est à l'arrière-plan, plus discrète. La part qui correspond à notre identité sexuelle prend le pas, est prioritairement activée et exprimée. Cela se met en place progressivement au cours de l'enfance, se confirme à l'adolescence.

Mais, chez l'adulte surdoué, on trouve encore présents ces deux courants de personnalité de façon très marquée.

Chez l'homme, la part féminine garde une place importante : la sensibilité, la réceptivité affective, le besoin de l'autre, l'intérêt pour les autres, pour les discussions restent marqués. L'homme s'applique à étouffer cette tendance de sa personnalité qui pourrait susciter moquerie ou raillerie. Lui-même ne trouve pas cela si normal de se sentir plutôt bien avec les femmes avec lesquelles il a une grande facilité d'échange. Qu'il comprend bien. Et pas dans un rapport de séduction. Ce que les autres hommes ont bien du mal à concevoir.

Pour la femme surdouée, son besoin farouche d'indépendance, son sens du challenge, son talent spontané pour diriger, pour commander, pour mener, dominer, son goût des défis et du combat (psychologique !) laissent émerger fortement cette part du masculin en elle.

➤ *Accepter la part féminine en soi :*
voilà le défi à relever pour un adulte surdoué,
homme ou femme

Pour l'homme, c'est laisser s'épanouir en lui tout ce qui participe de son charme sensible, plus doux, moins tranchant, plus vulnérable. Même si c'est mal admis dans la communauté des hommes, c'est un grand atout dans sa relation aux femmes. C'est aussi une vraie richesse dans sa relation au monde où le sens esthétique, la réceptivité sensible à l'environnement doivent être valorisés.

Pour la femme, la difficulté est inverse : elle peut utiliser sa part masculine, elle peut s'en servir pour construire sa vie et réussir ses projets, mais elle peut aussi laisser vivre en elle la sensibilité, l'émotivité, la fragilité, le besoin de recevoir qui laissent aux hommes la possibilité de s'approcher d'elle. Qui leur fait moins peur. Qui redonne aux hommes la sensation qu'ils peuvent la protéger.

Dans la vie en général, la part féminine ouvre au monde. Et bien que cette facette de soi montre une plus grande vulnérabilité, elle est aussi une grande source d'inspiration, de créativité, de plaisir.

CHAPITRE 6

De la difficulté d'être un adulte surdoué

La difficulté d'être un adulte surdoué peut s'aborder sous deux angles : celui, essentiel, de la lente construction de soi, de sa personnalité, de l'image que l'on a de nous-même et qui détermine notre rapport au monde, aux autres. Mais aussi sous l'angle plus spécifique des particularités de fonctionnement des surdoués qui vont prendre un relief, une présence, singulières à l'âge adulte. Ces singularités, déjà présentes dans l'enfance, vont devenir des façons d'être au monde qui peuvent compliquer l'équilibre de vie. L'intrication, on le comprend, est étroite entre le parcours de l'enfant surdoué que l'on a été, et l'adulte que l'on devient.

On peut repérer dans les lignes qui suivent des modes de fonctionnement qui se retrouvent dans d'autres profils de personnalité. C'est vrai. Mais ce qui est spécifique au surdoué, comme toujours, est l'intensité de chacune de ces expressions de soi. Et la souffrance qui peut y être associée. La fréquence d'apparition de ces caractéristiques de personnalité permet d'identifier ce groupe, distinct parmi les autres, que composent les adultes surdoués. Ni tout à fait pareils ni complètement différents…

La lucidité étourdissante

> « La lucidité est la blessure la plus proche du soleil. »
>
> René CHAR

Comment vivre avec cette lucidité qui inonde tout ce qui entoure. Qui scrute le moindre recoin. Qui repère le plus petit détail. Une lucidité qui pénètre au plus profond de l'autre. La lucidité du surdoué est d'autant plus puissante qu'elle s'alimente à une double source :
- l'intelligence aiguisée qui dissèque et analyse,
- l'hyperréceptivité émotionnelle qui absorbe la plus infime particule d'émotion ambiante.

Cette lucidité pénétrante ne laisse aucun répit. Et le surdoué ne peut débrancher ce rayon laser qui l'habite, qui fonctionne sans relâche. Il devient plus difficile de se sentir en sécurité, de faire confiance, de se laisser porter par la vie. La lucidité crée un véritable trouble, non identifié dans les manuels de psychologie, et pourtant proche du vertige, de la perte de conscience parfois. De la souffrance toujours.

Tous les adultes surdoués expliquent combien il est douloureux d'être envahi par cette perception grossie du monde. Comme lorsque, petit, on regarde les fourmis évoluer dans la fourmilière aux parois grossissantes. La lucidité exacerbe et amplifie, mais surtout ne permet jamais de « ne pas voir ». Comme il est plus facile de vivre quand on ne repère pas les dysfonctionnements ambiants, que l'on ne se retrouve pas à penser, réfléchir, sur un problème anodin, que l'on ne se sent pas touché par une émotion *a priori* négligeable !

Une telle lucidité fragilise l'équilibre de vie. Interroge le sens de la vie. Inlassablement. Mais aussi entraîne une remise en question permanente car rien n'est accepté sans condition. Avant de considérer une situation, une compétence, un savoir, une connaissance, comme valide et acceptable, le surdoué l'aura d'abord passé au crible de son analyse.

On peut retrouver ce processus en consultation : il faut du temps, beaucoup de temps, pour que ce patient *pas comme les autres* lâche prise, descende de sa tour de contrôle et se laisse guider, accompagner. D'abord, il observe le psy, examine son fonctionnement, ses attitudes, jauge sa capacité à comprendre, ses compétences. C'est lui qui teste le psy, avant tout. Et, à partir de ses résultats, il décidera de faire confiance... ou pas. Quelquefois il jouera le jeu du psy, le manipulera, « pour voir ». Comme au poker ! Au psy de démasquer ou de perdre la partie : et le patient interrompra sa prise en charge. Le vrai perdant, tristement, c'est toujours lui. Mais rester avec un psy dont il est capable d'anticiper tous les procédés thérapeutiques, quel intérêt ? En revanche, s'il accorde sa confiance au thérapeute, méfiance. Ce n'est jamais définitivement acquis. Il sondera ponctuellement l'état des lieux pour voir si le psy résiste bien, s'il ne s'est pas fait larguer en route. Et si le psy tombe dans ce piège, retour à la case départ. Il faut bien comprendre que le surdoué ne fait pas tout ça pour mettre le psy en difficulté mais qu'il a besoin de tout ça pour se sentir compris et protégé, pour accepter de donner la main à celui qui la lui tend.

David a 25 ans. Cela fait quelques fois qu'il vient me voir. Il a du mal à trouver une voie de vie qui lui convienne. Il est largué et chaque fois qu'il envisage un nouveau projet, son analyse extralucide lui en fait percevoir les failles et les limites. Alors il cherche autre chose. Un jour, en cours de séance, il me dit : « Comment pouvez-vous me comprendre puisque vous n'êtes pas surdouée ? Vous atteignez vos limites. Vous pouvez comprendre la théorie, mais pas ce que je vis. » Ouf, il faut l'entendre quand même ! Et l'intégrer dans le cheminement thérapeutique. Sinon c'est fichu, c'est le patient qui est perdu.

➤ *La lucidité sur le monde donne une grande lucidité sur soi*

Quand on fonctionne avec cette faculté acérée de repérer et disséquer inlassablement le monde, que l'on perçoit avec acuité les fragilités et les limites des autres, comment ne pas percevoir, d'abord, ses propres failles ? Voilà ce qui guette, à chaque pas, le surdoué : douter de lui, de ce qu'il est, de ses possibilités, de ses compétences, de ses qualités. Quand on est surdoué, on ne se sent jamais, mais alors jamais, supérieur aux autres. Bien au contraire. Et pourtant, cette idée du sentiment de supériorité que l'on éprouverait parce qu'on est surdoué hante tellement les esprits... de ceux qui ne le sont pas !

Ce qui est vrai, cependant, est que certains surdoués « gonflent leur ego ». Ils développent une personnalité qui apparaît suffisante, méprisante parfois. Ils donnent l'image de personnes qui se pensent tellement au-dessus de la masse. Mais ne nous y trompons pas ! Comme la grenouille de la fable de La Fontaine qui voulait se faire aussi grosse que le bœuf, le surdoué qui semble prétentieux est le plus vulnérable parmi tous. Sa suffisance tente de masquer son sentiment d'impuissance, de profonde fragilité. Celui-là a peur. Il est terrifié par l'idée d'être rejeté. S'il adopte ce type de comportement, c'est qu'il ne va pas bien. Qu'il souffre.

La lucidité sur le monde et sur soi ouvre les portes d'une compréhension percutante et acérée. La puissance de cette lucidité peut être douloureuse mais elle est aussi la source d'une vision des choses que l'on pourrait finalement qualifier d'extralucide.

La peur

Avec la peur, on pourrait décliner la plupart des singularités de fonctionnement du surdoué. La peur, toutes les peurs, l'habite. La peur naît d'un sentiment de danger, mais le danger n'est pas toujours identifiable. Alors, la peur devient omniprésente, diffuse, constante. Elle s'insinue partout et empoisonne de nombreux moments de la vie.

➤ *Pourquoi tant de peurs chez le surdoué ?*

La peur est un sentiment partagé par tous. C'est une émotion qui peut aussi s'avérer nécessaire pour se confronter à certaines situations : la peur mobilise des ressources, de l'énergie, des forces. Elle est utile ponctuellement. Dans d'autres situations, la peur génère une véritable angoisse et peut aller jusqu'à nous paralyser. Le plus souvent, on sait de quoi on a peur et on peut tenter d'affronter le danger, par les actes ou par la pensée. Les contours de la peur sont repérables.

La peur du surdoué prend une tout autre forme : ce dont le surdoué a le plus peur, c'est de lui-même. Il a peur de sa pensée qui peut l'entraîner dans des profondeurs effrayantes, il a peur de ses émotions qui l'envahissent de façon incontrôlable, il a peur des autres dont il se sent à la fois tellement différent et pourtant si semblable, il a peur de la vie qu'il ne saura pas maîtriser. Il a surtout peur de se retrouver face à lui-même et de ne pas aimer ce qu'il est. De se décevoir. Ou de se rendre compte qu'il s'est trompé. Que ce qu'il est devenu ne lui convient pas. Que ses choix n'étaient pas les bons.

En réalité, le surdoué a terriblement peur de cette confrontation intime.

➤ La peur du surdoué peut aussi prendre d'autres visages

Le perfectionnisme

Pour un surdoué, ou bien c'est parfait, irréprochable, totalement abouti, ou ce n'est pas la peine.

Attention de ne pas confondre avec le caractère, voire la pathologie obsessionnelle. La différence est toujours ténue entre la normalité du surdoué et la pathologie classique.

La soif d'absolu, de « parfait », peut avoir des effets pervers : l'incapacité à entreprendre. L'immobilisme guette le surdoué qui, dans sa quête de perfection impossible à assouvir, s'arrête en chemin et montre une inertie redoutable. Malgré ses immenses capacités intellectuelles et sa riche personnalité, le surdoué stagne. Plus on l'incite à se bouger, plus on lui renvoie l'image de son incapacité à bien faire et plus on le fige. Ne pas entreprendre, c'est aussi éviter tout risque d'échec et garder l'illusion que, si on l'avait fait, on aurait réussi à merveille. Un piège. Un leurre.

« L'angoisse absorbe une grande partie de leur énergie devant leur incapacité à se réaliser, malgré les possibilités dont ils sont dotés[1]. »

---
1. S. Lebovici, « L'avenir psychopathologique de l'enfant surdoué », *Revue de neuropsychiatrie infantile*, 1960, 8, 5-6, p. 214-216.

Ne pouvoir s'appuyer sur personne

Il est bien difficile quand on dispose de cette puissance de fonctionnement de ne pas déceler très vite la fragilité, la faiblesse, les limites ou pire l'incompétence de l'autre. On voudrait bien pourtant faire confiance, trouver quelqu'un que l'on admire, qui nous apprenne. Quelqu'un pour qui on aurait une profonde et solide considération. Un vrai respect. On peut aller jusqu'à dire quelqu'un qui nous dominerait, dans sa personnalité et dans ses compétences. Mais ces rencontres sont si rares. Si exceptionnelles. Que se passe-t-il le plus souvent ?

Le surdoué est en difficulté pour accepter les règles qui viennent de l'extérieur car elles sont toujours discutables et peuvent être remises en cause, « on ne croit jamais vraiment personne », explique-t-il souvent.

Ses compétences propres, sa sagacité d'analyse, sa capacité d'englober dans une compréhension fulgurante un nombre important de connaissances connexes sur un sujet sur lequel il est au départ néophyte vont souvent lui permettre de comprendre plus loin et de faire mieux que ce que le maître lui enseigne. Et plus vite.

Dur, dur... pour le surdoué car c'est déroutant d'être encore une fois en avant, seul. Insupportable, voire inadmissible pour celui supposé savoir. Les rapports de hiérarchie et d'autorité sont régulièrement voués au conflit et à la rupture.

> Le manque de confiance dans les figures d'autorité et la rapidité d'apprentissage qui conduit rapidement à dépasser le maître condamnent l'adulte surdoué à être autonome dans son activité professionnelle. Être son propre « chef » et ne dépendre que de soi.

L'intensité de pensée

Chez le surdoué, penser c'est vivre. Il n'a pas le choix. Il ne peut arrêter cette pensée puissante, incessante, qui, sans relâche, scrute, analyse, intègre, associe, anticipe, imagine, met en perspective... Aucune pause. Jamais.

Alors, il pense sur tout, tout le temps, intensément. Avec tous ses sens en alerte.

Les généralités et les simplifications : mission impossible. Ce qui s'active, c'est la précision et la dissection, jusqu'à l'infini.

« Tout ce que je vois, sens, entends, s'engouffre dans mon esprit, l'emballe et le fait tourner à plein régime. Essayer de comprendre est un suicide social, cela veut dire ne plus goûter à la vie [...]. Ce qu'on cherche à comprendre, souvent, on le tue, comme chez l'apprenti médecin, il n'y a pas de véritable connaissance sans dissection [...]. Il n'est pas possible de vivre en étant trop conscient, trop pensant[2]. »

Et c'est là que parfois le danger guette : plus on pense à quelque chose, plus on arrive à un point d'absurdité. À force d'associer et d'enchaîner les idées on parvient à un point ridiculement vain. En s'enfonçant encore et encore dans sa pensée, on lui a progressivement enlevé tout ce qui lui avait donné du sens. On a perdu en cours de route ce qui en constituait l'essence. Comment alors accorder du crédit, considérer cette pensée, cette idée, comme valable, intéressante ? On ne peut plus l'envisager sérieusement. Elle nous apparaît maintenant grotesque. Dérisoire. Et comme, en plus, on est le seul à penser de cette manière-là,

---

2. Martin Page, *Comment je suis devenu stupide* © Le Dilettante, 2000.

on se croit fou. On cache aux autres les méandres de notre pensée. Si tout le monde pense autrement, si personne n'est arrivé à ce point de réflexion, comment envisager autre chose que la folie ? Une peur immense.

La pensée au bord du gouffre

L'intensité de la pensée entraîne à un point d'infini. Où on se sent aspiré dans un mouvement sans fin et sans limites. C'est une sensation qui crée un réel malaise car on ne sait plus à quoi se raccrocher. On se perd et rien ne nous arrête. Rien ne vient nous protéger. Dans ces moments-là, c'est comme si la vie devenait au fur et à mesure un point microscopique qui s'éloigne à toute allure. La bouffée d'angoisse n'est jamais très loin.

« Quand je me mets à penser trop, j'ai l'impression que je peux tomber dans un coma de pensée », explique Raphaël, 22 ans. Cette sensation lui fait si peur qu'il trouve mille et un subterfuges pour ne pas avoir une minute pour penser.

Pousser les discussions jusqu'au bout du bout...

C'est aussi quelquefois dans ce contexte qu'un surdoué va pousser les limites de la discussion. Sans relâche. Pour aller au bout du bout. Pour tenter de cerner le sens précis des choses. Sans équivoque. Sans flou. Pour être sûr. Ou au moins s'approcher au plus près de la *réalité*. Quand on discute avec un surdoué, on se retrouve embarqué dans des discussions illimitées dans lesquelles aucun argument ne semble avoir prise. C'est épuisant et parfois incompréhensible pour l'autre. Comment peut-on tout remettre en question ? Tout le temps ? Et ne pas se contenter d'explications pragmatiques ou d'arguments habituellement acceptables. Mais pas par eux. Jamais.

Dans des situations « hiérarchiques », un parent avec son enfant, un patron avec son collaborateur, etc., les conflits peuvent devenir inextricables. Le surdoué ne lâche pas tant qu'il n'a pas la certitude d'être allé jusqu'au bout. Dans le milieu professionnel, le clash peut se produire. Chacun des partenaires étant convaincu d'être persécuté par la « mauvaise foi » de l'autre. Incompréhension fondamentale. Désolation profonde du surdoué qui se retrouve au bord du chemin et enfoui dans sa pensée. Sans avoir compris ce qui a bien pu se passer.

L'analyse constante de l'environnement et de ses dangers

> « Je suis au cinéma. Je n'arrive pas à être absorbée par le film. J'observe autour de moi et je pense à tout ce qui pourrait arriver de grave ou de moins grave : du feu dans la salle à un malaise que je pourrais avoir. Je construis tous les scénarios possibles. Où sont les issues de secours qui m'aideraient, comment se dégager si le plafond s'effondre et, en cas de bombe, quel est le matériau des fauteuils, qui faut-il d'abord prévenir, etc. Au bout d'un moment, c'est obligé, l'attaque de panique finit par arriver. J'étouffe, j'ai l'impression que je vais mourir dans les cinq minutes, je tremble et je m'accroche comme une folle à la personne qui est avec moi. Je lui demande de sortir, vite. J'ai trop peur. »

Excessif ? Exceptionnel ? Pas vraiment. Dès l'enfance, la perception et l'analyse constante, minutieuse, approfondie, de toutes les composantes de l'environnement sont à l'origine d'une forme d'anxiété diffuse. Le moindre détail est étudié. Ce qui est très étonnant, c'est que le surdoué voit aussi bien des choses énormes, si évidentes pour tous, que personne ne les voit ou n'a pris conscience de leur présence, que de minuscules détails qu'il est le seul à repérer.

Maxime, 8 ans, doit faire une radio dentaire. À l'arrivée au cabinet de radiologie, il repère le pictogramme de précaution qui signale la présence de rayons radioactifs. Il posera alors de multiples questions sur les risques, sur les effets de ces rayons, sur les conséquences pour l'environnement, sur la précision du cliché radiographique : la zone est-elle formellement délimitée ou des rayons peuvent-ils atteindre d'autres parties du corps ? Et si oui, lesquelles ? etc. Maxime a peur. Très peur. Et rien du discours du médecin ou de sa mère ne le rassure. Si ce n'était pas dangereux, pourquoi y aurait-il ce sigle ? À chaque explication, Maxime relance sur une nouvelle question. À bout d'arguments, le médecin et la mère obligent Maxime à s'installer pour faire sa radio. Maxime est en larmes, mais ne dit plus rien. De toute façon, il sait qu'il existe un risque même s'il est infime et hautement improbable. Que les adultes qui l'entourent ne le mesurent pas, ne le prennent pas en compte, amplifie son inquiétude. C'est en tremblant qu'il ressortira du cabinet de radiologie. Dans mon bureau, il me reposera les questions sur les dangers potentiels...

Comment calmer cette peur ?

Elle est difficile à apaiser car le surdoué a analysé tout, absolument tout, ce qui pouvait arriver de dangereux. Et, sur un plan de la réalité, il a raison. Par exemple, même si vous ne vivez pas dans une région sismique, on ne peut affirmer être à l'abri d'un tremblement de terre. Essayez de le faire croire au surdoué ! Vous n'y parviendrez jamais. Et plus vous insisterez, plus il aura peur : il est donc le seul à savoir, à percevoir, à anticiper ? Personne ne se rend compte de l'évidence : le danger est partout. Donc, lui a peur.

Alors, surtout ne jamais dire que ce qui lui fait peur ne peut pas arriver. C'est faux ! Mais adopter une attitude bienveillante où l'émotion est acceptée. Il est différent de dire : « C'est ridicule d'avoir peur, tu n'as aucune raison d'avoir peur »... et de réagir en disant : « Je comprends que tu aies peur, c'est vrai que cela peut faire peur, mais... » Dans ce cas, on accepte l'émotion tout en essayant d'apporter des perspectives d'apaisement. Dire que la peur est injustifiée renforce le malaise du surdoué : s'il a peur, c'est bien qu'il a des raisons. Même si ces raisons paraissent tellement irrationnelles ou improbables. Une émotion est toujours acceptable pour ce qu'elle est : le ressenti de l'autre. Quand on se sent respecté dans l'émotion que l'on éprouve, on est plus disposé à entendre et intégrer d'autres façons d'analyser la situation ou de penser le problème. C'est l'étape essentielle pour envisager des perspectives plus apaisantes.

Le père d'Oskar, 9 ans, vient le border, le soir. Leur grand plaisir : le père lit quelques extraits du *New York Times*.

« Un des plus beaux trucs, c'était qu'il dénichait une faute dans tous les articles qu'on regardait. Des fois, c'étaient des fautes de grammaire, des fois des erreurs sur la géographie ou des faits, et des fois l'article ne disait pas du tout ce qu'il y avait à dire. J'adorais avoir un papa plus intelligent que le *New York Times* et j'adorais avec ma joue sentir les poils de sa poitrine à travers son T-shirt, et qu'il ait toujours l'odeur de quand il se rasait même à la fin de la journée. Avec lui mon cerveau se tenait tranquille. Je n'avais pas besoin d'inventer quoi que ce soit[3]. »

---

3. J. Safran Foer, *Extrêmement fort et incroyablement près* © Éditions de L'Olivier, 2006, pour la traduction française, coll. « Points », 2007.

➤ *Cette peur peut faire perdre pied*

Certains surdoués témoignent de moments de panique totale dans des situations où leur pensée, leur sensibilité captent les dangers potentiels pour eux ou pour les autres. Ils se sentent parfois les « gardiens » du monde car ils sont de véritables tours de contrôle qui ne lâchent jamais leur poste. Quand ils se sentent impuissants à prévenir le danger ou à s'en protéger, leur hyperréactivité émotionnelle transforme leur peur en ouragan qui emporte tout sur son passage. Déstabilisés, démunis, totalement dépassés ils peuvent en éprouver de véritables malaises physiques. Si ces expériences de perception de danger imminent se reproduisent trop souvent, de réelles agoraphobies peuvent se développer. Dans cette pathologie, la confrontation au monde devient tellement angoissante que toute activité sociale est impossible. On ne sort plus de chez soi et on finit par lâcher ses études, son boulot, sa vie ! L'agoraphobie n'est pas spécifique aux surdoués. Mais on trouve une proportion importante de surdoués qui ont traversé ou combattent cette pathologie. Leur anticipation anxieuse alimentée par leur analyse acérée et transperçante de tout ce qui les entoure les expose à cette peur excessive.

« J'aimerais pouvoir dire, à la conclusion de cette aventure, comme le personnage de Joker dans *Full Metal Jacket* : "Je suis dans un monde de merde, mais je suis vivant et je n'ai pas peur[4]." »

---

4. Martin Page, *Comment je suis devenu stupide* © Le Dilettante, 2000.

➤ *La peur pour les autres*

Un surdoué se fait du souci, beaucoup de souci. Pour tout le monde. Pour ses proches d'abord. Déjà, enfant, il s'inquiète pour ses parents. Dans une relation inversée. Habituellement, ce sont les parents qui se préoccupent des enfants. Mais le jeune surdoué est à l'affût : il a peur pour ses parents. Pour tout. De l'inquiétude autour de leur relation de couple à la crainte de leurs problèmes d'argent, de l'appréhension d'une difficulté professionnelle à l'angoisse d'un problème de santé... l'enfant surdoué vit dans l'anticipation anxieuse de ce qui pourrait arriver dans sa famille et recherche en permanence, plus ou moins consciemment, les moyens de porter assistance à ses parents ou de leur éviter les ennuis. Mais ce qui l'attriste le plus est l'inquiétude que ses parents ressentent pour lui. Il ne veut pas être une cause de préoccupation pour ceux qu'il aime et encore moins pour ses parents. L'anticipation anxieuse devient son lot quotidien. Devenu à son tour adulte, il continuera à se préoccuper de chacun, à s'inquiéter avec une impossible indifférence aux malheurs du monde. Et quand il est parent à son tour, c'est l'angoisse pour ses propres enfants qui devient envahissante. Conscient, *surconscient* de tous les dangers qui guettent, il voudrait tout contrôler. Épuisant psychologiquement pour lui, étouffant pour ses enfants. « Moi, me dit ce parent inquiet, je pourrai toujours m'en sortir quel que soit le cas de figure. Mais lui ? » Il ne s'agit pas d'un manque de confiance en son enfant, mais d'une inquiétude excessive produite par la réceptivité excessive à l'environnement et à son analyse lucide et éclairée. Pas très facile à vivre.

La peur des surdoués sous les projecteurs de la recherche scientifique

Voici quelques petites nouvelles d'études récentes, certes anecdotiques, mais pourtant révélatrices, de cette anticipation de danger très souvent présente chez le surdoué :
• La proportion d'athées semble plus élevée dans la population de surdoués que dans la population générale. Pourquoi ? Impossible pour eux de croire l'improbable.

> « On est profondément agnostiques, en tout cas moi, mais en même temps on ne l'est pas. Parce que quelque part on a aussi besoin d'être rassurés et surtout mettre du sens aux choses. »

Témoignage, témoignage...

• Dans une étude portant sur 17 000 personnes suivies pendant vingt ans, il apparaît que la probabilité d'être végétarien est significativement plus élevée chez les surdoués. Or l'alimentation végétarienne a toujours été considérée comme moins nocive pour la santé. La peur des risques potentiels encourus avec une alimentation traditionnelle motive probablement leur choix alimentaire !
• Les surdoués sont moins fumeurs que les autres : globalement, ils adoptent plus spontanément des comportements protecteurs. D'ailleurs, les surdoués présentent des risques cardiovasculaires moins élevés. Bonne nouvelle !
• Les surdoués dépensent plus facilement leur argent pour des frivolités. Leur hyperconscientisation de la fin et de la vacuité du monde ne les incite pas à épargner. Pour quoi faire ?
CQFD !

La culpabilité

« J'aurais pourtant adoré, à ce moment-là, être brillante, bonne élève, d'abord pour être une "bonne fille" vis-à-vis de mes parents mais surtout pour me sentir fière de moi-même ; c'est un luxe que je n'ai jamais pu m'offrir », m'écrit Marie, 36 ans, qui se découvre surdouée.

➤ *Coupable de ne pas réussir ?*

Insidieuse, tenace, la honte de ce que l'on *n'est pas* est destructrice. La honte de ne pas être ce que les autres attendent. La honte de décevoir. La honte de ses difficultés. La honte de ses « bizarreries ».

La honte habite le surdoué, envers et malgré lui. Fruit d'une culpabilité qui s'alimente dans les non-dits, dans les fausses condescendances, dans les compassions feintes. Car, pour le surdoué, même si son entourage semble accepter ce qu'il est, il reste au fond de lui persuadé qu'il a déçu les autres. Qu'il n'a pas su être à la hauteur. Son niveau d'exigence le plus élevé, c'est lui qui se le pose en réalité. Pas toujours ou pas vraiment les autres. Mais, pour lui, rien n'est jamais assez bien en regard de ce que lui considère qu'il aurait dû atteindre. Sans savoir vraiment d'ailleurs quel était le but à atteindre. Il faut comprendre qu'il ne s'agit en rien d'une réalité, mais d'une représentation de soi et de sa réussite qui crée un sentiment d'inachèvement permanent. De déception de soi lancinante. Quand on vit depuis toujours avec un sentiment de soi contrasté, fait de très hauts et de très bas, on reste dans cette conviction que l'on se doit de réaliser certaines choses à un certain niveau.

Alors on s'épuise dans une quête désordonnée à la recherche d'un but chimérique puisqu'il ne pourra jamais être cerné et par là même atteint.

Comprendre, surtout comprendre, que c'est ce regard sur soi qui trouble l'image de soi permet de déchirer un voile opaque sous lequel on souffre en silence.

➤ *Coupable de ressentir ?*

Quand on perçoit trop de choses, y compris celles que l'on n'aurait jamais dû remarquer, cela génère une forme de culpabilité indicible. Une culpabilité d'avoir trop compris et d'être en avance par rapport à l'autre, aux autres. On a déjà compris alors que les autres semblent encore loin derrière, qu'ils continuent à réfléchir à leur rythme. On les regarde péniblement avancer et on souffre non seulement de leur progression si lente, mais de la culpabilité d'être allé trop vite. De ne pas être synchro. Une histoire de tempo encore ! Cette curieuse forme de culpabilité met le surdoué très mal à l'aise. Souvent il ne sait plus ce qu'il doit faire ou ne pas faire : il a envie d'avancer, d'anticiper, d'accélérer car il a compris, mais alors il se détache, seul, du peloton et il doit justifier son avance. Et il a honte de cette avance. Souvent, d'ailleurs, le surdoué « reconstruit » un raisonnement plausible pour expliquer son avance. Ou bien, il attend, se cale, ralentit son système et il s'ennuie, décroche, ne s'intéresse plus, et... culpabilise encore de ne pas se sentir aussi concerné que les autres.

Être en avance oblige également à remarquer les faiblesses, les fragilités des autres. Pourtant, très souvent, le surdoué voudrait tellement ne pas les voir ! Pourquoi être toujours aux prises avec cette compréhension, cette analyse, ces déductions fulgurantes qui vous propulsent en avant ? Seul. Être avec les autres, au même rythme, serait tellement plus confortable.

> Une fois encore le surdoué est en décalage et se sent coupable de ce décalage pourtant bien involontaire.

Le sentiment d'incomplétude

La pensée peut être un piège qui remet tout en question et d'abord ce sentiment insidieux que rien n'est jamais comme on l'aurait voulu, que rien ne correspond à ce qui semble essentiel.

Réussir ? Si réussir, c'est mener une existence comme celle-là, à quoi bon ? Ce n'est pas un refus de la réussite. Bien au contraire. Mais un refus de ce type de réussite dénuée de sens. Réussir d'accord, mais quoi, comment, pour quoi faire, tout est inlassablement remis sur le tapis, réexaminé, repensé ; rien n'est jamais acquis. Le sentiment de manque, d'inaccomplissement, est permanent. Il atténue la joie d'avoir réussi la moindre chose, d'avoir remporté la plus petite victoire. Le surdoué garde un œil vigilant sur le sens de ce qui ferait la fierté immense d'un autre, mais qui pour lui, à la lumière de son analyse, reste une réussite relative. Une réussite relative à l'échelle du monde !

> Cyprien, 20 ans, en errance de vie... et après plusieurs essais d'études supérieures interrompues, craque : « Les études ne servent à rien. Un travail intéressant ? Ça n'existe pas ! Finir comme papa, non merci ! Vivre avec une femme me sera impossible, je suis invivable. Trop exigeant, trop idéaliste. Passer mon permis de conduire ? Je serais dangereux. »

➤ *L'insatisfaction chronique*

Besoin de changer souvent de métier, de passer d'une profession à une autre sans jamais être vraiment satisfait. Sans jamais vraiment trouver sa place. Et toujours regretter ce que l'on n'a pas fait ou pas encore entrepris. On retrouve ici la problématique rencontrée à l'adolescence : comment choisir parmi tous les possibles ? Comment décider et donc renoncer ? En filigrane se dessine une forme de sentiment de toute-puissance : je voudrais tout faire. Et comme le disent les enfants, la conviction du « je peux tout faire ! ». Ces mécanismes sont une vraie source de souffrance car ils ne laissent jamais en paix. Tout est constamment repensé et remis en question. Un piège de cette singulière forme de pensée, sans relâche. Une fois encore !

L'ennui

On parle souvent d'ennui lorsque l'on évoque la scolarité du jeune surdoué. Ennui parce qu'il comprend, apprend, mémorise plus vite que les autres et qu'il doit attendre, beaucoup, souvent. Le temps de classe est long, morne, monotone. De rares moments d'intérêt nouveau éveillent la curiosité de ce drôle d'élève. Surtout que l'ennui se transforme en moments où l'on pense. Mais quand la pensée nous entraîne si loin, si fort, on préfère souvent s'occuper, bouger, bavarder, pour empêcher l'envahissement par la pensée et ses questions sans fin et sans réponses. L'ennui peut venir aussi de la difficulté de l'enfant à se faire des amis : « En maternelle, j'avais tellement pas d'amis, que je comptais jusqu'à l'infini », dit Jacques, 9 ans.

Chez l'adulte, l'ennui est à la fois similaire et différent. Il peut être ponctuel ou plus chronique. Mais il a toujours une grande densité, comme le *fog* anglais, ce brouillard épais qui recouvre tout. Il n'est jamais ce léger nuage qui obscurcit certains moments de vie. Le surdoué aux prises avec l'ennui a beaucoup de mal à s'en dégager. Cet ennui est compact car il est le produit de son propre fonctionnement, de cette intensité de pensées et de sentiments qui contrastent avec le monde et créent un décalage difficile à combler.

> « De toute façon, explique Claire, 31 ans, qui vient consulter car elle a été diagnostiquée surdouée enfant, mais sans que ce diagnostic ait jamais été pris en compte par sa famille, je m'ennuie tout le temps. Mon truc pour ne pas m'ennuyer, c'est de m'évader dans ma pensée. Suivant les moments, les situations, je construis des scénarios différents. Je peux, par exemple, me plonger dans une hyperanalyse de la situation en réfléchissant minutieusement à toutes ses composantes, ou bien je décide de me fixer sur un sujet et j'élabore à l'infini autour de ce thème. Ou encore, le soir plutôt, je me crée des scénarios catastrophes, de véritables scénarios d'horreur avec des histoires très sombres. Comme si je tentais de dompter les peurs abyssales qui se trouvent en moi. Du coup j'ai peur, et cette émotion me sort de mon ennui ! » [...] « Vous allez vraiment penser que je suis bizarre », ajoute-t-elle un peu gênée.

➤ *L'ennui existentiel*

Vague, insidieux, persistant. Vivre ? À quoi bon, pour quoi faire, à quoi ça sert ? Une forme de lassitude s'installe car, à force de rechercher un sens à toute chose, plus rien n'a de sens. Les plaisirs se fanent, les événements perdent de leur éclat, les sentiments se décolorent. L'ennui de vivre. Pour un surdoué, il faudrait que la vie soit toujours pétillante, faite de rebondissements, d'émotions fortes et partagées, de joies intenses, de bonheurs exaltés, de réussites sublimes... Une vie contrastée où l'on se sent vivant. Un monde auquel on participe pleinement. Avec le cœur et la tête, avec l'envie au ventre, la curiosité en éveil. Une aventure exaltante partagée par tous avec le même objectif, le seul valable pour le surdoué, un objectif profondément humaniste.

➤ *L'ennui au quotidien*

Incisif, dérangeant, culpabilisant. Un ennui qui survient trop souvent, sans prévenir. Son attaque favorite : quand on se trouve en compagnie. C'est l'ennui le plus terrible car il demande une grande énergie : il faut faire semblant. Absolument. De trouver toutes ces conversations tellement intéressantes, toutes les vies de ces gens si passionnantes, toutes les anecdotes de leur quotidien tellement palpitantes. Et s'intéresser à leur métier, à leurs enfants, à leur conjoint. Le surdoué y arrive un temps. Mais soudain, c'est fini, il décroche. Sans même s'en rendre compte. Son regard devient flou, son attention flotte, il est ailleurs. Il se lève et part, quelquefois. À la stupéfaction de tous, qui ne comprennent pas. Parfois il parvient à se reconnecter. Avec beaucoup d'efforts. C'est une grande comédie humaine, car l'ennui est compact et s'amplifie avec le temps qui passe. Comme toujours, le surdoué peut parvenir à se concentrer et à se connecter sur un laps de temps court. Mais si le rythme est trop lent ou l'intérêt trop faible, il ne tient pas sur la longueur. Il faudrait qu'il se passe tout le temps quelque chose de nouveau. L'ennui s'insinue ainsi dans un grand nombre de situations.

« Ce qui est horrible, raconte Anne, 36 ans, belle femme cultivée, mariée et mère de deux petits zèbres, c'est que je fais toujours semblant. Les dîners, les soirées, sont insupportables. Au bout d'un moment, je ne rêve que d'une chose : partir, me retrouver seule, fuir tout ce cinéma. Ça m'épuise. Pourtant, je vous assure, je fais des efforts incroyables pour que personne ne s'en aperçoive. D'ailleurs on me dit souvent que je suis de compagnie agréable. C'est sûrement vrai, vu du côté des autres. Mes efforts paient ! Mais pour moi c'est tellement difficile. Je m'ennuie tant ! Je ne voudrais pas que vous croyiez que je n'aime pas les autres. Au contraire, je rêverais d'avoir des amis. Des vrais. Avec lesquels je me sente bien. Mais je n'y arrive pas. Et puis, j'ai un peu honte de le dire, mais tout m'ennuie. Comme je ne travaille pas, mes amis me disent souvent de trouver une occupation, un loisir, un hobby. Mais là aussi je m'ennuie. Je n'arrive pas à y prendre vraiment de plaisir. Très vite, j'ai l'impression d'avoir fait le tour, ça ne m'amuse plus. Vous croyez que c'est normal ? »

Je ne sais pas si c'est normal, mais je peux affirmer que c'est classique dans la vie d'un surdoué. Et, comme Anne, le surdoué lutte sans relâche contre cet ennui qui l'enserre. L'ennui ronge et affaiblit. Il peut conduire à des états proches de la dépression. Il ne s'agit pas de pathologie pourtant, mais les effets de l'ennui ne doivent pas être sous-estimés.

L'ennui attaque le sentiment de vivre. Il faut une grande énergie pour se relancer en permanence dans une vie qui ressemble vite, pour le surdoué, à un terrain vague. Il lui faut se créer des stimulations en permanence. Pour ne pas s'arrêter et s'immobiliser en cours de route.

➤ *L'hyperactivité : l'autre face de l'ennui*

C'est l'autre réaction courante : l'hyperactivité. À ne pas confondre, ici non plus, avec la pathologie infantile du même nom. On devrait plutôt parler de suractivité. Pour ne pas s'ennuyer, l'adulte surdoué multiplie les activités, les engagements, les projets. Il fait mille et une choses à la fois. De préférence vite. Il ne s'arrête jamais. Semble inépuisable. Les autres admirent son énergie, sa puissance de travail, sa force face aux événements, sa rage de vivre. Mais c'est la même chose. Sous ce feu d'artifice permanent rôde l'ennui qui menace et que cet adulte en mouvement perpétuel recouvre de son agitation. Attention : c'est souvent une activité très productive, intéressante, qui passionne cet adulte. Qui peut être une brillante réussite professionnelle. Ce surdoué-là – surdoué de la vie ? – a trouvé un sacré remède contre le poison de l'ennui. Tant que sa vie peut s'enchaîner à un rythme soutenu, l'équilibre est maintenu. Il faut cependant être prudent et bien comprendre d'où vient cette énergie intarissable. Sinon, on peut soudain se trouver confronté à un obstacle imprévu, dont la charge émotionnelle trop forte peut faire basculer brusquement cet équilibre apparent. Si le sens est clair sur les racines de ce mouvement perpétuel, le surdoué est – presque – protégé. Il saura se prémunir en cas d'arrêt forcé. Il a constitué des réserves. Il saura y puiser.

Une impatience difficile à masquer

L'impatience est rapidement considérée comme un défaut. Comme ce qui va conduire à l'erreur. Au manque de discernement. À la précipitation trompeuse. À l'inverse, les vertus de la patience sont louées. « Patience est mère de sûreté », dit l'adage populaire, ce qui revient à dire qu'elle est une qualité indispensable pour réussir pleinement toute entreprise. Pas si sûr ! En tout cas, peut-être pas pour tout le monde. Probablement pas pour le surdoué.

Pourquoi ? L'impatience signe dans sa personnalité une de ses grandes caractéristiques : il est *avant*, c'est-à-dire que son analyse, sa compréhension, sa synthèse d'une situation lui ont permis d'aboutir, avant tout le monde, à la résultante. Et à la certitude qu'il a d'avoir LA réponse, la bonne, la vraie, la seule. Alors il attend. Que les autres parviennent plus laborieusement au résultat. Ou à un autre d'ailleurs. Qu'il contestera aussitôt. Et même s'il se trompe, il ne sait pas, il ne peut pas fonctionner autrement que sur ce mode global, intuitif, fulgurant. Son impatience naît de cela. Souvent, on le trouvera nerveux, intolérant, cassant. On ne comprendra pas ce fonctionnement tranchant et impérieux. On lui dira qu'il n'a pas toujours raison et qu'il doit aussi prendre en compte la réflexion des autres et... attendre ! Attendre avant de dire. Attendre avant de décider. Attendre avant de contester. Mais, justement, tel est le problème : le surdoué ne sait pas attendre, l'attente le ronge de l'intérieur. C'est quasi physique. On observera d'ailleurs souvent des manifestations comportementales : jambes ou pieds qui bougent compulsivement, tics du visage, mouvements incoercibles des bras, des mains, tripotage crispé du stylo, etc. Attendre demande au surdoué un réel effort. Physique, mental. Un effort de prise de conscience qu'il ne parvient pas toujours à faire. Attendre est antinaturel !

C'est réellement quelque chose de difficile et parfois de douloureux à vivre pour le surdoué. Car il en est la première victime. Et ce d'autant plus que son impatience le rend impopulaire. Ce dont il souffre bien sûr. Double mal... encore.

« Moi, quelquefois, je n'en peux plus. Je suis en réunion, et je ne comprends pas pourquoi ça traîne ! Ils reviennent vingt fois sur le même sujet ! Alors, je bous. J'essaie de me contenir. J'ai l'impression que je vais me mettre à crier, pour leur dire ce qu'il faut décider. Mais quand j'essaie d'intervenir, il y en a toujours un pour me dire, attends, n'allons pas si vite, il faut encore étudier tel point ou tel autre... C'est insupportable parce que j'ai la sensation que cela n'apportera rien de plus. Qu'il faut décider. Avancer. Point. C'est comme s'ils voulaient éliminer tous les risques. Alors ils "discutaillent" sans fin, pour rien. Car, au final, ils arrivent... là où j'étais arrivé depuis bien longtemps ! En même temps, ce qui est toujours inquiétant pour moi, c'est que bien sûr ce processus finit par me faire douter. Alors parfois je me dis, OK, ils ont peut-être raison, faisons les choses dans l'ordre. Mais à ce moment-là je tombe dans l'excès inverse et je veux tout vérifier. Plusieurs fois. Pour être sûr. Ce qui énerve une fois encore tout le monde. Alors maintenant j'ai trouvé le truc : quand je sens que de toute façon je n'arriverai pas à imposer directement ma solution, je rêve, je décroche. Je fais semblant d'être là. Je dis oui à tout. Mais je m'ennuie terriblement. Franchement, je ne sais plus quoi faire ! »

▶ *Voilà le risque : désinvestir !*

L'impatience est si pénible à supporter avec tout son cortège de sensations physiques et psychiques, mais aussi avec toutes les critiques, les attaques qu'elle suscite, que le surdoué finit par ne plus rien dire. Par accepter sans discuter. Il devient soumis. Passif. Non impliqué. Il n'a plus d'avis.

Au pire : le doute a fini par gagner. L'adulte surdoué a tellement entendu qu'il ne pouvait savoir sans attendre, qu'il ne pouvait décider sans attendre, qu'il ne pouvait réussir sans attendre... qu'il n'a plus aucune confiance en lui. En ses capacités de jugement. Il baisse les bras et peut parfois s'enfoncer dans un retrait très pénalisant. Pour sa vie professionnelle, sociale, affective. Pour son équilibre psychologique.

Ennui et sentiment : de l'engagement surinvesti à l'instabilité amoureuse

C'est un point un peu difficile à développer. Pourtant essentiel. C'est difficile car on ne peut vraiment pas faire de généralités. Mais on retrouve des constantes qui méritent d'être évoquées. Ces constantes se répartissent en deux grandes catégories de rapports amoureux, ou plus précisément selon le rapport que l'on entretient avec l'amour.

➤ *Le besoin vital d'une relation stable, solide, indéfectible*

La volonté de créer un couple « robuste » qui saura, qui pourra, résister aux tempêtes de la vie et protéger des bourrasques. Ceux qui ont ce besoin fondamental de sécurité essaieront le plus vite que leur permet la vie de construire un couple fixe et une famille unie. Ce sera souvent leur préoccupation de tous les instants : cultiver et protéger leur couple et leur famille pour se sentir eux-mêmes protégés et aimés. Cette énergie farouche à défendre son couple peut aussi correspondre au besoin d'y croire soi-même. Croire que l'on est heureux comme ça, que tout va bien, car la crainte serait d'être envahi par des émotions inconnues, de provenance extérieure au couple et qui feraient subitement tout basculer. Alors on s'ennuie parfois dans ce couple, mais la peur de l'intrusion « occupe » l'esprit et mobilise de l'énergie. C'est déjà ça de gagné sur le terrain de l'ennui !

➤ *Le besoin de stimulations amoureuses constantes*

De coups de cœur renouvelés. On sait, sur un plan physiologique, que la rencontre amoureuse entraîne des sécrétions hormonales dans le cerveau, source de plaisir intense et d'euphorie. On sait aussi que ces sécrétions s'estompent au bout de trois ans et que les liens d'attachement doivent prendre le relais pour maintenir la survie du couple. La libération d'hormones du plaisir est passée... Certains ne peuvent pas s'en passer justement et deviennent amoureux-addicts. Totalement dépendants de cette décharge de tous les sens qui rend la vie si belle et si flamboyante. Dans cette période, chimiquement protégée, tout paraît tellement beau : soi, l'autre, le monde. La pensée et le cœur s'emballent pour mordre la vie à pleines dents. Et c'est bien cela qui motive le surdoué : se sentir vivre ! Ces aventures à répétition peuvent-elles construire un équilibre de vie, une satisfaction de vie ? Je n'y crois pas, mais il est certain qu'elles sont de puissants exutoires à l'ennui.

➤ *L'ambivalence*

Et puis il y a aussi ceux qui veulent à la fois l'un ET l'autre : un couple stable et protecteur, indispensable à leur équilibre, avec des bourrasques émotionnelles ponctuelles, extraconjugales, pour créer des « parenthèses enchantées » dans leur vie « amoureusement trop bien réglée ». Des petites doses d'adrénaline pour pimenter un quotidien sur lequel plane dangereusement l'ennui. Ceux-là sont ceux qui ont le goût du risque car ils ne veulent pas mettre en péril leur couple, surtout pas, mais manipulent des émotions qui peuvent les vampiriser et les déstabiliser dangereusement. Méfiance.

Dans tous les cas, la vie amoureuse du surdoué est marquée par la peur de l'ennui qui est soit directement combattu, soit dénié mais toujours présent. Même à bas bruit. Le surdoué le sait et en a toujours un peu peur. Mais il vaut mieux le savoir car, ici encore, on est mieux armé pour « faire avec » et composer sa vie.

L'envie

On ne pense pas spontanément à cette dimension de la personnalité chez le surdoué. Et pourtant. Secrètement il rêve en observant la vie des autres. Il envie cette spontanéité, ces plaisirs simples, ces bonheurs élémentaires. Tout cela lui semble tellement inaccessible. Il n'arrive pas à apprécier les choses sans que la « machine à penser », à décortiquer, à analyser, à étudier ne s'emballe. Il ne parvient pas à participer à un événement, une réunion, une assemblée sans capter toutes les émotions qui circulent. Sans décoder tous les non-dits, toutes les apparences, tous les faux-semblants. Pas qu'il le souhaite. Non. Mais son mode de fonctionnement ne le laisse pas tranquille. Il n'arrive pas à se mettre sur « pause » pour être tout naturellement avec les autres, comme les autres.

Cela amplifie son sentiment d'infériorité : les autres, eux, savent comment vivre, comment faire. Ils semblent tellement sûrs de ce qu'ils sont, de leurs choix, de leur vie. Quand ils parlent, ils sont si convaincus de ce qu'ils disent, de ce qu'ils pensent.

Dans son coin, le surdoué les observe, jalousement. Il aimerait tant savoir faire. Son intime conviction est qu'il n'y arrivera jamais. Alors, soit il se force, pour « faire croire », soit il s'exclut.

➤ *L'envie d'arrêter sa pensée*

Une autre face de l'envie. Comment font-ils tous pour se contenter des explications qu'on leur donne ? Pourquoi ne voient-ils pas toutes ces choses autour d'eux ? Comment font-ils pour ne pas penser tout le temps ? Cela semble tellement reposant. Cela fait tellement envie...

> « S'il vous plaît, coupez-moi un bout de mon cerveau », me demande, en plaisantant cyniquement, cette jeune femme, à bout. « Je n'en peux plus. Je voudrais que ça s'arrête. Je n'y arrive pas. Mon cerveau s'emballe en permanence. Il fonctionne non stop à plein régime. Le soir, je n'arrive pas à m'endormir. »

> Ou encore, cet homme aux lourdes responsabilités professionnelles : « Hier soir, j'ai fait quelque chose d'insensé », me raconte-t-il, honteux, je me suis enfermé dans la salle de bains pour que ma femme ne me voie pas et appelle les urgences psychiatriques. Je me suis alors tapé la tête contre le mur. Plusieurs fois. Je me

disais, de façon absurde, que ça allait bien finir par s'arrêter là-dedans, par se calmer. J'ai bien conscience de l'absurdité de cet acte, mais vraiment c'est insupportable. »

Vous le savez bien, je n'exagère pas. Et c'est une plainte récurrente des surdoués : arrêter de penser ou plus exactement parvenir à contrôler sa pensée. Penser quand on le décide et arrêter quand ce n'est pas utile ou quand ça nous rend malheureux. Trouver le bouton *off/on*. Trouver un moyen de ne plus subir sa pensée et de la diriger.

« Je ne veux plus vivre comme ça, je ne peux plus. Après une étude minutieuse de mon cas, j'en ai déduit que mon inadaptation sociale vient de mon intelligence sulfurique. Elle ne me laisse jamais tranquille, je ne la dompte pas, elle me transforme en manoir hanté, sombre, dangereux, inquiétant, possédé par mon esprit tourmenté. Je me hante moi-même.

Je n'en peux plus de penser, tu dois m'aider. Mon cerveau court le marathon toute la journée, toute la nuit, il ne s'arrête pas de tourner comme dans une roue à hamster[5]. »

Le sentiment d'autrui

Quand on dispose d'une empathie surdéveloppée, il est difficile de ressentir les émotions des autres sans intervenir. Le surdoué aura souvent du mal à ne pas tenter d'apporter son éclairage, son soutien, sa compréhension. Il veut aider, car lui pense savoir quoi faire, comment faire,

---

5. Martin Page, *Comment je suis devenu stupide* © Le Dilettante, 2000.

tant est précise sa compréhension intime de l'autre. Alors l'adulte surdoué devient souvent celui auquel on se confie car il semble tellement comprendre au plus profond de l'autre. Sa capacité à intégrer dans son analyse du problème, de la situation, de multiples paramètres rend son avis précieux, ses conseils recherchés. Mais confident, l'adulte surdoué absorbe toutes les émotions de l'autre. Il en souffre lui-même au plus profond de sa chair. Les émotions de l'autre deviennent les siennes. Il doit renforcer son système de protection pour rester en équilibre et ne pas être emporté par ce torrent émotionnel. Ce qui peut conduire, dans une attitude symétriquement opposée, à une distance que le surdoué va mettre avec les autres pour ne pas être envahi par tant d'émotions. Non qu'il se désintéresse de leurs souffrances. Bien au contraire, il se sent trop concerné. Trop proche de ce que vit l'autre, son impuissance à l'aider, à le sortir de ses difficultés, l'éloigne. Tenter de bloquer au maximum toute réceptivité émotionnelle pour ne plus ressentir. Une forme de survie... Jamais un manque de compassion.

➤ *L'image d'un désintérêt pour les autres*

Le surdoué qui construit une carapace impénétrable pour ne plus recevoir de charge émotionnelle peut apparaître aux yeux des autres comme une personne distante, froide, sans sentiment pour autrui. Sans amour même. Hautaine presque. Détachée du monde. Prisonnier de lui-même, le surdoué est doublement maltraité : par l'énergie qu'il lui faut constamment mobiliser pour tenir à distance le vécu émotionnel de l'autre, par l'image qu'il donne si loin de ce qu'il est. Vous imaginez bien que ce système de défense est faillible et que le surdoué continue à subir des bouffées émotionnelles, qu'il continue donc à en souffrir. On voit aussi que sa détresse est amplifiée par le rejet des autres qui n'ont pas envie d'approcher ce personnage si distant. Quelle spirale !

➤ *Ressentir la vie des autres*

C'est une autre facette de l'hyperperception d'autrui : ressentir de façon presque palpable comment l'autre va se comporter, ce qu'il va entreprendre, ce qu'il va devenir. Dans un autre contexte, on pourrait parler de *clairvoyance*. Mais au sens étymologique du mot, cela correspond parfaitement à ce que perçoit le surdoué : une certitude limpide sur la vie, sur l'avenir, de celui qui est en face de lui. Une certitude produite à la fois par l'analyse fulgurante et instantanée de multiples paramètres, condensés en un éclair, avec cette intense captation émotionnelle qui en cristallise le sens. Une déduction intuitive. Le surdoué sait, mais, une fois encore, ne peut l'expliquer. Quand le contexte est sécurisé, il tente de guider l'autre, sinon il se tait. Comment exprimer l'inexplicable ?

« En la regardant, je me suis demandé : "Est-ce qu'elle aussi va devenir comme les autres ?" J'ai tenté de l'imaginer avec dix ans de plus. [...] Mais ça ne marchait pas. Alors j'ai ressenti un grand sentiment de bonheur. C'est la première fois de ma vie que je rencontre quelqu'un dont le destin ne m'est pas prévisible, quelqu'un pour qui les chemins de la vie restent ouverts[6]. »

---

6. Muriel Barbery, *L'Élégance du hérisson* © Éditions Gallimard, 2006.

L'hypersensibilité envahissante

« À chaque fois, c'est un miracle [...] : tout disparaît soudain quand les choristes se mettent à chanter. Le cours de la vie se noie dans le chant, il y a tout d'un coup une impression de fraternité, de solidarité profonde, d'amour même, et ça dilue la laideur du quotidien dans une communion parfaite. [...]
À chaque fois c'est pareil, j'ai envie de pleurer, j'ai la gorge toute serrée et je fais mon possible pour me maîtriser mais, des fois, c'est à la limite : [...] c'est trop beau, trop solidaire, trop merveilleusement communiant. Je ne suis plus moi-même, je suis une part d'un tout sublime auquel les autres appartiennent aussi et je me demande toujours à ce moment-là pourquoi ce n'est pas la règle du quotidien au lieu d'être un moment exceptionnel de chorale[7]. »

Ressentir si fort les émotions, la vie qui vibre autour de soi. Tout percevoir, amplifié, grossi, incontournable. Capter et enregistrer le plus infime détail. Celui, imperceptible, dont personne ne remarque la présence Celui, tellement insignifiant, qu'il ne franchit pas la barrière de la conscience.

Alors, gonflée d'émotions, de sensations, la vie prend un relief inouï, une densité rare. Souvent insupportable par son intensité.

« Pour moi, il y a des situations qui valent de l'or, qui vont être amplifiées par 10 000, alors que pour les autres ça va être une chose comme les autres. »

---
7. Muriel Barbery, *L'Élégance du hérisson* © Éditions Gallimard, 2006.

Dans certains cas, la charge émotionnelle est si forte que les réactions sont paroxystiques. Les cataclysmes émotionnels surviennent quand l'explosion devient la seule réponse à l'évanouissement, quand la puissance fait disjoncter le système.

> « C'est tellement extrême mes réactions que personne ne me comprend », résume Delphine.

Avec une telle surface réactive, on comprend combien la susceptibilité est grande. Mais aussi l'humiliation. Un mot anodin, un geste minuscule, une remarque banale, et le surdoué est profondément blessé, décontenancé, surpris, de ce qu'il vit comme une agressivité dirigée. Alors il se ferme. Se verrouille. Ou explose. Ce qui, très souvent, laissera son entourage perplexe. Comment comprendre la source infime de ce comportement aussi surprenant qu'inattendu ? Nouvelle incompréhension réciproque. Nouveau malentendu. Nouvelle solitude annoncée.

> Delphine poursuit :
> « Quand je suis dans ma belle-famille, je suis toujours tendue, crispée. Ils font semblant d'être gentils avec moi, de m'accepter. Mais je sens bien qu'ils ne m'aiment pas. Qu'ils font semblant. Pour leur fils. Du coup, je suis hyperréactive à tout ce qu'on me dit. Je réagis au quart de tour sans que personne comprenne ce qui me prend. Vous comprenez bien que ça renforce encore leur hostilité à mon égard ! Et pour moi c'est à chaque fois une épreuve, car en réalité tout cela me blesse horriblement. »

L'émotion pour un surdoué s'insinue partout, tout le temps, dans les moindres interstices. Même quand rien ne semble sensible le surdoué percevra l'improbable variation émotionnelle. Alors, il interprète et réagit. Sa réceptivité émotionnelle est incontrôlable par la raison car sa puissance déconnecte les circuits cérébraux du contrôle. Ses émotions le guident ainsi souvent et le déroutent. Au sens propre et au sens figuré...

➤ *Le renversement en son contraire : ne plus rien ressentir*

Stratégie de défense, mesure de protection, certains surdoués choisissent délibérément de se couper de ce puits émotionnel sans fond. Objectif : ressentir avec sa tête et non plus avec ses émotions. Mettre une distance cognitive entre soi et le monde. Ce que j'appelle la « défense par la cognition ». Tout est passé au filtre intellectuel, rien n'est plus vécu dans le contact avec la vie et les autres. Un véritable suicide émotionnel ! Dangereux pour l'équilibre psychologique, nocif pour la sensation de vivre, nuisible dans la relation aux autres. Le résultat ? Des personnalités désaffectivées, froides, à la sensibilité étouffée.

> En consultation, je suis frappée par la façon de parler de Patrice. Je lui dis que ses mots n'ont pas de chair. Il ne comprend pas. Mes explications restent sans effet. Un jour, après plusieurs séances, je ressens la vie qui a repris dans son discours. Je le lui fais remarquer. Et, là, il en saisit le sens et la portée. Ses mots avaient retrouvé leur substance émotionnelle. Ils étaient de nouveau chargés de vie.

L'interdit de ressentir poussé à son paroxysme a des conséquences physiques : rongé de l'intérieur par des émotions cadenassées, les expressions somatiques vont de maux de ventre à répétition à des inflammations des terminaisons nerveuses, qui laissent la médecine impuissante.

L'immense solitude

La pire des solitudes est la solitude intérieure. On peut être entouré, avoir des amis, des relations. Ne pas être seul dans la réalité de sa vie. Avoir un métier, un métier intéressant même. Et pourtant... Pourtant, le sentiment de désolation intérieure, d'immense solitude ne lâche jamais sa morsure. Ce sentiment de solitude naît de cette distance toujours ressentie entre soi et le monde, entre soi et les autres. Décalage involontaire et douloureux car, malgré tous les efforts, on continue à se sentir si seul. Loin des autres. Incompris au creux de soi par les autres. Même par ceux qui, de toutes leurs forces, avec tout leur amour, tentent de comprendre. Tentent de s'approcher. En vain. Car le surdoué, de sa tour de contrôle, repère les failles, les fragilités, les limites... Il ne le fait pas exprès, mais comment se sentir vraiment compris, quand tous les mécanismes ont été démontés.

Le sentiment de solitude peut aussi se ressentir dans sa propre famille. Ce qui bien sûr est encore plus difficile à vivre. Pour soi et pour les autres. Car alors on comprend bien que l'on n'est pas bien, que l'on ne va pas bien. Si même avec ceux que l'on aime tant on parvient à vivre ce sentiment insupportable d'isolement, de décalage.

> « Les autres me fatiguent. Alors oui, je fais des efforts. Je leur parle, je fais semblant de m'intéresser à leurs propos, à leurs histoires. Je leur réponds. J'essaie d'être sociable. Mais cela me demande de la concentration et beaucoup d'énergie. Et tout d'un coup, presque sans m'en rendre compte, je décroche. Au bout de très peu de temps, dans une soirée, le vide se fait autour de moi. Et je me retrouve seule. Personne ne semble plus avoir envie de

me parler. À la fois cela m'apaise, je n'ai plus d'efforts à faire. Mais cela me rend triste aussi. Pourquoi ? Pourquoi est-ce que je n'arrive pas à me sentir bien avec les autres ? Pourquoi je m'ennuie si vite dans les conversations ? Cela ne m'amuse pas. Et pourtant, eux semblent prendre tellement de plaisir à être ensemble. À partager. Je me sens terriblement seule. J'observe tout cela avec amertume. Colère, presque. J'aimerais moi aussi tellement m'amuser. Est-ce ma faute ? Suis-je vraiment quelqu'un d'inintéressant ? »

Ainsi conclut Florence. Dépitée. Démunie devant ce fonctionnement qui l'isole, la décale. Contre sa volonté. Elle dit bien combien elle aimerait tant être « comme eux ». Se sentir parmi eux et non à côté.

Ce sentiment de décalage revient presque toujours dans les récits des surdoués. Et ce qui est le plus douloureux est qu'il est ancien. Petits déjà, la relation aux autres était difficile.

Un ami ne peut être... qu'un ami

« Je sais que le relationnel aux autres, pour moi c'est très limité. Donc je cherche à optimiser le bénéfice de la relation, pour moi comme pour l'autre. C'est-à-dire sans perte d'énergie. Car lorsque l'on s'engage dans une relation, cela crée une énergie importante. » Étienne, jeune adulte isolé socialement, contre son gré, exprime là toute son analyse des enjeux de l'engagement. Et toute la peur que cet engagement suppose. Peur de la déception, de la trahison, mais aussi du caractère éphémère, superficiel que pourrait prendre cette relation. Alors, il ne s'engagera qu'avec parcimonie, il ne « dépensera » cette énergie si précieuse que lorsqu'il considérera que cette relation peut prendre un véritable sens pour les deux partenaires.

➤ *Un engagement absolu*

Le surdoué investit à fond l'autre, la relation, la confiance. Pour lui, la notion d'ami est une notion absolue. La confiance est indéfectible. Mais très vite la vie vient dire le contraire : l'enfant, l'ado, l'adulte est effondré. Comment, lui, l'ami de cœur, l'Ami, avec ce A majuscule qu'il voyait comme un rempart infranchissable, a-t-il pu le trahir ? Lui être infidèle ? Mais, attention. Ne vous méprenez pas. Je ne parle pas de ces trahisons qui blesseraient chacun de nous. Je parle de trahison infime, imperceptible, si légère que souvent le « traître » n'en a même pas pris conscience. Pour lui, il n'y a pas de problème, jamais eu de trahison. Il ne peut ainsi réaliser l'impact sur son surdoué de copain. Et ne comprend pas à son tour pourquoi son ami lui en veut et le délaisse. Il ne comprend pas. Authentiquement.

Que s'est-il passé ? Le surdoué est d'une susceptibilité invivable pour lui et pour les autres. Insupportable. La plus petite réflexion, la moindre remarque, un mot imprécisément employé déclenchent chez lui un véritable cataclysme émotionnel. Incompréhensible pour l'entourage qui a vécu la scène comme banale. Mais pas lui. Alors ces minidéceptions s'accumulent avec la vie et les années. La confiance indéfectible qu'il voulait mettre dans son lien aux autres a été si souvent ébranlée, qu'il reste à distance des autres. Au fil des années, il ne fait plus confiance. À personne. Il se méfie. De tous, tout le temps. Il reste sur la défensive.

> **Une peur programmée biologiquement ?**
> Dans le cerveau, les expériences traumatiques à répétition ont créé des circuits imprimés qui finissent par s'activer automatiquement. La relation à l'autre est perçue comme dangereuse et la réponse de l'organisme, du cerveau, c'est la peur qui va déclencher la fuite ou l'attaque. La réaction biologique de l'organisme face à un danger a repris le dessus.

Les autres, bien sûr, le ressentent. Et ne viennent plus vers lui. Quand quelqu'un tente une approche, le surdoué sort ses protections. Il garde une distance. Il parle, mais ne dit rien de lui. Il écoute, mais analyse attentivement. Tout. Ce que l'autre dit et ce qu'il ne dit pas. Ce que l'autre a compris et ce qui lui a échappé. Sa posture, ses gestes, l'intonation de sa voix, sa tenue vestimentaire, sa façon de s'asseoir, son ongle cassé... tout sera passé au scanner de son analyse. Mille et une petites choses accessoires et subtiles qui consolident sa position de sentinelle attentive qui ne baissera pas la garde. Une hypervigilance qui finira par relever la faille, l'incohérence, la malhonnêteté de l'autre. Aussi superficiels et sans signification que soient ces indices. Mais qui le laisseront une fois encore seul, désespérément seul. C'est le drame à répétition du surdoué qui ne demande pourtant qu'à être apprivoisé, mais qui a si peur d'être abandonné.

« C'est alors qu'apparut le renard :

— [...] Viens jouer avec moi, lui proposa le Petit Prince. Je suis tellement triste...

— Je ne puis jouer avec toi, dit le renard. Je ne suis pas apprivoisé. [...]

— Qu'est-ce que signifie apprivoiser ?

— C'est une chose trop oubliée, dit le renard. Ça signifie "créer des liens..."
— Créer des liens ?
— Bien sûr, dit le renard. Tu n'es encore pour moi qu'un petit garçon, tout semblable à cent mille petits garçons. Et je n'ai pas besoin de toi. Et tu n'as pas besoin de moi non plus. Je ne suis pour toi qu'un renard semblable à cent mille renards. Mais, si tu m'apprivoises, nous aurons besoin l'un de l'autre. Tu seras pour moi unique au monde. Je serai pour toi unique au monde... [...]

Ainsi le Petit Prince apprivoisa le renard. Et quand l'heure du départ fut proche :
— Ah, dit le renard... Je pleurerai. [...]
— Alors, tu n'y gagnes rien !
— J'y gagne, dit le renard. [...] Voici mon secret. Il est très simple : on ne voit bien qu'avec le cœur. L'essentiel est invisible pour les yeux. [...] Les hommes ont oublié cette vérité, dit le renard. Mais tu ne dois pas l'oublier. Tu deviens responsable pour toujours de ce que tu as apprivoisé[8]. »

➤ *Être réglo : une règle d'or*

Être réglo, c'est ne pas trahir. Jamais. C'est être capable de garder un secret confié, de défendre un ami envers et contre tous, de combattre l'injustice, de toutes ses forces. Avec toute son âme. L'injustice est le talon d'Achille du surdoué. La moindre injustice le révolte

Face à l'injustice, il est prêt à tout. Sa placidité peut se transformer en furie. Sa tendresse en haine farouche. Sa

---
8. Antoine de Saint-Exupéry, *Le Petit Prince* © Éditions Gallimard.

passivité en agressivité irrépressible. Toutes les injustices : celles dont il est victime, mais aussi les autres. Toutes les autres. Cela se décuple lorsque personne d'autre que lui ne s'en rend compte : il sort de ses gonds, prêt à tout. Y compris à se mettre en danger, physiquement ou psychologiquement. De toute façon, il s'engage dans le combat. Il ne peut pas laisser passer. À ses risques et périls. Le surdoué préférera toujours assumer son combat contre l'injustice que de feindre ignorer l'arbitraire.

➤ *Les déceptions à répétition*

Quand la confiance est sacrée, les trahisons deviennent des blessures ouvertes, à vif. La naïveté du fonctionnement du surdoué, sa crédulité le poussent, malgré ses expériences relationnelles douloureuses, à continuer à y croire. À espérer. Une nouvelle rencontre ? Beaucoup d'espoir est aussitôt engagé. Puis, en symétrie, l'insupportable déception. À laquelle, une fois encore, on ne s'attendait pas. Par envie, toujours, de penser que la confiance, la vraie, l'indéfectible, est possible. Une candeur désarmante chez un être si lucide. Une candeur qui le désarçonne et qui lui demande une grande énergie pour rebondir. Mais, méfiance, il recommencera, croyez-moi !

Dans la vie des couples, on retrouve ces mécanismes à répétition. Comme si le surdoué était incapable d'apprendre par l'expérience tant son élan vers l'autre et son besoin d'amour réciproque peuvent l'aveugler. Petit exemple de la vie ordinaire : un conflit a éclaté. Une forte dispute a eu lieu. Chacun quitte le lieu du drame pour vaquer à ses occupations. Vous savez à quoi aspire le surdoué ? Ce qu'il espère au fond de lui ? Il espère des retrouvailles amoureuses.

Il veut croire que ce moment de retrouvailles sera un moment chaleureux et fort. Mais, dans la réalité, l'autre, qui n'a pas les mêmes capacités à passer fondamentalement d'un état émotionnel à un autre, n'est pas dans le même état d'esprit. Et, finalement, il ne se passera pas grand-chose. Ce sera, aux yeux du surdoué, plat et décevant. Il se sentira décontenancé, comme un enfant déçu. Triste. Étonné que son rêve romantique ne puisse se transformer en réalité.

Vous penserez peut-être mes propos exagérés et vous vous direz que c'est vraiment une preuve de grande naïveté et d'ignorance de la vie. C'est vrai, mais c'est exactement comme ça que fonctionne le surdoué.

> Sophie avoue sa grande crédulité. Elle sait que c'est idiot, mais me dit qu'elle ne peut s'empêcher de reproduire presque chaque jour ce rêve qui au final la blessera. « Je reviens du bureau, je suis contente à l'idée de retrouver mon mari, je m'imagine ; je ne sais pas bien quoi d'ailleurs ! Mais je n'aurai qu'un vague bonsoir poli, à peine un regard. Brutalement tout s'effondre. Pourtant, je m'attendais à quoi ? Qu'il m'attende avec une bouteille de champagne ? Deux billets d'avion pour le week-end et une baby-sitter pour garder les enfants ? Un bouquet de trente-sept roses, c'est mon âge – bon d'accord depuis trois mois ! – ? Vous voyez, c'est un rêve de midinette, ridicule. Mon mari est super par ailleurs, ce n'est même pas ça le problème. Mais je ne peux m'empêcher, chaque jour, de me dire : aujourd'hui peut-être... »

Banals bien sûr, ces « malheurs de Sophie », mais pour elle c'est une déception récurrente.

Le problème ? Ne pas pouvoir se satisfaire de l'ordinaire.

➤ *Savoir que l'on compte pour quelqu'un...*

Isabelle raconte sa difficulté avec les hommes. Comme tous ceux pour qui l'engagement fait peur, elle multiplie les histoires impossibles. Elle me décrit avec beaucoup d'émotion une relation ancienne avec un petit ami d'adolescence. Elle l'aime. Lui aussi. Mais chacun a fait sa vie. La distance géographique s'est également installée entre eux. Ponctuellement, leurs routes se croisent. « C'est comme une décharge électrique, je me sens soudain redevenue vivante. » Mais la vie les oblige à reprendre leurs chemins respectifs. Alors ils communiquent par mail. Tout le temps. Comme des ados qu'ils sont restés dans cette relation.

Et, contrairement à ce que pensent les néophytes, le lien écrit à travers ces discussions électroniques peut être particulièrement intime. Parfois beaucoup plus que le lien direct. On ose parler, échanger, avouer, se confier. Avec moins de freins que ne l'impose la relation directe. Toujours plus dangereuse. Alors Isabelle et Philippe communiquent beaucoup. Et Isabelle confie : « Savoir que l'on compte pour quelqu'un, c'est le plus important. Presque plus important que le contact physique. »

Flash-back : chez l'enfant surdoué, on relève une constante. Sa plus grande motivation pour aller à l'école ? Sentir qu'il est attendu. Que sa venue fera plaisir à quelqu'un. Que sa présence à l'école est importante : pour la maîtresse, un prof, pour un autre enfant, peu importe. Ce qui compte c'est sentir qu'on l'aime. Ça lui suffit pour le faire lever le matin et lui donner envie de partir pour l'école... Comme pour tous les enfants me direz-vous ? Oui, sûrement. Mais pour celui-là, c'est vital. Ce n'est pas une *option* !

L'incompréhension réciproque du monde

On ne comprend pas le monde, les autres... et on est incompris.

➤ Comment comprendre l'incompréhensible ?

Le sens. D'abord le sens. Toujours le sens. Leitmotiv du fonctionnement du surdoué, quête acharnée et incoercible. La recherche du sens des choses, du sens précis des choses, absolu. Le risque ? À chercher un sens à tout on finit par trouver l'absurde, le non-sens. Le simple bon sens n'a plus cours. Alors, comment comprendre l'incompréhensible ? Impossible. Et le surdoué, dépité, ne comprend plus, plus rien du tout. C'est perdu et il est lui-même perdu. Au bout du bout, il n'y a rien... Et quand on ne peut pas vivre sans sens, comment faire ? Comme le ruban de Möbius qui tourne indéfiniment sur lui-même sans que l'on puisse repérer ni le début ni la fin, le surdoué tourne et retourne des questions aux réponses jamais abouties.

Et qui comprend celui qui essaie de comprendre ?

➤ Comprendre autrement produit de bien étranges quiproquos

Les pièges de la pensée différente s'insinuent dans un grand nombre de situations de la vie courante. Ne pas comprendre ce qui semble évident pour tout le monde ou le comprendre autrement peut avoir des conséquences décourageantes. Dans la vie intime et familiale, cela peut être l'origine d'un conflit, d'une dispute inutile. Pour finalement prendre conscience que l'on n'avait seulement pas compris de la même façon. Avec les amis, cela peut conduire à des discussions stériles et, au final, à l'exclusion sociale : les autres vivent mal cet ami dérangeant, le surdoué n'arrive ni à se faire entendre ni à se sentir bien dans ces cercles amicaux dans lesquels il est toujours décalé. Dans la vie professionnelle, c'est le lit de nombreuses déceptions et de malentendus parfois irréversibles.

> « Par exemple, à un entretien d'embauche, parce que nous n'avons pas du tout le même mode de pensée que le recruteur, nous aurons, entre guillemets, compris de travers toutes les questions posées. Et nous donnerons une image de nous déformée. Le poste espéré ne sera pas à la clef. » Témoignage éloquent.

➤ *Donner l'image d'un imbécile*

C'est étonnant, mais fréquent. Les adultes surdoués passent souvent pour des « débiles » aux yeux des autres. Les décalages dans leurs propos, leur mode de pensée, leurs interventions toujours différentes de celles des autres, leurs remarques inattendues... sont facilement interprétés comme une preuve de bêtise. De manque d'intelligence. On peut aussi considérer que ce sont des personnes qui manquent d'intérêt ou encore que ce sont des êtres insupportables avec leur manie de ne jamais être d'accord, de tout remettre en question, de discuter chaque décision, de titiller sur le moindre détail.

> Laurent n'en peut plus. Il essaie vainement de faire avancer les choses dans son entreprise car son analyse lui a permis de comprendre que la direction empruntée ne pouvait être la bonne. Il a

raison, sur le papier. Mais dans les faits il se heurte à tous et à la pensée dominante qui voit l'évolution différemment. Personne n'écoute Laurent. On sous-estime et ses compétences et son analyse. Trop décalé, pas acceptable. Laurent est mis à l'écart et il perçoit les ricanements hostiles à son égard. Pire encore une forme de pitié pour sa faiblesse d'esprit et son manque de discernement...

À la recherche d'un monde idéal perdu...

L'idéal ! Enfant, adolescent, combien de rêves, combien de projets, combien d'ambitions se construisent dans la pensée de ce jeune surdoué avide de perfection du monde et d'idéal de vie. Pour lui, il ne s'agit d'ailleurs pas d'un rêve. Il est convaincu que ce à quoi il pense, que ce à quoi il croit est possible. Réalisable. Quand je serai grand...

➤ *Le sentiment de toute-puissance et d'immunité*

« Quand j'étais petit, je pensais : tout est possible. Tout semblait bouché, mais je restais convaincu que tout était possible. » C'est cette conviction inébranlable qui a poussé Nicolas à franchir tous les obstacles. Parvenu à un statut élevé de la hiérarchie sociale il n'en continue pas moins de tenter de repousser l'impossible. Encore et toujours.

On voit bien dans cet exemple la force et le risque du sentiment de toute-puissance. Ce sentiment que l'on éprouve enfant quand on pense encore que notre seule volonté peut nous permettre de tout obtenir : je suis invincible et je ne risque rien. Je peux trouver une solution à tout, toujours. Le surdoué éprouve fréquemment cette conviction que rien ne peut vraiment l'atteindre, qu'il trouvera toujours une solution, qu'il pourra toujours s'en sortir.

Un sentiment de toute-puissance qui reste vivace chez le surdoué. Comme une survivance de cette part infantile toujours active. Ce qui ne le protège pas de brusques mouvements contraires, qui le plongent dans l'évidence, croit-il, de sa nullité, de son incapacité. Ombre et lumière. Contrastes émotionnels qui ne laissent jamais de répit.

➤ *Une succession de deuils*

Confronté à la réalité du monde, à ses limites, et aux nôtres, il faut admettre l'évidence : la vie ne sera pas celle que l'on a rêvée, personne ne peut tout réaliser de ce qu'il a imaginé, on doit accepter de renoncer... Le plus dur, pour le surdoué, est de renoncer à lui-même et à sa conviction, que, lui, il pourrait, que, lui, il y arriverait... Illusion de toute-puissance quand tu nous tiens...

Douloureux alors pour cet idéaliste sincère de vivre une vie forcément limitée quand on la jauge à l'échelle des rêves. Même une vie particulièrement remplie, socialement réussie, brillamment accomplie, laissera au surdoué un goût d'amertume. Ce n'est pas vraiment cela qu'il voulait, ce n'est pas comme cela qu'il pensait pouvoir vivre et – au moins un peu – transformer le monde.

L'hyperconscientisation

L'hyperconscientisation peut se définir comme la résultante de la perception exacerbée des sens qui entraîne le cerveau à un traitement en continu des informations en provenance de l'extérieur. Le surdoué voit tout, entend tout, repère tout. Plus exactement encore, il prête attention au plus infime détail, à la moindre parcelle, au plus petit indice que contient l'environnement. De la couleur d'un objet à la position du buste de son interlocuteur, de l'odeur ténue de la pièce à la lumière qui joue avec l'ombre, toutes les informations vont être prises en compte. Pour le surdoué, le banal peut devenir central. Rien ne va lui échapper et, surtout, tout sera « traité » par le cerveau. On sera alors surpris par une réflexion, une réaction, un comportement qui, en se référant à une composante que personne n'a perçue, pourra paraître incongru, inapproprié. Chacun sera étonné, le surdoué aussi.

L'hyperconscientisation enrichit considérablement les ressources de la pensée par le nombre élargi de données qui seront intégrées dans l'analyse et la compréhension d'une situation, d'un événement. Mais l'hyperconscientisation déclenche obligatoirement des réseaux associatifs qui vont entraîner l'arborescence dans des questionnements sans fin. L'hyperconscientisation peut alors déconnecter le surdoué de l'environnement. Il est parti loin, très loin.

> « Je passe à côté d'un arbre qui soudain capte l'attention de mon esprit. Une succession de questionnements va s'enclencher : est-ce que c'est vraiment un arbre ? Pourquoi est-il là ? À quoi ça sert un arbre ? C'est la vitesse à laquelle les questions se succèdent et le fait de ne pas pouvoir contrôler leur venue qui font de ce moment-là une espèce de perte de contrôle angoissante.
> En plus de toutes ces questions qui fusent dans ma tête et tiraillent mon cerveau dans tous les sens, d'autres questions viennent s'ajouter : pourquoi est-ce que je me pose toutes ces questions ? Pourquoi est-ce que je ne peux pas passer à côté de cet arbre sans le voir comme la plupart des gens l'auraient fait ? J'ai l'impression de me noyer dans ma pensée et c'est une véritable détresse que je ressens. »

Alix est étudiante en médecine. Elle m'explique que parfois elle tente de s'imperméabiliser au monde pour ne pas être assaillie. Elle marche tête baissée, elle se force à ne pas entendre, elle déclenche des rêves intérieurs pour baisser sa réceptivité. Même chez elle il lui arrive de se mettre volontairement dans le noir pour ne plus rien percevoir et mettre son système de pensée au repos.

Dans un autre registre, j'ai rencontré Caroline. Son histoire, identique dans les mécanismes, est plus amusante. Elle est directrice de pub. Un jour, au cours d'une présentation d'une campagne de pub à un client important, elle repère un détail incongru. Personne, bien sûr, ne l'a remarqué. Quelque temps, elle parvient à se contenir mais, hélas, explose de rire sans pouvoir s'arrêter face à un client perplexe et vexé. Le contrat sera perdu...

La rigidité de pensée

La pensée sans limites produite par l'arborescence a besoin de se sentir contenue. Pour ne pas déborder. Pour ne pas s'aventurer sans cesse vers des limites toujours repoussées. L'ingérence constante des émotions participe de ce tumulte de pensée. Un tumulte qui génère des inquiétudes, des angoisses. Comment calmer ce flux incessant ? Pour le surdoué, l'issue est la tentative de maîtrise et de contrôle. Par tous les moyens. Il en résulte un mode de fonctionnement qui peut apparaître rigide, tendu vers la concision, vidé de toute consonance émotionnelle. Il faut bien comprendre que c'est un mécanisme, pour se protéger, pour poser un cadre rassurant, pour fixer des limites à cette pensée débordante. Alors dans le discours, dans le comportement, ces mécanismes vont prendre diverses formes : la recherche de la précision absolue, du sens exact de chaque chose, le besoin de fermer le champ des possibles, de restreindre les hypothèses floues… À l'initiative de ce fonctionnement, le surdoué en est parfois la victime impuissante. Il peut apparaître comme une personnalité froide, suffisante, au discours cassant, arrogant. Derrière ce masque, un être sensible et vulnérable qui s'acharne à cacher sa profonde fragilité, sa véritable personnalité.

➤ Avoir raison à tout prix

> « Pour moi, me dit Marc, c'est important de savoir qui a raison. Dans la vie, il y a forcément deux colonnes, ce qui est exact, ce qui est faux. »

La plupart des surdoués fonctionnent dans cette dichotomie. Comme si leur vie en dépendait. Il faut repérer LA vérité, pour eux elle existe forcément.

« Nous sommes des handicapés de la nuance », insiste Jérôme.

Expression tellement juste pour refléter ce besoin impérieux d'avoir raison ou au moins être sûr que l'autre a raison pour accepter son point de vue. Mais aussi avoir la certitude absolue que si les choses sont de telle manière elles ne peuvent pas être de telle autre. Tout est blanc ou noir. Jamais gris. Les sentiments n'échappent pas à cette loi implacable. Les goûts non plus d'ailleurs : j'aime ou j'aime pas. Point.

Pourquoi ? Parce que la nuance ouvre la porte aux doutes, aux choix à faire. Ce que le surdoué évite à tout prix. Choisir, il ne sait pas. Il laisse d'ailleurs souvent les autres faire à sa place. Ce qui se comprendra parfois comme de la faiblesse ou un manque de personnalité. Il n'en est rien. Mais, quand l'enjeu est moindre, plutôt que de se « prendre la tête » à tout étudier et tout mettre dans la balance pour déterminer, exactement, quel est le bon choix, il devient plus facile, plus reposant de laisser faire les autres.

➤ *Ne jamais lâcher*

Mais, dans d'autres situations, le surdoué ne lâche pas. Et alors là c'est invivable. Pour lui, pour l'autre. Il trouvera toujours, toujours et encore, le moindre petit argument, la moindre faille, le plus petit interstice pour s'engouffrer et rebondir. Il faut qu'il ait raison. Il faut que ce soit lui qui ait le dernier mot. De toute façon il vous remettra, vous, en question. Pour vous affaiblir. Comme il se sent agressé, il retourne le mécanisme et devient l'agresseur. Vous imaginez comme les discussions peuvent rapidement prendre une tournure de conflit, de dispute ? Vous pouvez vous essouffler terriblement et perdre votre énergie à tenter de faire admettre votre point de vue. Vous êtes perdant d'entrée. Quels que soient les arguments que vous déployez. Car de toute façon, ce qui compte, ce n'est pas ce qui est dit, mais le fait d'avoir raison pour avoir raison. Ridicule ? Pas tellement si on comprend qu'ici, comme toujours avec cet être fragile sous ses allures parfois cassantes, sa peur est de remettre en question ce à quoi il croit et s'accroche. Cela supposerait de repenser les choses. Et penser, pour un surdoué, c'est reprendre la route dans des dédales incertains et insécurisants. Alors ? Eh bien, lâchez maintenant !

➤ *« À quoi ça sert de dire ça ? »*

Voici une remarque récurrente pour un surdoué. Dire quelque chose doit toujours avoir du sens. Sinon, pourquoi parler pour ne rien dire ? À ses yeux en tout cas. Car parler peut être aussi partager des impressions, évoquer un ressenti, parler de soi, échanger sur ce que l'on a compris d'une situation, d'un événement, d'un comportement d'autrui... Il n'y a pas forcément du sens, en tout cas pas celui que guette le surdoué. Une finalité, un objectif précis au propos. En réalité, cette réaction traduit encore une de ses fragilités : il a peur que ce qui est dit puisse comporter une forme d'agressivité à son égard ou encore que vous soyez en train de chercher une faille chez lui. Il est donc sur la défensive. Et ses « à quoi ça sert de dire ça ? » veulent dire : est-ce que tu me reproches quelque chose, et si oui quoi, est-ce qu'il y a quelque chose que j'aurais dû comprendre ou faire et que je n'ai pas fait ? Est-ce que tes propos ont un sens que je n'arrive pas à décoder ? C'est un fonctionnement très déroutant, car l'autre se sent à son tour agressé par cette question. Pour lui, si le surdoué trouve que ce qu'il dit ne sert à rien, alors cela veut dire que ce qu'il dit est inintéressant, nul. Et il est blessé. Et une spirale d'incompréhension réciproque se met en place. Selon la nature de la relation entre les deux partenaires de l'échange, les conséquences ne seront pas les mêmes. En couple, cela se terminera en conflit inextricable. Dans une relation professionnelle, tout dépend de la place hiérarchique du surdoué. En position haute, il dédaignera son interlocuteur qui trouvera son supérieur hiérarchique hautain et sans cœur. Dans une relation amicale, un froid s'installe. Entre un parent et un enfant, si c'est l'enfant, il se fera gronder et sera blessé, si c'est le parent, il pensera que son enfant remet en question son autorité et se montre insolent. À tous les coups, la relation souffre et ses partenaires aussi.

Les coupures de pensée

Quand l'arborescence déborde, que l'on ne sait plus quoi et comment penser, que l'intensité émotionnelle fait battre le cœur et les tempes à tout rompre, le surdoué, soudain, coupe court. Subitement, il décroche. Et cela peut se passer n'importe où, à n'importe quel moment. Un peu comme un disjoncteur : quand la surcharge est trop importante, automatiquement, il disjoncte. Pour éviter un risque d'incendie. Chez le surdoué, c'est pareil. Son système fonctionne sur le même modèle : la charge est intenable ? Il stoppe. Ce qui va se traduire par un arrêt brutal en pleine phrase, par le regard qui soudain se fixe sur un détail insignifiant, par le corps qui se fige en plein mouvement, ou au contraire s'éloigne en pleine discussion... tout est possible. Le surdoué ne s'en rend pas compte sur le moment. Pas du tout. Il n'en prendra conscience que si vous le « ramenez » à la réalité. Plus ou moins gentiment d'ailleurs. Ce genre d'attitude décontenance l'entourage. Met rapidement mal à l'aise car les autres ne comprennent pas ce qui se passe. Et peuvent se vexer terriblement.

Ces coupures de pensée peuvent aussi se produire dans des situations intellectuellement et émotionnellement plus neutres : des moments d'ennui. Un certain temps, le surdoué reste connecté, et cela lui demande de l'énergie. Puis, comme je viens de le décrire, c'est le blanc et la fuite, par la pensée ou par le comportement.

> Virginie lit tranquillement installée dans un transat. Elle est absorbée par sa lecture. Brusquement, elle s'immobilise, le regard dans le vide. Elle est partie. Loin. Sûrement très loin.

Muriel discute avec virulence. Elle n'est pas d'accord. Tente d'imposer son point de vue. De toute façon, elle sait qu'elle a raison. Son interlocuteur « la gonfle » (c'est comme ça qu'elle le raconte). Pour elle, il ne comprend rien à ce problème. Ses arguments sont bidons. Alors, sans prévenir et sans en prendre tout de suite conscience, Muriel se lève et s'éloigne, laissant là, éberlué et furieux, son interlocuteur.

➤ *Une vie en pointillé*

Les « blancs », les « absences passagères », les moments où tout semble s'immobiliser, où le regard reste fixe, ponctuent le quotidien du surdoué. Y compris quand il est tout seul. Alors qu'il accomplit une action quelconque, s'habiller, se laver, préparer le repas, etc. Il s'interrompt, ne bouge plus, s'extrait totalement de la réalité ambiante. La vie est suspendue.

Ce fonctionnement est étroitement lié à la suractivation cérébrale qui, par mesure de protection quand l'activité est trop forte, se déconnecte parfois totalement. Plus rien ne circule. Un fonctionnement cérébral en tout ou rien.

Vivre ou se voir vivre ?

« J'ai l'impression de ne jamais être totalement connectée. Je suis là et, en même temps, je me regarde être là. Par exemple, à l'instant précis où je vous parle, je me regarde en train de vous parler. Et j'analyse la scène. »

Je suis en consultation avec Cécile. Mais François, Vincent, Paul et les autres... me le racontent aussi. Tous le vivent.

Que se passe-t-il ? L'arborescence de la pensée du surdoué, qui le conduit à penser simultanément sur plusieurs axes, génère une capacité élaborée de division de l'attention. L'attention divisée est commune à chacun lorsqu'il est nécessaire d'être attentif à plusieurs choses à la fois, mais elle prend chez le surdoué une dimension singulière : la profondeur de champ. On passe d'une pensée en deux dimensions à une pensée en 3D. Ce qui est vécu, la scène principale, est mis en perspective et observé en contre-plongée. Comme un cameraman qui tournerait un plan. Mais ici le surdoué est aussi le réalisateur, il observe, analyse et éventuellement modifie certains paramètres. Il anticipe les réactions de l'autre, pressent les aboutissements, devine les conséquences, comprend les intentions... Et il s'ajuste.

Pourquoi ? Toujours cet impérieux besoin de maîtrise et de contrôle. Besoin de comprendre et de ne pas se laisser surprendre par l'imprévu. Par peur, encore. Toujours à cause de la peur de se laisser emporter par ses émotions, de se sentir vulnérabilisé, de dévoiler sa fragilité. Mais aussi, par automatisme, car il ne s'agit pas d'une stratégie volontaire, mais d'un effet secondaire de l'hyperactivité cérébrale. Le surdoué utilise ce mécanisme, mais en souffre aussi. Il est souvent pénible de ne pas pouvoir vivre « en plein » une situation sans mettre en marche cette analyse permanente qui, sans répit, décrypte le plus petit détail.

➤ *L'impossible* carpe diem[9]

> « Un des grands problèmes dans ma vie, c'est d'avoir toujours l'impression que je regarde un film. Je ne participe pas à ce que

---

9. *Carpe diem*, locution latine extraite d'un poème d'Horace et habituellement traduite par « Vis le moment présent ».

je vis. Ce sont les moments où je me sens le plus mal. Et puis tout d'un coup, je me sens en contact avec le monde, je suis grisé et j'ai l'impression que je peux tout faire et ça m'énerve alors de ne pas arriver à en faire plus. »

Olivier, jeune adulte, exprime avec justesse ce contraste entre les moments où il se ressent hors de la vie et les moments où il se sent tout-puissant et vit comme une frustration ses propres limites et celles du monde.

Pour le surdoué, être totalement dans l'instant présent, synchronisé avec ses sensations, ses émotions, en prenant le plaisir simple du moment, est une mission quasi impossible. Le *carpe diem* des philosophes qui incite à profiter pleinement de ce que l'on vit dans l'ici et maintenant de la situation reste inaccessible. La méta-analyse du surdoué sur tous les moments vécus le prive de la possibilité d'être tranquillement acteur d'une scène, de se laisser paisiblement porter par le vécu immédiat. Il n'est jamais seulement acteur, il reste toujours aussi le spectateur. Ou même le commentateur de sa propre vie. Comme une voix *off*. C'est fatigant. Douloureux parfois. Frustrant souvent.

➤ *L'autocritique : le regard sur soi*

La mise en perspective se dirige aussi sur soi. C'est d'abord lui que le surdoué observe. Et évalue, juge, sanctionne. Souvent en négatif d'ailleurs. Car il ne se trouve jamais assez bien, jamais assez compétent, jamais assez performant. Quel que soit le domaine. Il a du mal à s'aimer et à s'apprécier. Fragilité de l'image de soi, encore, manque de confiance en soi permanent, peur de décevoir lancinante... Peu de répit pour cet adulte inquiet en quête de reconnaissance et de valorisation. Pour être rassuré. Sur lui. Sur la vie. Est-ce possible ?

➤ *Tout anticiper*
C'est une autre des conséquences de ce fonctionnement.

> « Je suis toujours en avance par rapport à ce que je vis. Je n'arrive pas à vivre les choses au moment où je les vis. C'est comme si je les voyais arriver avant même qu'elles ne se produisent. Par moments, j'ai l'impression d'attendre. Je sais déjà, j'ai compris comment la situation allait évoluer. Et c'est étrange car je vois bien que l'autre n'en a aucune idée. Alors parfois j'essaie de détourner pour éviter un dénouement désagréable. Et puis, j'interprète tout en négatif. Du coup, j'ai des difficultés à prendre du plaisir dans ce que je vis car je me construis des scénarios catastrophe. Surtout avec ma petite amie. »

L'anticipation constante, souvent anxieuse, crée une angoisse diffuse. Et permanente. Qui gâche certains plaisirs de la vie. Et qui empêche de vivre sereinement. On est déjà *après*. En attente de ce qui va se produire.

> Andrea l'exprime d'une façon très touchante : « Ça m'arrive tellement rarement de me dire : je ne m'attendais pas à ça ! J'aimerais pourtant avoir de vraies surprises ! Par exemple, quand arrive le temps de mon anniversaire, je sais, à l'avance, ce qui va se produire. Alors, dans ma tête, c'est comme une répétition générale. J'anticipe les moindres composantes de l'événement. Et la séquence des cadeaux : je vois mes réactions, celles des autres autour de moi... Quand arrive l'événement, ce n'est jamais aussi bien que prévu. »

On retrouve dans la vie quotidienne des effets surprenants de cette anticipation. Max est parti avant la fin d'un entretien d'embauche car il avait compris que l'entretien ne pouvait déboucher sur un emploi, Valérie a dit d'accord, je suis d'accord pour la séparation, alors que son mari commençait à peine à parler, Pierre a changé de conversation quand il a compris que son interlocuteur ne s'intéresserait jamais à son projet... Et Bruno, qui avoue penaud : « Avec ma femme, c'est pénible. Je suis obligé de la laisser parler alors que je sais d'avance ce qu'elle va dire. Quelquefois je ne m'en rends pas compte, je l'interromps et je réponds alors qu'elle n'a pas exprimé l'idée suivante ! Ça la rend folle ! »

Décalage, décalage...

► *Défier l'anticipation : l'hédonisme à tout prix*

Voici une parade inattendue. Une réponse protectrice que peut activer le surdoué épuisé de l'analyse ininterrompue de sa vie qui entrave son accès à de nombreux plaisirs : lui, il choisit l'hédonisme. Ce qui lui permet de se noyer dans les sensations sans « se prendre la tête ». Le plaisir pour le plaisir, point.

On en retrouve des échos dans les récits des hommes surdoués sur la sexualité. La peur de ne pas être à la hauteur de l'attente de l'autre, la peur de décevoir, la peur de repérer l'absence de plaisir chez sa partenaire, la peur de l'engagement affectif, la peur de devoir parler de soi... en conduisent certains vers les plaisirs éphémères des filles faciles. Payer pour s'offrir un plaisir que l'on maîtrise et qui n'exige rien en retour. C'est une fuite absolue de l'affectif et une illusion de tendresse. Mais c'est si reposant que cela représente une alternative pour détourner les pièges de l'anticipation inhibante.

Le surinvestissement des plaisirs physiologiques peut se retrouver dans d'autres contextes. Objectif unique : se sentir vivre. Vraiment. Sentir, en soi, la vague de plaisir brut. Non déchargée de son intensité par le scanner de la pensée et de l'analyse.

Florence a choisi le saut à l'élastique : « Je n'ai pas le temps de penser, de me poser de questions, je saute et soudain j'ai la sensation d'une explosion des sens. C'est un soulagement inouï. »

L'hédonisme a ses limites, bien sûr. L'excès conduit à des déviances de vie. Ponctuellement, c'est une stratégie, à long terme cela devient une pathologie.

CHAPITRE 7

Du côté des femmes

> Être une femme surdouée, tu sais, c'est pas si facile...

Être une femme surdouée comporte certaines particularités. Dans la trajectoire d'abord. On sait que les petites filles montrent dans l'enfance de plus grandes capacités d'adaptation que les garçons. Elles acceptent plus facilement les « règles du jeu », en particulier scolaires, et parviennent à s'y conformer. Mais cette adaptation est coûteuse en énergie. C'est une stratégie d'adaptation. Ce n'est pas un mécanisme naturel. Leur différence est, pour elles aussi, parfois compliquée à vivre et à assumer. Elles prennent sur elles pour être conformes à ce que l'on attend d'elles. Mais à quel prix ?

Lorsque la charge est trop lourde et que la tension a été trop forte, les difficultés peuvent surgir brutalement à l'adolescence. Et, là, il est plus difficile de les aider car la souffrance est ancienne et très cristallisée. Elles n'ont rien lâché pendant longtemps. La douleur était contenue et s'est enracinée.

Quand les difficultés n'ont pas flamboyé à l'adolescence, la jeune fille surdouée arrive à l'âge adulte avec ses questions restées sans réponses et surtout avec ce sentiment diffus mais constant d'être toujours décalée, différente. Elle peut vivre toute sa vie en s'adaptant, en se remettant en question, en cherchant, en elle, des raisons à son malaise. Mais elle trouve peu de réponses et reste fréquemment dans une vie « à côté » de celle qu'elle aimerait tellement vivre. Et sans comprendre. La femme surdouée est souvent seule car son intelligence singulière l'isole encore plus que les hommes. Sa sensibilité extrême la rend difficile à protéger. Alors, les hommes, les autres, peuvent avoir peur.

> « Je déteste sentir que j'intimide les autres. Surtout que je ne le fais pas exprès et que je ne m'en rends pas compte. Souvent les gens me disent que la première fois qu'ils m'ont rencontrée, je leur ai fait peur. Je n'en ai pas pris conscience. Ce n'était pas délibéré. J'avais eu la sensation d'être juste moi, naturelle, comme d'habitude, quoi ! »

Monique, 47 ans, souffre de cet état de fait. Elle dirige une petite entreprise et a du mal à gérer l'image qu'elle donne d'elle. Elle me dit que ce lui est d'autant plus dur, qu'elle aime beaucoup les gens et qu'elle voit bien que ce n'est pas réciproque. Elle ajoute : « De toute façon quand on me voit, soit on m'aime tout de suite, soit on me déteste pour toujours. » Dans ses relations aux hommes, le processus a toujours été le même. Elle fait peur malgré tous ses efforts pour se conformer à ce qu'elle pense qu'il faudrait être.

Aujourd'hui, elle forme avec son mari un couple stable depuis vingt ans, mais, dit-elle, « c'est parce que j'ai trouvé un extraterrestre comme moi. J'ai appris, bien plus tard, qu'il était lui aussi surdoué. Pourtant, il ne fonctionne pas du tout comme moi, moi je suis hyperextravertie, lui est posé et réfléchi. Parfois ça m'énerve, ça m'insupporte car j'ai l'impression que c'est toujours moi le moteur de notre couple, qui dois initier les décisions. Mais si je suis honnête, c'est grâce à lui que les choses peuvent se poser et se mettre en place. Que notre vie n'est pas un feu d'artifice permanent. Sa façon d'être surdoué nous a permis, à tous les deux, d'enraciner notre couple et de comprendre et vivre avec nos différences... dans nos similarités et notre incroyable complicité ».

Les femmes surdouées intimident facilement

Leur regard sur le monde, leur façon d'analyser les autres, la conviction qui émane d'elles qu'elles ont compris trop de choses font peur. Aux hommes bien sûr, mais également aux femmes. Elles semblent dominatrices, inapprochables, fières et sûres d'elles. Froides, surtout, et peu sensibles. Il n'en est rien évidemment. Bien au contraire. Mais leur masque fonctionne à leurs dépens. Leur carapace les coupe des autres. Sous leur camouflage, la solitude est immense. Elles qui ont tant besoin d'être aimées. Elles qui voudraient tant se sentir protégées. Elles dont la sensibilité et l'affectivité débordantes doivent absolument être cachées pour leur permettre de ne pas être emportées par l'émotion, à chaque moment de leur vie.

Être une mère surdouée

Alors là, tout se mêle et s'emmêle. D'un côté, surdouée, comme son enfant, la mère saura comprendre et s'ajuster à ce qu'il est. Parfois dans un dialogue sans paroles. Sur un mode intuitif. Particulièrement intime. Mais cet atout peut vite se transformer en piège. Pour la mère et l'enfant. Pour la mère, si elle ne sait pas elle-même qu'elle est surdouée, son enfant est normal. Au sens où, pour elle, tous les bébés sont comme le sien. Elle s'étonne d'ailleurs si quelqu'un de l'entourage lui fait une remarque sur les singularités de son bébé, sa vivacité, sa curiosité, sa précocité. Elle ne comprend pas ce qui peut être différent. Pour elle, son bébé est comme tous les autres. C'est souvent l'entrée à l'école qui sera le vrai révélateur. Suivant ce qui s'y passe, la maîtresse qui l'accueille, la pédagogie de la classe, les particularités de l'enfant seront d'emblée criantes et dérangeantes ou indéniables et reconnues. Il y a peu de mesure :

- L'enfant est vécu comme bizarre, étrange ou inadapté. L'école ne comprend pas pourquoi il ne fait pas comme les autres, pourquoi il ne répond pas sagement à la consigne comme les autres, pourquoi il s'intéresse aux choses différemment des autres, pourquoi il n'entre pas dans le cadre, comme les autres. Très vite, les parents seront alertés et la valse des consultations commence. La culpabilité des parents sera activée. L'enfant et sa famille en ont souvent pour des années avant que, enfin, un diagnostic soit posé. Ou, dans les situations les plus pessimistes, que l'enfant présente des troubles qui demeureront incompris et le laisseront dans une détresse sans nom et sans issue.

• Dans le cas le plus favorable, l'enfant est perçu comme un élément leader, positif pour la classe. Sa rapidité de compréhension, son vocabulaire diversifié, sa réactivité aux nouvelles connaissances sont appréciés par l'enseignant. Le petit surdoué, valorisé, s'épanouira dans ce contexte de l'école.

Je ne parle là que des premiers temps car le parcours est long. Malgré son intégration facile, il peut arriver que tout bascule. La mère surdouée n'aura pas anticipé. Surtout s'il s'agit d'un fils. Car elle n'a pas vécu l'école de la même manière. En tant que petite fille, elle a toujours développé des capacités d'adaptation supérieures à celles des garçons surdoués. Elle a pu souvent accepter les règles du système scolaire et y réussir. Brillamment parfois. Elle a « fait avec ». Même sans plaisir et sans comprendre le sens de tout ça. Ce qu'elle avait en revanche bien compris, c'est que c'était ce qu'on attendait d'elle et que sa réussite rendait ses parents fiers d'elle. Pour elle, réussir était devenu son quotidien et, avec cette réussite, elle s'assurait l'amour de ses parents et la considération de son entourage. Non pas qu'elle la recherchait obstinément cette réussite. Mais c'était juste confortable. Et cela lui suffisait. Alors, devant cet enfant, ce garçon, en difficulté, en échec, cette mère surdouée ne comprend plus rien. Tous ses repères sont perdus. Elle essaie d'aider son enfant à reprendre le cap, mais rien n'y fait. Aucune de ses recettes et de ses ficelles du passé ne semble marcher. Alors, elle panique et perd pied. La seule à accuser pense-t-elle, c'est elle. Elle est une mauvaise mère. Point. Elle a loupé toute son éducation. Cette mère désemparée va chercher de l'aide, mais trop souvent les psys vont renforcer sa culpabilité et l'inviter – horreur ! – à se faire elle-même soigner ! Si son enfant va mal, c'est sûrement qu'elle-même va mal. Si elle va mieux, son enfant ira mieux. Ainsi le veulent les grands préceptes archaïques de la psychologie. Qui malheureusement sévissent encore lourdement dans notre pays... La boucle est bouclée : maintenant les deux vont mal. Très mal. Et si le père, l'entourage, un professionnel ne bloquent pas le processus, la mère et l'enfant s'engouffrent dans une détresse indescriptible.

Mères, réagissez : oui, votre enfant est comme vous ! Oui, votre enfant a besoin de vous ! Oui, vous pouvez l'accompagner ! Mais à une seule condition : comprendre et accepter qu'il est singulier, et vous aussi. Alors, vous saurez, vous pourrez cheminer avec lui et lui donner fort la main pour l'emmener vers une jolie vie. Et vous aussi. Faites-vous confiance, vous pouvez le faire, vous avez en vous toutes les ressources pour le faire. Ce qui compte, c'est de rester au plus proche de ce que vous comprenez de votre enfant : c'est vous qui avez raison. Et si votre avis diffère de celui de ceux qui vous entourent et en particulier de l'école ou même du psy, sachez que vous êtes celle qui connaît le mieux votre enfant et ses besoins. Résistez, agissez, foncez. Ne vous laissez pas influencer par tous ceux qui agitent des épouvantails, pour vous effrayer et vous faire douter de vos convictions. Je sais, vous avez peur, très peur même. De vous tromper, de faire des erreurs, de faire les mauvais choix. C'est normal d'avoir peur, mais cette peur-là, vous devez l'utiliser pour mobiliser toutes vos forces. N'oublions jamais que, dans l'éducation, le risque zéro n'existe pas. Il s'agit de prendre une décision qui comporte forcément des risques. Quel que soit le choix que l'on prend pour son enfant, cela comporte une part de risque. Alors, face à une décision, l'essentiel est d'évaluer le « poids » de risque qu'elle contient. Et la balance ne bascule pas toujours dans le sens prévu... Il est des moments dans la vie d'une mère où la décision finale lui incombe. C'est aussi son rôle de l'assumer. Sereinement. En s'accordant le droit à l'erreur. Choisir pour un surdoué est une épreuve, pour une mère surdouée face à son enfant, c'est une torture. Je sais. Mais vous parviendrez à faire de votre peur une alliée. Vous verrez, ça change tout !

Femme surdouée cherche homme désespérément...

« Et ma mère un jour m'a dit : "Depuis toute petite tu es tellement douée et intelligente, ça ne pouvait que te créer des problèmes"... »

Message anonyme d'une adulte surdouée qui se demande si c'est à cause de *ça* qu'elle a le plus grand mal à être heureuse.

Pour une femme surdouée, se joue un grand dilemme. Encore un, me direz-vous. Celui-là est de taille dans les relations amoureuses : peut-on être *et* femme *et* intelligente, au risque d'être à la fois moche et peu sexy ? Vous savez c'est un peu l'histoire des blondes... Ou de cette vieille histoire qui dit que si on est belle, on ne peut sûrement pas être intelligente, et réciproquement. Et vous savez pourquoi ? Parce que l'intelligence fait peur. En particulier aux hommes. Même aux hommes intelligents. Même aux hommes très intelligents. Car l'intelligence va avec un grand sens critique envers soi et envers les autres. Qui remet toujours en cause et en question. Avec une femme trop intelligente, un homme a peur de ne pas être à la hauteur, que ses faiblesses soient démasquées, que sa vulnérabilité soit découverte. Et peu d'hommes acceptent ce challenge car ils sont peu sûrs d'eux-mêmes. Encore au XXIe siècle, l'homme moderne a besoin de se sentir fort. De sentir qu'il domine et peut protéger les siens. Qu'il garde, toujours, une certaine longueur d'avance. Pas pour vous embêter ou par réminiscence de l'âge des cavernes. Mais tout simplement parce que lui aussi a peur. Terriblement peur.

Le défi pour une femme surdouée devient : sortir du rôle attribué, celui de la femme gentille, soumise et docile tout en restant « attractive » pour l'homme. Rester ce qu'elle est et garder son pouvoir de séduction sans faire fuir celui qu'elle tente de séduire. Pas très facile car l'homme fuit vite. Même fou amoureux, il perd ses repères face à cette femme-là. Et s'ils s'unissent, il tentera de la faire entrer dans son cadre à lui, pour la contrôler et *se* rassurer.

Une difficulté s'ajoute : la femme a très peur elle aussi. Parce qu'elle est surdouée, souvenez-vous. Et qu'elle doute forcément. D'elle, de sa valeur, de l'intérêt qu'elle peut avoir, de son physique, de son discours. Elle se sent si petite, si nulle, si bête. Vous vous rendez compte, le malentendu !

Et, avec son hyperréceptivité, c'est trop ! Elle capte tout, la moindre émotion qui passe et elle en ressent beaucoup. Alors elle tente de canaliser, de dompter, de ne pas se laisser dévorer et emporter. Ce qui peut être compris comme une distance, une froideur, un manque de sensibilité. Le comble ! Pourtant, ces situations sont fréquentes.

« Moi, intelligente, vous plaisantez ! »

C'est un leitmotiv. C'est la phrase fétiche que l'on entend toujours à la restitution du bilan. Une femme a encore plus de mal qu'un homme à se penser intelligente. C'est presque une imposture. Elle ne s'y retrouve pas.

Le plus surprenant survient quand on discute avec la mère d'un enfant qui vient d'être diagnostiqué surdoué. On entend souvent : « Alors, ça, il ne le tient pas de moi ! C'est sûrement mon mari ! » Avec les femmes surdouées, tout le travail d'accompagnement, de réassurance, de réappropriation d'elles-mêmes et de ce qu'elles sont vraiment, reste long et délicat. Elles résistent beaucoup. L'enjeu d'être intelligente, de toutes les représentations que cela suppose, de tout ce que cela pourrait mettre ou remettre en cause les effraie considérablement. Vraiment plus encore que chez les hommes. Courage et patience, quand la femme accepte de retrouver sa véritable identité, c'est un éblouissement. Pour elle, pour sa vie et plus humblement pour le thérapeute qui observe cette métamorphose. Car il s'agit bien d'une métamorphose. Une métamorphose intérieure qui va rejaillir sur l'extérieur. Même physiquement. Quel que soit l'âge, on repère une transformation des traits : plus épanouis, plus ouverts, plus rieurs. La beauté intérieure reprend ses quartiers extérieurs. Et cela fait très plaisir à voir. Vraiment très plaisir. Tout le monde le remarque et ce retour positif a un effet catalyseur sur l'estime de soi qui est boostée et renforcée.

Ce rapport entre les femmes et l'intelligence a comme effet pervers que peu de femmes se font tester. Pourquoi faire un bilan quand l'idée d'être surdouée ne peut vous traverser l'esprit ? Et pourtant, les femmes surdouées se remettent tellement en question, se posent tellement de questions sur elles et sur le monde, qu'elles ressentent toujours au fond d'elles un décalage incompréhensible. Mais elles le taisent.

Petite – mais importante – constatation personnelle

À l'écriture de ce livre, j'ai relu tous les courriers que j'ai reçus ces dernières années. Des témoignages souvent bouleversants, des appels au secours, des récits de grandes détresses ou de difficultés insolubles. Les lettres sont le plus souvent longues, détaillées, sincères, authentiques. Surprise : trois lettres sur quatre sont écrites... par des femmes. Pudeur des hommes ou loyauté, honnêteté des femmes ? Un peu des deux sûrement. Mais autre chose encore : en consultation de psychologie de l'enfant, ce sont les garçons que l'on rencontre le plus. Leurs troubles sont plus bruyants, dérangeants. Ils inquiètent plus rapidement l'entourage alors que la petite fille, muettement, s'adapte au prix de grands renoncements. Pour faire plaisir. Pour être conforme aux attentes de ses parents, de ses professeurs. Pour être aimée. Mais, à l'âge adulte, qui consulte ? Qui accepte de se remettre en question ? Qui, même plus simplement, se pose des questions et réfléchit sur sa vie ? Qui peut s'ouvrir et exprimer la plus cachée de ses blessures ? Les femmes bien sûr. Ce sont elles les principales patientes adultes des psys !

CHAPITRE 8

Les couples :
qui se ressemble s'assemble ?

Un adulte surdoué a le plus souvent des amis... surdoués ! Oui, comme les enfants qui s'aimantent dans les cours de récréation. À la grande stupéfaction des parents respectifs lorsqu'ils se rendent compte que leurs enfants sont tous deux des zèbres. C'est une constante dans la personnalité, on est attiré puis on s'attache à des personnes qui fonctionnent dans le même système que le nôtre. Ce qui ne veut pas dire que l'on est pareil, mais que l'on est capable de se comprendre, intimement. De ressentir chez l'autre une forme de sensibilité à la vie, de réceptivité au monde, de compréhension muette, que l'on ressent aussi chez soi.

Une « étrange familiarité » les rapproche...

« Quand j'ai rencontré David, c'est comme si j'avais ressenti un air de déjà vu... se souvient Ingrid. Tout d'un coup, c'était presque magique, je n'avais plus besoin de masquer ni ma sensibilité ni ma perception des choses, des gens. Il me comprenait, tout simplement. Et moi, j'avais l'impression de le connaître depuis toujours. Comme une évidence. C'est tellement reposant ! »

Et les couples ?

Aucune étude n'existe. Seule la pratique clinique permet de constater que l'alchimie du « même » fonctionne aussi pour la constitution des couples de surdoués. Comme des autres d'ailleurs. On est toujours attiré par quelqu'un dont on pressent qu'il pourra nous comprendre et nous aimer pour ce que l'on est et pas uniquement pour ce que l'on montre. On s'imagine que cet autre saura percevoir ce que l'on tente de cacher, saura percer les richesses de notre personnalité malgré notre comportement socialement adapté ou notre réussite reconnue ou encore notre art de séduire pour mieux nous protéger. Dans cette panoplie de masques, l'humour, la dérision, le sens de la repartie, la personnalité extravertie peuvent devenir les signes extérieurs les plus criants. Visibles seulement aux yeux des initiés ou des surdoués qui reconnaîtront l'un des leurs.

Mais on peut aussi trouver des caractères sombres, introvertis, bougons, râleurs, toujours convaincus que le monde ne tourne pas rond et que personne n'y comprend rien. Silencieuses, mais posant sur le monde un regard caustique, ces personnalités seront élues par ceux que la complexité du monde effraie, qui eux-mêmes ont peur d'être dans cette vie qui semble si facile au plus grand nombre alors que pour eux chaque pas est une épreuve.

Entre ces deux extrêmes, toutes les combinaisons sont possibles : un extraverti très créatif attiré par un surdoué qui a mentalisé son comportement et canalisé son intelligence pour fonctionner de façon pragmatique avec le monde, un hypersensitif anxio-émotif qui cherchera auprès d'un surdoué solide, adapté, charismatique le réconfort indispensable à son équilibre. Son surdoué solide trouvant chez son frêle petit zèbre la justification et la reconnaissance de ses qualités de meneur.

Ce qui est sûr : nous rencontrons beaucoup de couples de zèbres aux rayures superposables ou complémentaires. Comment le sait-on ? Lorsque nous rencontrons un adulte et que nous entreprenons un bilan puis une thérapie, la question du conjoint arrive très vite. Le patient, homme ou femme, s'interroge sur son conjoint. En positif et en négatif.

> Sarah, adulte surdouée de 40 ans, récemment diagnostiquée accepte, enfin, de reconnaître qu'elle n'a choisi son mari que parce qu'il lui avait échappé. Il était le seul homme qui lui avait résisté et elle avait déployé des trésors de séduction pour le convaincre. Elle avait aussi réussi cet exploit qui finirait par se retourner contre elle de repérer par son sens développé d'empathie ce que son futur mari ressentait, ce qu'il attendait d'elle et s'était alors construit une personnalité totalement à l'image de ce qui plaisait à cet homme. En l'occurrence, la jolie blonde gentille, soumise et sans profession, qu'il pouvait être fier d'exhiber dans les soirées mondaines où son métier le conduisait souvent. Sarah, conforme à son projet, emportait un réel succès dont son mari bénéficiait indirectement. Et puis, bien sûr, comme tout surdoué, Sarah qui n'avait pas fait d'études pour des raisons familiales, avait un vrai complexe d'infériorité. Elle se pensait honnêtement bête, peu intelligente et en avait déduit que c'était pour cela qu'elle s'ennuyait si rapidement avec les autres : sûrement, pensait-elle, parce qu'elle n'y comprenait rien !
> À partir du diagnostic et de la prise de conscience, Sarah a soudainement compris, comme si un voile se déchirait : c'était son mari qui n'était pas « si intelligent que ça » et qui, en plus, n'avait aucune considération pour elle. Égocentré, indifférent aux besoins de sa femme « potiche » (c'est en ces mots que Sarah parle d'elle), cet homme vivait une vie sans histoires avec une femme-objet qui

participait de son tableau de réussite. C'est une des difficultés face au diagnostic, cela peut remettre en question les choix antérieurs. Pour Sarah, cela lui a permis de comprendre que son intelligence étouffée par un manque abyssal de confiance en elle était à l'origine de cette effroyable méprise. Elle avait besoin d'être protégée et se montrait prête à tout pour que son manque d'intelligence supposé soit masqué par la prestance et la réussite de son mari auquel elle était dévouée... Sarah est en cours de prise en charge, je n'ai pas la fin de l'histoire... Le pronostic est sombre car Sarah voit aujourd'hui son mari en pleine lumière et n'aime pas ce qu'elle voit. Et surtout, son mari ne peut accepter que sa femme puisse manifester le moindre désir de trouver des voies personnelles d'épanouissement, puisse avoir envie de vivre autre chose pour elle, puisse être une femme intelligente, sensible et cultivée. Sarah essaie pourtant de faire comprendre à son mari certaines choses. Mais lui ne peut entendre et se sent soudain en compétition avec sa femme. Il ne peut supporter l'idée qu'elle puisse être plus douée que lui, que ses connaissances soient supérieures aux siennes, que sa compréhension soit plus pertinente que la sienne. Alors maintenant c'est lui qui a peur et qui devient agressif. Pour se défendre de ce danger de se sentir inférieur. Ce qui n'est pas du tout la préoccupation de Sarah qui tente l'impossible : expliquer à son mari comment il pourrait penser autrement...

Savoir ou ne pas savoir que l'on est surdoué : danger ou bénéfice pour le couple ?

L'histoire de Sarah est un cas de figure où le diagnostic et la thérapie de l'un ou l'autre des partenaires peuvent démasquer un malentendu initial et faire émerger les mécanismes qui ont conduit à cette union. Alors, le couple doit être repensé.

Dans d'autres situations, fréquentes, le patient réalise que son partenaire est sûrement surdoué lui aussi. Et en se comprenant mieux, il comprend mieux l'autre. En faisant un travail sur lui-même, il possède des clefs qui vont lui ouvrir la personnalité de l'autre. On arrive alors à un renforcement des liens et surtout à la capacité de travailler sur la complémentarité. Deux surdoués sont à la fois tellement pareils et différents que la mise en perspective de cette double polarité ouvre de nouvelles voies d'accomplissement mutuel. Parfois, cela se termine en thérapie de

Mon point de vue

Ce qui change lorsque l'on « sait » est que l'on comprend de façon éclairée et lucide certains des mécanismes qui soustendent notre vie d'aujourd'hui. Les mécanismes qui nous ont poussés à faire nos choix professionnels, personnels, familiaux, affectifs, etc. On est alors en pleine possession de ses moyens et on s'approprie une nouvelle force. Une très grande force. Alors, on peut faire des choix éclairés par cette nouvelle compréhension et les faire en toute connaissance de cause. Et parmi ces choix : rechoisir celui avec lequel on vit. C'est une dynamique d'une grande richesse et pleine de promesses pour l'avenir du couple.

On analyse : je t'ai aimé, je t'ai choisi pour telle et telle raisons que je comprends aujourd'hui. Je décide, maintenant, de vivre avec toi. Les raisons explicites et implicites peuvent être multiples et devenir centrales dans la vie et dans la communication nouvelle et enrichie de ce nouveau couple. Profondément lié par la relation « revisitée », profondément mature (oserai-je dire adulte ?), qu'ils peuvent désormais mettre en place.

couple, mais le plus souvent c'est le patient lui-même qui devient, facilement, le thérapeute de l'autre. Certaines fois encore, avec seulement quelques séances, quand on a commencé à tirer sur le fil qui permettra de débrouiller tout l'écheveau, le patient poursuit, en couple, le travail démarré à partir du bilan et avec son thérapeute. C'est une belle satisfaction ! Pour tous !

Surdoué + surdoué = couple heureux ? ou isolement garanti ?

Pas si simple ! Tout dépend de la personnalité de chacun, de son vécu, de son histoire. Le couple se construira différemment si les deux savent d'emblée ce qu'il en est de leurs singularités ou s'ils le découvrent en cours de route. Selon qui le découvrira en premier et le moment de vie où cela se produira, les incidences sur le couple ne seront pas non plus les mêmes. Vous l'aurez compris, de nombreux paramètres entrent en jeu. Cependant, comme nous le disions pour tous les couples, les points de similarité de fonctionnement sont des points de force. Ils permettent une meilleure circulation de la communication et favorisent la compréhension mutuelle. Indiscutablement.

➤ *L'isolement ?*

Non. Non, parce qu'être ensemble en sécurité, vivre son couple comme un îlot de sérénité où l'on peut se ressourcer, où l'on peut communiquer sans paroles, où l'on peut se comprendre sans s'expliquer, renforce l'équilibre de chacun. L'estime de soi se consolide à l'intérieur du couple et rend plus fort pour affronter l'extérieur, les autres, le monde. L'idée qu'un couple de surdoués pourrait se désadapter du monde ne correspond pas à la réalité. Le couple est ici vécu comme une base solide dont on peut s'éloigner en toute tranquillité et où l'on peut revenir pour reprendre des forces.

> Marc et Caroline, treize ans de mariage, témoignent : « Nous avons appris, ou plus exactement compris, que nous étions surdoués tous les deux lorsque le problème s'est posé pour notre première fille et que le diagnostic a été posé. Nos autres enfants ont alors été testés et nous avons réalisé que nous avions nous-mêmes cette personnalité singulière bien repérée chez nos enfants. Alors nous avons fait le grand saut et avons aussi passé des tests. Jusque-là, nous n'avions pas perçu notre différence avec les autres couples puisque justement... nous étions pareils. Pour nous, nos particularités étaient "normales", nous n'avions pas d'autres modèles ! À la lumière de ces diagnostics, nous avons relu l'histoire de notre rencontre et de notre vie et nous en avons compris des aspects qui nous avaient échappé jusqu'alors. Cela nous a renforcés dans notre intimité et nous a permis d'approfondir notre compréhension réciproque. Aujourd'hui, nous nous sentons encore plus forts et plus armés pour accompagner nos enfants.

CHAPITRE 9

Et ceux qui vont bien ?

Voici un chapitre qu'il est bien agréable d'écrire.
Il est vrai que j'ai beaucoup insisté sur les difficultés. Mais c'est incontournable. Si l'objectif est de modifier le regard sur ces personnalités atypiques et faire admettre la nécessité impérieuse d'en intégrer toutes les singularités de fonctionnement, alors il faut d'abord bien comprendre qui ils sont et en quoi et comment ils sont différents. C'est la seule possibilité de les aider à mieux vivre et à s'adapter. C'est la seule possibilité pour modifier les représentations fausses dont ils font encore trop souvent l'objet. Mais, si nous avons abordé beaucoup de points de vulnérabilité de la personnalité du surdoué, nous pouvons maintenant éclairer le parcours de ceux qui vont bien. Et comprendre comment certains surdoués ont pu, ont su, construire une image d'eux-mêmes solide et stable et organiser une vie dans laquelle ils se sentent bien.

Bien sûr, ces adultes surdoués qui vont bien, on les connaît moins bien. Ils ne consultent pas, ils sont satisfaits de leur vie, réussissent facilement ce qu'ils entreprennent. Ceux que l'on connaît maintenant beaucoup mieux, ce sont les enfants qui grandissent confiants et les adolescents pleins de vie et d'enthousiasme. Ceux-là, je vous assure, ils existent, et ce sont des personnalités vraiment attachantes et emplies d'une force de vie inouïe. La réussite de vie est à portée de leurs mains. L'expérience montre que l'on retrouve dans leurs parcours de vie des constantes, des piliers, qu'il est tellement essentiel de connaître. Pour les parents qui accompagnent leurs enfants, pour les adultes qui peuvent y retrouver des marques de leur passé.

Itinéraire d'un enfant surdoué qui deviendrait un adulte heureux

Ce que je vais écrire est caricatural. Forcément exagéré et improbable. Une hypothèse d'école. Ce n'est pas la vraie vie. Ça ne peut pas l'être. Ça ne doit pas l'être. Il ne faut jamais espérer être des parents parfaits. C'est très pathologique pour les enfants. Il faut en revanche faire au mieux, en fonction de ce que l'on est et de ce que l'on pense le mieux pour son enfant. Il y aura des erreurs, des ratés ; et tant mieux. C'est aussi comme cela que la personnalité se construit. Pas dans un monde irréel et surprotégé.

Avec cet itinéraire imaginaire, ce que je souhaite, c'est faire ressortir les points d'ancrage essentiels. Les lignes de force. Celles dont ce petit zèbre a besoin pour devenir fort et confiant pour affronter, seul, la jungle féroce. Vous allez voir, c'est assez simple finalement. Beaucoup de bon sens avec simplement une attention particulière sur des points qui semblent parfois anodins. Mais pas pour lui.

➤ *Tableau de bord pour comprendre l'itinéraire troublé du surdoué et retrouver un chemin plus dégagé...*

Un tableau pour évaluer les tendances et qui ne se veut ni exhaustif ni exclusif. Un tableau comme un pense-bête pour pointer certains mécanismes parmi les plus fréquents et les plus préjudiciables pour l'estime de soi. Mais aussi un tableau pour repérer quelques clefs qui ouvrent de nouvelles perspectives (voir page 248).

➤ *Le défi incontournable : l'estime de soi*

Tout s'articule autour de l'image de soi. C'est le point d'ancrage. Celui qui détermine toutes les autres composantes. C'est le message essentiel. Tout est possible avec une image de soi positive, tout est plus difficile quand l'image de soi est atteinte. Quand la confiance en soi est perdue. Ou, pire encore, quand le trouble de l'estime de soi est installé.

1. Un environnement bienveillant pour une image de soi solide

Grandir avec une image de soi solide, avec confiance, suppose un environnement bienveillant. Un milieu affectif qui comprend et accepte les singularités de cette personnalité dont on pourrait dire que c'est une « force fragile ». Se développer dans un cadre familial qui a saisi l'importance de la valorisation, de la gratification, des encouragements. Le besoin de sentir la fierté dans le regard de ceux qu'il aime est pour le jeune surdoué l'engrais prodigieux de son développement. L'enfant surdoué a besoin d'être très souvent « arrosé », d'amour j'entends, de paroles rassurantes, car sa lucidité sur le monde va de pair avec une

Ce qui peut se produire dans l'enfance	Les conséquences dans la construction de soi	Ce qu'il en résulte à l'âge adulte	Comment le modifier ?	Qu'en attendre ?
– Difficultés scolaires au long cours.	– Sentiment d'incompétence. – Peur de l'avenir. – Trouble important de l'estime de soi.	– Échec de l'orientation professionnelle. – Insatisfaction de vie. – Sentiment d'incomplétude. – Mais aussi : conviction d'être toujours moins intelligent que les autres.	– Réapprivoiser sa pensée et son intelligence. – Comprendre que l'intelligence différente a pu faire croire à l'incapacité. – Intégrer que cette forme d'intelligence est un trésor incomparable.	– Reprendre le cours de sa vie en s'appuyant sur les possibilités offertes par l'intelligence. – Modifier ou réorienter ses choix professionnels. – Reprendre du plaisir à être intelligent et en profiter.
Incompréhensions à répétition (ne pas comprendre et ne pas être compris).	– Sentiment permanent de décalage, de différence, d'étrangeté. – Tentatives renouvelées d'intégration mais souvent échouées et qui renforcent la certitude de ne pouvoir être accepté. – Sentiment profond de différence qui creuse et perturbe l'identité.	– Turbulences de l'adaptation. – Moments de découragement profond qui entravent l'élan vital. – Certitude de ne pouvoir compter que sur soi. – Ennui, voire détresse de vivre.	– Puiser dans ce décalage des ressources inaccessibles aux autres : la distance permet d'accéder à des compréhensions nouvelles et créatives.	– Enrichir sa compréhension du monde et en tirer de multiples bénéfices pour soi, pour les autres, pour l'environnement. – Mais aussi pour son activité professionnelle, pour ses relations familiales. – Être différent, comprendre différemment, ressentir différemment crée une personnalité avec un potentiel de réalisation et un rayonnement inégalables. Profitons-en !

– Attentes démesurées de l'entourage.	– Ego surdimensionné pour masquer sa vulnérabilité et ses peurs de ne pas réussir à la hauteur de ses attentes. – Anxiété importante face à toute tâche intellectuelle. – Errance de la construction de soi.	– Personnalité en faux-self qui court derrière une réussite imposée et s'essouffle, ou inhibition anxieuse qui empêche d'avancer.	– Repenser l'équilibre de l'image de soi : les forces mais aussi les limites et les accepter.	– Trouver sa juste place avec ce que l'on apprécie de sa vie et ce que l'on a envie d'améliorer. La dynamique de vie peut reprendre, le parcours n'est plus figé dans une obligation de réussir étrangère à soi (ce qui n'empêche pas de réussir bien sûr !).
– Sentiment d'injustice à répétition.	– Perte de confiance dans les autres. – Incompréhension du monde. – Solitude intérieure.	– Attitude défensive par rapport aux autres. – Égocentrisme ou altruisme désordonné. – Rigidité de fonctionnement.	– Plus difficile car l'injustice est une réalité. Alors plutôt l'accepter et la combattre quand c'est possible.	– Une ouverture aux autres et au monde et la possibilité de partager avec ceux pour qui l'injustice est une cause digne de tous les combats.
– Exclusion sociale (rejet des autres).	– Difficulté dans les processus d'identification : se construire tout seul avec un sentiment incompréhensible de différence. – Peur des autres et d'être avec les autres. – Sentiment de solitude. – Conviction de ne pouvoir être aimé.	– Isolement social. – Difficulté à nouer des relations, à tisser des liens. – Peur des autres, à l'extrême phobie sociale.	– Apprendre à s'apprécier soi-même avec ses forces et ses limites pour mieux vivre la relation aux autres. – S'entraîner à tenter la relation à l'autre pour se rendre compte qu'on peut non seulement y survivre mais y prendre du plaisir... partagé.	– Des relations aux autres authentiques car débarrassées des obligations sociales pesantes. – La possibilité d'avoir de vrais amis avec lesquels on partage en toute liberté d'être.

Ce qui peut se produire dans l'enfance	Les conséquences dans la construction de soi	Ce qu'il en résulte à l'âge adulte	Comment le modifier ?	Qu'en attendre ?
– Sensibilité étouffée. – Émotions refoulées.	– Mécanismes de défense rigides pour tenter, sans relâche, de contenir les émotions. – Perte des racines de soi.	– Dévitalisation de la personnalité. – Froideur, distance relationnelle, caractère hautain, voire cassant. – Intellectualisation abusive, rien n'est vécu de façon authentique et spontanée.	– Retrouver la source de ses émotions et les réintégrer dans son fonctionnement, sans peur. – Comprendre la richesse de ses émotions et tout ce qu'elles peuvent apporter à notre équilibre et à notre bonheur.	– Personnalité plus souple, plus fluide, plus chaleureuse. – Sensibilité au service de soi et des autres. – Créativité, imagination mais aussi empathie retrouvée et lien sincère et chaleureux avec l'entourage. – Relation amoureuse enrichissante.
– Vexations multiples.	– Blessures de l'âme et du soi. – Susceptibilité exacerbée qui affaiblit le sentiment d'identité. – Attaques douloureuses de l'image de soi : intime conviction d'être rejeté.	– Agressivité incontrôlée. – Besoin de prouver et de se prouver. – Énergie à vivre.	– Différencier ce que l'on interprète et ce qui a été dit. Comprendre que la susceptibilité s'alimente dans la peur de ne pas être aimé. Ce n'est pas la réalité de ce qui est vécu.	– Capacité à faire la part des choses, à accepter les limites des autres et de soi pour renforcer ses liens sociaux et apprécier pleinement les moments vécus. – Rire soi-même de sa susceptibilité rend très sympathique.

– Analyse constante en passant tout au filtre de l'intelligence acérée.	– Peur de cette vie en surbrillance où rien n'échappe. – Peur de comprendre au-delà de ce que l'on peut en gérer émotionnellement. – Peur d'être seul à comprendre et ne plus savoir qu'en faire. – Souffrance diffuse qui trouble dangereusement la perception de soi.	– Froideur de personnalité. – Distance dans la relation aux autres. – Manque d'authenticité dans la relation. – Personnalité clivée.	– Se reconnecter à sa source émotionnelle pour se rapprocher de soi. – Intégrer les émotions comme une force de la pensée et non seulement comme un torrent potentiellement dévastateur.	– L'intelligence est un bonheur quand on en utilise la double entrée : celle du cognitif et celle de l'affectif. – Être une personne intelligente ouvre d'immenses possibilités de vie et de plaisirs partagés.

permanente et parfois douloureuse critique de soi. Le surdoué, de par sa perception de ses propres failles et limites, ne peut prendre la grosse tête. Jamais. S'il semble orgueilleux, prétentieux, c'est pour tenter de se protéger de sa vulnérabilité. Ne l'oublions jamais. L'enfant surdoué fonctionne d'abord avec son cœur, avec ses émotions, bien avant de fonctionner avec sa raison, son intellect, son intelligence rationnelle. C'est par l'affectif que l'on peut, que l'on doit, aider l'enfant surdoué à se sentir bien avec lui-même. C'est la principale clef.

2. *L'importance de la stabilité affective*

Cet enfant a besoin d'une grande stabilité affective. Il s'inquiète vite des soucis des autres, de leurs blessures. Il prend beaucoup sur lui et cherche à apaiser son entourage. Plus il aura la chance d'avoir une famille équilibrée et stable, plus son évolution narcissique, personnelle, sera facilitée. C'est une observation fréquente : l'enfant surdoué souffre, plus encore qu'un autre, des turbulences de son milieu affectif en raison de son immense réceptivité émotionnelle et de son empathie démesurée. Ce qui est vrai pour tous est, comme d'habitude, encore plus vrai pour lui.

3. *Être vraiment compris*

Être compris pour ce que l'on est et être accepté dans ses singularités. Cela suppose une démarche active, une écoute attentive, un ajustement permanent. Ce n'est pas toujours facile tant on est prisonnier de notre façon spontanée de voir et de comprendre les choses. Être réceptif à l'autre demande un *effort*. Être réceptif à l'autre suppose de ne pas réagir en fonction de soi. Être réceptif à l'autre, c'est lui permettre d'être différent. Vraiment.

4. Prendre un enfant par la main...

On ne peut grandir seul. Pour exprimer pleinement ce que l'on est, pour se sentir vivre avec et parmi les autres, pour parvenir à se frayer un chemin de vie épanoui, on a impérativement besoin des autres. D'un autre. D'un guide. Il est essentiel d'avoir rencontré quelqu'un qui nous a accompagné sur notre propre chemin. Quelqu'un qui a cherché à nous comprendre, vraiment, et qui nous a permis d'actualiser notre potentiel (et pas seulement l'intellectuel) pour, parfois, le transformer en talent. Mais il ne s'agit pas de « pousser » un enfant, de mettre une « pression », ce serait l'effet inverse que l'on obtiendrait ! Un faux-self au mieux, des troubles psychologiques graves au pire. On crée des générations d'enfants stressés et malades de leur stress à vouloir obtenir d'eux une réussite attendue ! Il s'agit d'ouvrir le chemin à l'enfant et non pas de se réconforter en tant que parent à travers la réussite de son enfant. Il s'agit aussi d'être prudent dans cette démarche de guide. Dire à un enfant : tout ce que je fais, c'est pour toi, c'est générer une culpabilité et une obligation pour l'enfant de satisfaire ses parents au risque de se sentir rejeté. L'inverse exact de l'effet recherché !

> Accompagner, c'est prendre la main et montrer des chemins, ce n'est pas tirer ou pousser pour que l'enfant les emprunte à tout prix. C'est encourager, valoriser, gratifier chaque effort. C'est réconforter surtout. Et souvent ! Peut-être même tout le temps !
> Et les neurosciences le valident : quand on prend physiquement la main de quelqu'un qui souffre, cela entraîne la libération d'hormones dans l'hypothalamus qui apaisent les émotions négatives. Sentir physiquement la connexion

à l'autre est un « médicament » régulateur d'une efficacité prouvée et à la portée de tous ! Qu'on se le dise !

5. Se faire des amis : un atout pour l'équilibre de vie future

La capacité à établir des relations d'amitié authentiques et durables pendant l'enfance et l'adolescence constitue un des meilleurs prédicteurs de bonne santé mentale à l'âge adulte[1]. Ce qui revient à dire que la relation aux autres est à privilégier et doit être favorisée par tous les moyens possibles. Plus on a d'amis, mieux on se porte aujourd'hui et plus on sera équilibré demain !

6. Parcourir sa scolarité sans trop de dégâts, avec le plus de satisfactions et de réussites possible

C'est la confiance en soi, encore et toujours, qui aide le surdoué à accepter la règle scolaire. Qui lui permet de comprendre qu'il peut utiliser l'école au service de sa propre réussite. Qui lui permet d'admettre que sa forme d'intelligence n'est pas toujours la plus efficace face aux exigences scolaires mais qui ne la renie pas pour « se mettre dans le moule ». De façon souple et « intelligente », il sait ajuster son intelligence, sa sensibilité, sa personnalité au contexte de l'école. Il a aussi compris comment utiliser son charisme, son charme, sa persuasion, sa vivacité d'esprit, pour se faire apprécier par les profs. Tout devient alors plus facile lorsque les profs sont conciliants et qu'ils considèrent l'élève comme quelqu'un de sympathique et de chaleureux. Si, en plus, notre petit surdoué, compense ses

---

1. P. Mallet, *Ontogenèse et organisation des relations entre enfants et adolescents*, université René-Descartes, 1998.

moments d'ennui par une participation active en cours, cela rend les moments d'école plus vivants et fait toujours plaisir aux profs. Alors c'est presque toujours gagné. Peut-être cela s'appelle-t-il l'art de la manipulation ? Mais une manipulation bienveillante dont l'objectif est la satisfaction réciproque de chacun au bénéfice de soi. Une traversée scolaire réussie signe la possibilité de transformer ses projets de vie en – presque – réalité. C'est un garant central d'une estime de soi préservée et d'une énergie positive disponible pour la suite de sa vie. À l'adolescence en particulier, la curiosité est intacte. Avoir envie de tout faire n'est plus une peur immobilisante, mais au contraire élargit le champ des possibles et ne contraint plus à se limiter à une voie étroite. L'envie et le plaisir de réussir continuent à être des moteurs.

7. La sensibilité au service de la créativité, l'empathie au service des autres, les émotions au service de la sensation de vivre

Lorsque le jeune surdoué parvient à ne pas étouffer sa sensibilité, sa réceptivité aux autres et son vécu émotionnel, ces particularités de son fonctionnement vont en faire une personnalité extrêmement sympathique, charismatique, chaleureuse et appréciée. Les émotions, quand elles sont intégrées naturellement au fonctionnement, sont à la source d'une grande force de personnalité et de son rayonnement étonnant. L'enjeu du surdoué est d'évoluer dans un environnement qui ne brime pas l'expression émotionnelle, qui n'a pas peur de certains de ses débordements, qui intègre cette réactivité émotionnelle comme une force de vie et non pas comme un défaut insupportable. Vivre avec ce *trop* émotionnel du surdoué est un exercice parfois périlleux pour l'entourage. Parvenir à admettre, intégrer, consoler, apaiser, réconforter, sans juger d'emblée est un gage majeur pour l'avenir, la confiance et l'équilibre de vie.

> Pour résumer, la direction à ne jamais lâcher = l'estime de soi

Le cap vital à garder en permanence en ligne d'horizon, c'est la confiance et l'image de soi. Dès que l'on doute, dès que l'on ne sait plus comment accompagner ce petit surdoué, dès que l'on s'interroge sur les meilleures réponses à donner, il faut refaire le point avec un compas réglé sur tout ce qui pourra rétablir, restaurer, favoriser, alimenter la confiance en soi. C'est la seule garantie pour ne jamais se tromper et emmener sereinement cet enfant vers l'équilibre de vie. L'adulte qu'il est devenu, en accord avec lui-même, peut alors aborder sa vie et ses aléas en appui sur une solide structure de personnalité. Il saura en apprécier les plaisirs, les limites et affronter les difficultés sur le bon *tempo* émotionnel. C'est un adulte « armé » face à la complexité de la vie et son « arme » c'est lui-même...

> La ligne de conduite = pouvoir grandir au plus proche de soi

Dans un environnement qui nous aide et nous guide pour ajuster chacune des caractéristiques de notre personnalité au fonctionnement du monde.

Il ne s'agit ni de s'adapter à tout au risque de se renier ni de s'inhiber comme seule alternative d'intégration.

Il s'agit de vivre et non pas de survivre.

À retenir absolument

La personnalité du surdoué est une *force fragile*. Pour s'épanouir, cette personnalité a des besoins simples mais d'immenses besoins incontournables : de compréhension, d'amour, de bienveillance, de valorisation. Cette *nourriture affective* conditionne la construction d'une image de soi positive et d'une estime de soi solide. C'est un engagement pour l'avenir. C'est une mission constante de tous ceux qui accompagnent ce petit surdoué pour qu'il devienne un adulte heureux. Si cela est vrai pour tous les enfants, les points de vulnérabilité sont si nombreux chez le surdoué que les fêlures sont plus fréquentes, plus douloureuses, plus difficiles à apaiser. Et si on les nommait les *SurDouillets* ?

L'alchimie de l'intelligence élevée et de la sensibilité exacerbée en fait un cocktail explosif à manier avec grande précaution !

Itinéraire d'un adulte surdoué qui fait ce qu'il peut pour se sentir bien

On ne peut pas juste dire : pour être bien, il faut décider d'être bien… Et pourtant c'est – presque – vrai !

Quand on a vécu une enfance chaotique, que l'on en sort fragilisé, blessé et que l'on se sent seul pour affronter l'avenir. Quand on a perdu l'espoir d'être bien et de se faire accepter et aimer… Quand tout semble bouché… eh bien, tout n'est pas perdu car le cerveau va ici encore venir à notre secours.

Vous croyez savoir, car des générations de psys l'ont répété, que l'on ne peut « guérir de son enfance » ou encore que « tout est joué avant 6 ans ». Vous voyez, vous le croyez ! Or aujourd'hui on sait que… c'est faux !

Pour deux raisons principales :
- *Les capacités de résilience.* La résilience exprime cette force en nous qui permet malgré les vicissitudes de l'existence de dégager des ressources pour faire face aux difficultés de la vie ou mieux encore se forger une personnalité encore plus solide. Nous avons tous ces ressources de résilience, il faut en être convaincu pour les faire émerger et les utiliser. Chez certains, elles se mettent automatiquement en place face à un danger. Ceux-là s'autoalimentent en ressources dans de multiples situations difficiles de vie. Chez d'autres, la résilience s'active moins facilement et il faudra être attentif à tout ce qui peut la mettre en route. Dans chaque événement douloureux à surmonter, il faudra repérer ce qui est préservé et ce sur quoi on peut s'appuyer. Il s'agit de décaler, un peu, notre regard sur les choses. Quand on y parvient, on relance, dans le cerveau, les circuits des émotions positives. Si on parvient à multiplier ces expériences positives, on installe solidement les mécanismes de la résilience. Dans le cerveau, les circuits qui conduisent aux zones de tristesse et de joie sont très proches. L'objectif est de parvenir à dévier l'émotion pour la faire changer de voie.
- *La plasticité cérébrale.* Maintenant que l'on a pu démontrer que l'on peut tout apprendre à tout âge, alors on peut aussi apprendre... à être heureux. Les blessures de vie ont souvent imprimé des circuits dans le cerveau qui nous font voir la vie sous un angle pessimiste. Comme le cerveau est paresseux, il emprunte directement ces circuits face à n'importe quelle situation. La tonalité négative va alors colorer presque systématiquement tout ce que l'on vit. Même dans les moments heureux, notre cerveau nous envoie la crainte : ça ne peut pas durer... Mais nous pouvons modifier ces circuits ! Nous ne sommes pas la victime de notre cerveau, nous pouvons reprendre le contrôle !

Grâce à la plasticité cérébrale, tout est toujours possible à tous les stades de la vie.

L'adulte surdoué qui, malgré une histoire de vie complexe, vit une vie qui lui convient a compris intuitivement que rien n'est irréversible et que l'on peut ajuster en permanence le cours de sa vie.

Et si le Bonheur majuscule n'existait pas ? L'art des petits b...

Nous vivons dans une société du droit au bonheur. Plus encore de devoir de bonheur. Le bonheur devient un dû. Et si on ne l'obtient pas, c'est injuste, et probablement la faute de quelqu'un : de notre conjoint, de nos enfants, de notre patron, de notre entourage, de notre gouvernement... Et notre siècle nous conjure de revendiquer haut et fort ce droit et cette obligation : soyez heureux ! Alors on y croit, ou on fait semblant d'y croire à ce bonheur préfabriqué : la maison de nos rêves, le voyage merveilleux, les produits qui nous rendent si beau et désirable, le magasin de toutes nos envies, la marque qui nous rendra irrésistible, etc. je pourrais continuer longtemps, mais là n'est pas mon propos.

L'idée que j'aimerais partager avec vous est la suivante : nous avons tous en nous la capacité à ressentir ce qui nous procure du plaisir et ce qui nous rend bien avec nous-même et avec les autres. Il faut arrêter d'attendre et de rechercher le Bonheur, avec un grand B. On court après lui, souvent toute la vie. On pense que oui, on sera heureux, quand les enfants auront réussi, quand nous aurons acheté cette maison, quand on aura eu cette promotion, quand on aura assez d'argent pour faire mille et une choses, quand on sera connu et reconnu, quand on sera à la retraite et qu'on aura enfin le temps... Alors on passe à côté de nos vies et, là encore, on n'est pas dans le tempo. Celui accessible des petits b, qui peuvent rendre notre vie scintillante, pétillante, attrayante, confortable. Bien évidemment, je n'aurai pas l'irrévérence d'ignorer les vraies souffrances, les vraies détresses de vie sociales, culturelles, psychologiques, événementielles. Je respecte profondément ceux qui souffrent. Mais, justement, je m'adresse aux autres, aux gens ordinaires qui ont accès à un bonheur ordinaire et qui se plaignent de ne pas obtenir un bonheur extraordinaire. C'est seulement un leurre. Le bonheur est là et c'est celui-là qui est extraordinaire !

À la recherche des petits b

Réfléchissez : quelles sont les choses, mêmes minimes, qui vous procurent une satisfaction profonde ou plus fugace. Tout est bon à prendre. Regardez autour de vous, dans votre vie : voyez-vous briller toutes ces petites choses merveilleuses que l'insatisfaction chronique et contagieuse vous empêche de voir ? Voyez-vous tous ces succès, petits et grands, que vous avez remportés sur vous-même, sur les difficultés ? Voyez-vous combien, au plus intime de soi, on peut être fier de ce que l'on a accompli, de ce que l'on possède, même si notre société nous explique sans cesse que l'on peut avoir plus grand et plus beau. Mais plus que quoi ? Notre seule jauge, c'est nous-même. La seule chose dont on a besoin est celle qui nous met en conformité avec notre moi secret. Celui qu'on reste toujours le seul à connaître. Il est à nous, c'est notre bien le plus précieux. Il n'y en a pas de plus riche, et sûrement pas à l'extérieur. Recentrons-nous. C'est mieux, non ?

➤ Être heureux, c'est recevoir plus de gratifications que de frustrations

On ressent vite de la souffrance lorsque les gratifications s'effacent sous un poids persistant et continu de frustrations. Ce qui est essentiel, c'est de connaître quelles sont les gratifications et les frustrations pour chacun de nous. Elles peuvent être différentes. Cependant, sensiblement, elles se ressemblent toutes : ce qui nous rend heureux est la sensation, au « creux de soi », d'être à notre juste place et de vivre la vie qui nous convient et nous ressemble. Dans ce cas, on ne s'est pas égaré en route, on n'a pas emprunté des voies sans issue ou des chemins très éclairés, mais qui nous éblouissaient sans nous satisfaire, on ne s'est pas aventuré sur des chemins tracés par d'autres et que nous n'avions pas choisis. Nous avons, avec nos ressources, avec nos forces, avec nos limites, nos fragilités et nos faiblesses, construit une route sur laquelle on prend du plaisir à cheminer, sur laquelle on fait des rencontres qui nous enrichissent, sur laquelle on accomplit ce qui nous épanouit. Ce qui ne veut pas dire que l'on ne rencontre pas d'obstacles et que la route est sans dangers. Mais on saura comment les affronter, comment se confronter à l'imprévu, comment vivre l'inattendu. Avec de la tristesse, de la souffrance parfois, de la rage ou de la colère, mais toujours avec un ancrage intérieur qui nous arrime au monde, qui nous rend indissociable de notre chemin, qui ne nous détourne pas de notre voie, de notre chemin de vie.

Équilibre de vie, surdouance et compagnie : de l'art du bonheur...

➤ *Et quand on est surdoué ?*

« Si seulement je pouvais être heureux de temps en temps, je pourrais supporter tout le reste. » Virgile, 22 ans, épuisé de sa lutte acharnée pour se sentir bien.

« J'ai lu dans un bouquin que les hyperintelligents manquaient d'aptitude au bonheur. C'est sûrement vrai, mais j'ai envie de répondre qu'on ne peut pas être bon partout. Si l'on y réfléchit bien, j'ai toute la vie pour être malheureux, à quoi bon être précoce[2] ? »

C'est le moment d'employer « intelligemment » tous nos trésors de guerre : du plus petit atome d'intelligence à la moindre particule de sensibilité, et de comprendre avec sa tête et avec son cœur, comme le chante Mowgly dans *Le Livre de la jungle* : « Il en faut peu pour être heureux, vraiment très peu pour être heureux, il faut se satisfaire du nécessaire... »

Alors, ceux dont le corps et l'âme sont si sensibles à l'environnement peuvent accorder chacune de leurs cordes, avec sagacité, perspicacité, efficacité, pour garder le cœur de cible comme objectif constant : le centre de soi-même.

Brève de consult'
Je rencontre Alain, adulte surdoué de 46 ans. Nous parlons du bonheur, des bonheurs. J'évoque cette idée que, pour être heureux, il est important d'avoir reçu un peu plus de satisfactions que

---

2. Tonino Benaquista, *Tout à l'Ego*, Gallimard, 1999.

d'épreuves. Dans une sorte de balance de la vie. Il m'interrompt, songeur : « Vous oubliez une notion essentielle, comment peut-on être heureux sans donner. Pour moi, donner fait partie de mes plus grands bonheurs. Juste recevoir, ça ne suffit pas ! Donner est plus transcendant même si, bien sûr, recevoir est important. Mais c'est insuffisant. »

➤ *Donner pour donner...*

« Ce qui compte dans ma vie, c'est faire les choses pour les autres, pas pour moi. » Enzo a 20 ans. Il est triste car il a du mal à admettre que ce besoin altruiste soit si rarement partagé.

Pour un surdoué, donner se décline partout. Son plaisir est la certitude qu'il peut faire du bien aux autres, qu'il peut aider les autres à aller mieux. On le retrouve à tous les stades de la vie et dans toutes circonstances : donner ses bonbons, ses jouets à l'âge de l'enfance à ceux plus démunis, donner de son temps, de son écoute, à l'adolescence, pour gérer les problèmes de relations ou devenir spontanément l'entremetteur entre ceux qui n'osent pas s'approcher, donner de soi pour embrasser de grands rêves d'humanité ou d'ambitieux projets de combats contre l'injustice, donner à son conjoint dans un mouvement naturel pour comprendre et aider l'autre, à ses enfants pour lesquels on voudrait *tout* donner... Donner pour donner. Donner comme façon d'aimer. Donner comme sens de la vie sur terre.

Le renversement de la tendance naturelle

On rencontre des surdoués, petits et grands, particulièrement égoïstes. Égocentrés. Jamais, au grand jamais, ils ne lâcheraient quelque chose d'eux-mêmes ou partageraient ce qu'ils ont. Ils ont des personnalités qui les rendent peu sympathiques. Leur manque de générosité conduit à les rejeter. Pourtant, s'ils sont devenus si personnels, c'est contre leur gré et contre leur nature. Enfants, ils se sont barricadés par peur et n'ont pas voulu partager par méfiance d'intrusions affectives qu'ils n'auraient pas su gérer. Ou encore, ils ont vécu avec une sensation omniprésente d'invasion de leur territoire. Il fallait exprimer ce qui pour eux était indicible, il fallait expliquer ce qu'eux-mêmes ne comprenaient pas, il fallait montrer ses sentiments d'une certaine manière alors que l'émotion était pour eux dévorante... Ils ont été ainsi jugés, incompris, psychologiquement maltraités, involontairement bien sûr, mais suffisamment pour devenir ces personnalités fermées et aigries pour qui donner est devenu une menace.

Retrouver les racines de soi...

Si, dans leur parcours, ces « frustrés du don » rencontrent quelqu'un qui les rassure suffisamment, qui leur donne accès à l'intimité d'eux-mêmes, alors ils pourront réapprendre cette valeur de *donner* et sortir de leur prison intérieure. Un nouveau souffle de vie et de liberté les emmènera vers des moments de vie pleins de promesses.

De 7 à 77 ans...

Ce que l'on sait du devenir de l'adulte surdoué ?
Un peu tout et son contraire dans un joyeux mélange de genres : ceux qui ont grandi en pleine connaissance de leurs particularités et qui ont été accompagnés, ceux qui

ont été diagnostiqués enfants et qui ont été maltraités, ceux qui découvrent le diagnostic à travers celui de leurs enfants, ceux qui font une démarche personnelle, mais aussi ceux qui ont réussi professionnellement, socialement, affectivement et ceux qui ont le sentiment d'être passés à côté de leur vie...

Un exemple célèbre, les termites. Rien à voir avec l'animal ! C'est le nom donné à la plus connue des études américaines, conduite par le psychologue Lewis Terman, qui a étudié une population de plusieurs centaines de surdoués de l'enfance au grand âge. La plupart des enfants inclus dans l'étude de Terman étaient de bons élèves sélectionnés par les enseignants, ce qui induit donc un réel biais de recrutement : ces enfants avaient déjà trouvé de bonnes stratégies d'adaptation... Et, effectivement, quand on les retrouve à l'âge adulte, ils ont des situations professionnelles d'un niveau élevé et ils ont construit des vies de famille équilibrées. On en revient naïvement à l'adage populaire : mieux vaut être riche, intelligent et en bonne santé que pauvre, malade et idiot... Un peu simpliste tout ça !

En France, une observation a conclu... à la même chose, même s'il s'agit d'un échantillon microscopique[3]. Il s'agissait d'évaluer la « satisfaction de vie » de retraités surdoués. Et ils sont beaucoup plus satisfaits que la moyenne !

Une autre étude française sur une population plus importante confirme la corrélation entre des fonctions cognitives élevées et un haut niveau de satisfaction de vie avec un vieillissement réussi. Ouf, c'est déjà ça de gagné, le surdoué serait un « vieux » heureux.

---

3. Annick Bessou, « Satisfaction de vie de 28 surdoués parvenus à 65 ans et plus », *La Presse médicale*, Masson, 10 mai 2003, tome 32, n° 16, p. 721-768.

Je dis bien *serait*, car on ne peut mettre ces résultats qu'en perspective du parcours de vie. Mais on peut aussi penser que plus on avance en âge, plus on développe la capacité de « faire la part des choses » et de redonner leur place aux valeurs essentielles. On se rend compte finalement que ce sont celles-là qui sont seules valables et que toutes les petites contrariétés ne méritent pas de nous gâcher la vie. N'est-ce pas cela que l'on appelle la sagesse ?

CHAPITRE 10

Comment faire pour aller bien ?

L'idée de ce chapitre est de vous montrer comment transformer, détourner, utiliser un mode de fonctionnement souvent douloureux, en force de vie, en énergie libérée.
Décrire le fonctionnement d'une personnalité n'a de sens que si on peut réfléchir à de nouvelles pistes, envisager des réponses à la seule question valable : comment faire pour se sentir bien ? Savoir, d'accord, mais pour quoi faire si ce n'est pour améliorer sa vie ? Parfois pour lui redonner du sens. Savoir où on va, en pleine possession de soi.
Je vais être contrainte dans ces lignes de distinguer de façon arbitraire les principales facettes qui singularisent le mode de fonctionnement d'un adulte surdoué. C'est arbitraire, vous le comprenez bien. Tout est lié : l'intelligence ne va jamais sans la sensibilité. La créativité est le produit direct de l'alchimie entre intelligence, lucidité et réceptivité émotionnelle. L'empathie ne prend sens qu'inscrite dans l'hyperaffectivité et la conscience de l'autre que l'intelligence transforme en clairvoyance.

La capacité à rebondir est aussi importante que la capacité à sombrer

Le fils d'Isabelle a été diagnostiqué surdoué, elle a fait quelque temps après un bilan pour elle qui conclut au même diagnostic. Voici un extrait de sa lettre :
« Maintenant je connais les travers auxquels cela peut conduire d'être "surfragile". Mais, la nature étant bien faite, on peut aussi remonter très vite une fois que l'on a trouvé la solution... et que la pensée refonctionne. »

On sait que le surdoué peut passer en un instant du rire aux larmes. De l'extase absolue à la détresse la plus profonde. Son arborescence de pensée fait subitement et sans préavis changer son humeur. Et si les idées noires peuvent entraîner des tourments psychologiques et des égarements de vie insupportables, ce mode de pensée peut aussi dégager une formidable énergie positive et une capacité fabuleuse de rebond. De résilience.

La résilience, dont chacun sait aujourd'hui qu'elle correspond à cette capacité de faire face, de s'ajuster, de trouver des solutions constructives face à la complexité de la vie, est un concept clef de la psychologie.

Le surdoué, le personnage de tous les extrêmes, a en lui un véritable « trésor de guerre » pour affronter et faire avec le monde. Pour activer sa résilience. Ses ressources sont considérables, mais trop souvent enfouies sous des couches épaisses de renoncement, de détresse, de déception, de culpabilité en tout genre qui font oublier sa présence. Mais, même enfoui, même si le surdoué n'en a plus conscience, même s'il n'y a plus directement accès, ce trésor lui appartient toujours.

Pour le faire briller, il faudra accepter de dégager l'ensemble des strates qui ont été soigneusement empilées pour ne plus souffrir des effets pervers de ces ressources intérieures. Parfois, lorsque l'on rencontre ces adultes, ils n'ont jamais su que ce trésor existait en eux. Ils ont pris l'habitude de leur sentiment d'étrangeté qu'ils ont maintenant camouflé sous un masque de normalité. Et il leur a fallu une telle énergie pour étouffer ce tiraillement intérieur qui leur a si souvent attiré difficultés et souffrances, qu'ils n'osent plus concevoir que ces ressources peuvent être dégagées pour illuminer autrement leur vie.

Le grand manège du surdoué : les « montagnes russes »

Souvenez-vous de ces manèges. Dans les montées, vous vous sentez emporté, transporté, l'ascension est grisante, mais vous savez que le sommet approche et la peur vous tiraille. Et soudain, la chute vertigineuse, qui semble vous aspirer dans un gouffre sans fin. Tout se précipite, émotionnellement et physiquement. Vous avez la sensation d'une mort imminente, tant les perceptions sont violentes dans votre corps, puis, survient le looping et, la tête à l'envers, vous perdez le sens des choses, l'ordre du monde. Vous ne savez plus où vous en êtes, vous ne savez plus si vous ressortirez vivant de cette aventure. Mais alors, une nouvelle montée s'amorce, vous reprenez confiance, tout redevient possible...

La vie du surdoué ressemble un peu à ça : faite d'espoirs infinis, de déceptions fulgurantes, de joies intenses, de puits de souffrances, d'enchaînements enivrants de sensations et d'émotions contradictoires. Une vie rarement linéaire. Où l'on perd aussi rapidement son objectif que l'on en trouve un nouveau, où les émotions intenses sont toujours présentes, bonnes ou mauvaises, où l'on a toujours peur, à la montée comme à la descente.

Un manège où l'on tourne tranquillement, avec pour seul objectif d'attraper le pompon, serait tellement plus reposant. À l'image de la vie : pour certains, « ça roule », disent-ils, quand on leur demande des nouvelles de leur vie, « ça tourne », répondent-ils quand on leur parle de leur métier. Le pompon, c'est la réussite que l'on voudrait tellement obtenir. Avec l'illusion d'un tour de vie gratuit ? Peut-être est-ce effectivement cela qui fait avancer le monde...

➤ Le jour où la magie du manège s'estompe, où les lumières s'éteignent

Alice a 55 ans. Sa vie s'expose dans les journaux. Elle est connue et reconnue. Mais son couple vacille. Pendant vingt-cinq ans, elle et son mari se sont bagarrés avec la vie et dans leurs relations, ils ont tout construit ensemble et en même temps se sont détruits. Trop de rapports de forces, trop de passion et donc trop de haine. Trop d'amour sûrement. La rupture est décidée, la séparation se fait. Lui, hasard des rencontres, s'appuie sur une nouvelle liaison « qui le tient ». Elle tente des aventures amoureuses mais n'arrive pas à « accrocher ». Son tourbillon de vie continue : voyages, projets, réalisations professionnelles, rencontres incessantes et festives, etc. Mais l'absence de son mari devient, au fil des mois, insupportable. Avec lui, la vie était difficile, sans lui, la vie est impossible. Ce qu'elle exprime surtout, c'est ce sentiment d'avoir perdu la connexion avec ses émotions. Elle ressent avec sa tête, dit-elle, mais plus avec ses tripes. Par exemple, si sa petite-fille lui saute dans les bras, elle est folle de joie, mais ne ressent pas ce plaisir au creux d'elle-même. Réaction émotionnelle, zéro. Tout lui semble pareil. Comme si plus rien n'avait vraiment d'importance, d'intérêt. Un peu comme une vie qui deviendrait soudain en noir et blanc. Alors, Alice lutte pour « faire semblant », d'être contente, de s'enthousiasmer, de prendre du plaisir. Même avec son amant du moment auquel elle est très attachée et avec lequel elle passe de vrais moments de plaisir, elle avoue : « Quelquefois je me force. C'est vrai, je suis bien, il est formidable. On rigole beaucoup, on parle de tout. Mais, en vérité, je m'ennuie. C'est une sensation insupportable, je n'en peux plus. » Épuisée, à bout de ressources pour continuer ce qu'elle décrit comme une « comédie » où elle se perd, elle tentera le suicide. Mais quand nous en reparlons, elle répète qu'elle ne voulait pas mourir. Juste, elle ne pouvait plus vivre comme ça, une vie insipide où l'on ne vibre plus. « À quoi bon ? », insiste-t-elle. Non, ce n'est pas un simple tableau de dépression pour laquelle elle est d'ailleurs traitée depuis plusieurs mois, sans effets remarquables. Non, on ne peut mener une thérapie habituelle avec une patiente comme Alice. Elle vous guette, capte la moindre de vos réactions. Elle est dans l'effroi que vous ne la compreniez pas vraiment, que vous fassiez une remarque « stupide » qui mettra tout en l'air, que vous soyez tout simplement professionnel et pas cette personne surhumaine qui va pouvoir l'aider... car sa lucidité extrême demande une vigilance thérapeutique de tous les instants. Comment modifier la vision du monde d'Alice tant sa sagacité est évidente, comment l'aider à retrouver un équilibre de vie alors que c'est dans les contrastes qu'elle se sent vivre, comment lui permettre de se reconnecter à ses émotions alors que c'est par elles que la souffrance est arrivée ? Ce qui est difficile, très difficile, pour le thérapeute, est de ne pas lâcher en chemin, de ne pas dire soudain une banalité ou tenter de faire croire que l'impossible peut devenir envisageable. Et, pour Alice, l'impossible est de « récupérer » son mari car il est au centre de tout ce qu'elle a construit. Pour elle et pour sa famille. Et il ne s'agit ni de jalousie, ni d'orgueil, ni d'amour-propre. Peut-être même pas d'amour tout court. Mais, comme souvent chez l'adulte surdoué, d'un sens profond de l'engagement qui rend le lien indestructible, éternel, d'un attachement infini qui rend la rupture impensable. Au vrai sens du terme. Ce n'est pas qu'elle ne voudrait pas avancer dans sa vie différemment, mais elle ne peut pas. Elle n'est pas faite comme ça Alice. « C'est juste pas possible », insiste-t-elle. De plus, son fonctionnement de surdouée ne lui laisse aucun répit : ni dans son analyse permanente de l'environnement, des autres, des situations ni dans son vécu émotionnel. Ne plus vivre avec des émotions, c'est ne plus vivre du tout.

L'enjeu, et non des moindres : faire prendre conscience à Alice des méandres de sa personnalité et lui faire découvrir toutes les ressources enfouies en elle. Et l'aider à s'en servir comme une force de vie et non plus comme un boomerang autodestructeur.

Et puis, alors qu'elle est *belle, riche et intelligente*, Alice se plaint ! Mais qui peut comprendre ou seulement entendre une invraisemblance pareille ?

« Au premier cours de philosophie, notre professeur, en guise de sacro-sainte fiche, nous a fait remplir le questionnaire de Proust. À la question "Quel don de la nature auriez-vous aimé recevoir ?", j'ai répondu "la bêtise". Il m'a fait remarquer que c'était fort prétentieux, comme réponse. C'était vrai. Mais cette andouille aurait pu d'abord voir quelle souffrance il y avait derrière, que je ne savais pas exprimer autrement que par une boutade ou une provocation. Je disais à qui voulait bien l'entendre que ce n'était pas pour rien qu'on parlait d'imbéciles heureux. Qu'il fallait nécessairement être un peu bête pour réussir à être heureux. » Témoignage d'une adulte surdouée

L'intelligence comme ressource

« Ce qu'il y a, c'est qu'il faut l'apprivoiser ce surplus d'intelligence, le faire voir et le faire valoir à bon escient, surtout, ne pas en écraser les autres... ni les sous-estimer non plus d'ailleurs. J'appelle ça l'intelligence épanouie et bienveillante. »

Tel est effectivement le grand enjeu. Comment apprivoiser ce « trop » d'intelligence ou plus exactement cette « étrange intelligence », celle qui fait voir la vie de façon tellement différente, tellement amplifiée, tellement omniprésente ?

➤ *L'intelligence comme vecteur de l'estime de soi*

L'intelligence permet d'être autocritique, ce qui ne comporte pas que des aspects négatifs. Quand on est intelligent, on se rend compte des moments où on est... bête ! Où on réagit de façon inadaptée. Non pertinente. Et alors là on peut en rire, se moquer gentiment de soi et surtout rectifier. C'est un atout majeur : la conscience de soi et de ses actes qui permet une conscientisation de ce que l'on est, de ce que l'on fait, de ce que l'on dit

Pendant que d'autres fonctionnent sans aucun recul, le surdoué peut se mettre en perspective. Cette profondeur de champ donne d'innombrables ressources. Il faut en profiter pleinement. Utiliser cette capacité à l'autocritique et à la mise en perspective pour avancer. Grandir. S'ouvrir. Et non pas en souffrir à cause de cette introspection d'emblée négative. Soyez lucide : c'est le doute que vous éprouvez toujours sur vous-même qui déforme votre perception et donne automatiquement cette coloration négative à l'image que vous avez de vous. Ce n'est pas votre réalité. Quand on pense à soi, on peut prendre l'option positive !

Poussez ces broussailles qui cachent une forêt immense. Où vous pouvez vous aventurer sans crainte, au contraire, et en faire jaillir toute la beauté pour votre plus grand bien et celui des autres. Ne laissez pas ces idées négatives occulter toutes les richesses cachées. Elles y sont. Elles vous appartiennent. Profitez-en.

L'intelligence, cette forme d'intelligence, permet vraiment de prendre sa vie en main, en pleine conscience. Votre capacité d'autocritique peut vous permettre de considérer, aussi, cette intelligence comme une qualité qui, correctement utilisée et bien canalisée, peut alimenter une image positive de soi. En étant fier de ce que l'on est, de ce que l'on peut accomplir.

➤ *L'intelligence et l'évasion par la pensée*

Le plus souvent, on parle de cela comme d'un défaut. On reproche, à l'enfant et même à l'adulte, de s'évader dans sa pensée. On peut comprendre que ce fonctionnement puisse être agaçant ou perturbant dans certaines situations. Mais c'est aussi une façon très utile d'utiliser ses ressources de pensée. Si vous vous trouvez dans un moment difficile, que vous vous sentez mal, que vous souffrez physiquement, moralement, vous pouvez vous dégager de cette situation par la pensée. Vous faire porter et emporter par elle. L'imaginaire riche alimenté par la mémoire, l'exacerbation de tous les sens et les capacités d'association peuvent vous fabriquer un rêve suffisamment fort pour vous extraire momentanément et vous ressourcer. Il s'agit là d'un acte volontaire, de l'utilisation de sa pensée comme un outil au service de soi. C'est une technique efficace pour ne pas rester englué dans le concret, dans le lourd, dans le pesant. Le corps reste là mais l'esprit se détache et tout notre être, physique et psychique, participe au voyage. Un vrai plaisir. Un vrai régal pour tous les sens et dans tous les sens. Un plein d'énergie.

> Une seule condition pour réussir ce voyage et en tirer tous les bénéfices : on garde le contrôle. C'est un voyage organisé !

➤ *L'intelligence et les capacités en mémoire : se souvenir des belles choses...*

La mémoire impressionnante du surdoué, en particulier pour tout ce qui concerne les souvenirs personnels, peut devenir un réservoir inépuisable de bien-être.

Cette mémoire est dite épisodique car elle enregistre les épisodes de notre vie. Chez le surdoué, elle est capable de stocker avec netteté et précision un nombre considérable de détails. Parmi eux se trouvent une ou plusieurs *images-ressources*. Je tiens beaucoup à cette idée et je m'en sers très souvent en psychothérapie. Cherchez dans votre mémoire, laissez resurgir des souvenirs enfouis, ceux qui sont agréables bien sûr. Et vous verrez, vous aller la trouver votre image-ressource. Celle dont la seule évocation mentale vous procure instantanément une sensation de bien-être. Vous l'activez dans votre esprit et tout se détend en vous, vous vous sentez bien.

Le principe est de réactiver dans la mémoire, y compris et peut-être surtout dans la mémoire sensorielle, toutes les impressions vécues au moment où vous étiez face ou dans cette scène que maintenant vous vous remémorez : les sons, les couleurs, les odeurs, la température, les textures, les jeux d'ombre et de lumière, les minuscules détails que votre cerveau a perçus et enregistrés.

Trouver en soi l'image-ressource qui permettra d'être apaisé dans les moments difficiles

> Léo, adulte surdoué de 35 ans, s'enthousiasme lorsque, en séance, j'évoque le principe de l'image-ressource : « Mais moi, j'ai toujours fait ça ! Quand j'étais petit, nous allions tous les étés dans notre maison de campagne. Je faisais souvent du vélo et je passais à côté d'un champ très bucolique parsemé de fleurs sauvages jaunes et blanches. Ce champ me fascinait. Pour moi, c'était l'image du bonheur. Alors, quand je faisais un cauchemar, dans le noir de ma chambre, je faisais surgir cette image dans ma tête et tout de suite je me sentais mieux. J'adorais en particulier cette brise légère qui faisait bouger très doucement les herbes hautes et les fleurs, cela me donnait l'impression que ça chassait toutes les idées tristes. Même aujourd'hui, cela m'arrive très souvent d'utiliser ce souvenir quand je suis stressé. Je fais remonter cette image, comme si je l'avais sous les yeux, et j'éprouve instantanément une sensation de calme. Cela me redonne des forces. C'est presque magique ! »

Voici bien la preuve d'une utilisation « thérapeutique » de la mémoire. Il est probable que de nombreux surdoués aient su instinctivement, comme Léo, utiliser les bénéfices des images-ressources. Plus la mémoire est puissante, ce qui est le cas pour les surdoués, plus le souvenir est chargé de sensations associées qui vont renforcer la puissance évocatrice de l'image-ressource et de ses bienfaits.

Comment utiliser l'image-ressource ?

On peut comparer le principe d'utilisation de l'image-ressource à une diapositive que nous projetterions sur notre écran mental dès que nous aurions besoin de faire dévier nos pensées. De plus, on sait aujourd'hui que, dans notre cerveau, les circuits qui transportent les émotions vers des zones positives ou négatives sont très proches et que l'on peut passer rapidement de l'un à l'autre. Du rire aux larmes. Ces connaissances nouvelles sur la neurophysiologie des émotions expliquent l'action mobilisatrice des images ressources qui permettent de transporter notre esprit vers des contrées chaleureuses et riantes : l'état émotionnel général s'en trouve spontanément transformé.

Les capacités en mémoire peuvent aussi développer des compétences inédites

UNE MÉMOIRE VISUELLE INHABITUELLE

Nous sommes en passation de bilan. Je pose une question de calcul mental à Thomas, 8 ans. Son regard s'immobilise, comme s'il regardait derrière mon dos (je suis en face de lui). Pour faire ses calculs Thomas visualisait les objets qu'il voyait derrière moi et les fixait dans sa mémoire à court terme. Puis il manipulait mentalement ces objets pour obtenir la solution, juste, du calcul.

LA MÉMOIRE À LONG TERME SURUTILISÉE

Dans des expérimentations scientifiques récentes, il est apparu que de jeunes adultes utilisaient la mémoire à long terme pour résoudre très rapidement des problèmes complexes de calcul mental. Au lieu d'activer les opérations nécessaires, ils allaient rechercher en mémoire à long terme les résultats de calculs qu'ils avaient faits précédemment et dont les données étaient proches de celles de ce nouveau problème. Ils visualisaient les réponses sur leur écran mental.

Étonnantes procédures, très différentes de celles couramment employées, et qui traduisent bien les compétences inédites de la mémoire visuelle des surdoués. Compétences confirmées par les neurosciences.

LES ATOUTS DE CETTE FORME PUISSANTE DE MÉMOIRE

L'intérêt ? Une mémoire photographique qui peut stocker, intactes, des scènes entières (réelles ou abstraites) avec tous les détails. Un indice, et l'image complète revient en mémoire et peut être de nouveau utilisée. Cette mémoire, même chez les adultes qui pensent avoir étouffé leurs capacités intellectuelles, est toujours présente.

COMMENT UTILISER CETTE SUPERMÉMOIRE ?

Pour la réactiver, ouvrez les yeux, regardez, fermez les yeux, décrivez ce que vous voyez dans votre tête. Alors ? Pareil chez tout le monde pensez-vous ? Testez et comparez. Vous vous rendrez compte que vous avez enregistré mille et un détails passés inaperçus chez votre challenger ! L'exercice est facile et très réconfortant car vous pouvez en augmenter la difficulté et retrouver une puissance en mémoire qui vous procurera une grande jubilation et que, j'en suis sûre, vous saurez utiliser efficacement dans votre vie !

➤ *Jouer avec son intelligence*
comme avec un jeu de « petit chimiste »

L'intelligence dissèque et apporte une compréhension totale de la plus petite des composantes de ce que l'on observe, de ce que l'on pense. On peut alors jouer à décortiquer jusqu'à la plus petite unité, même si au bout d'un moment on invente des hypothèses nouvelles. On peut s'attaquer à un problème difficile et ensuite on rassemble toutes les pièces du puzzle : comment refaire une nouvelle image ? Quand on a tous les morceaux, on peut « recomposer ». Même chose avec une idée, une pensée : on la développe jusqu'à l'infini, on exagère pour en écrire un maximum de lignes et après on réaccélère, puis on raccourcit. En réalité, on instaure une succession de mouvements : dans un premier temps, on ralentit la pensée, le tempo. On étire chaque idée, chaque proposition, au maximum. Puis on redonne un rythme soutenu, une vitesse de traitement des informations rassemblées. Le cerveau se remet en hyperactivation et on cherche à l'accélérer le plus possible. Puis, on raccourcit et on réécrit l'histoire : en gardant ce qui est essentiel, en jetant l'accessoire, le superflu, l'inutile, en valorisant ce qui apparaît comme prioritaire, positif, constructif, rassurant. On « joue » avec le cerveau et on lui fait faire des exercices de style en en utilisant toutes les compétences : la vitesse, la précision, l'analyse.

• Un jeu de la pensée qui permet d'approfondir des idées et d'en explorer les plus infimes composantes.

• Une source d'inspiration puissante pour inventer de nouvelles théories, de nouveaux systèmes de pensée.

• Manipuler ses pensées pour s'aventurer au centre de soi-même.

> Avec Stevan, en thérapie, nous avons entrepris un projet ambitieux : déterminer la plus petite parcelle d'identité qui constitue le noyau de chaque personnalité. Stevan, entre deux séances, s'abreuve des théories de tous les grands penseurs de notre temps qui ont réfléchi sur ce sujet psycho-philosophique. Il lit plusieurs ouvrages par semaine. Bien sûr, Stevan fait cela car c'est pour lui une première étape pour avancer dans sa propre vie. Il veut d'abord comprendre, lui et les autres, pour entreprendre son projet de vie. Il s'agit pour Stevan d'une démarche personnelle incontournable.

Je l'accompagne ainsi dans sa réflexion poussée dont les séances thérapeutiques deviennent les catalyseurs. On est dans la coconstruction d'un système qui constitue l'essence de la prise en charge de Stevan. Il dessine ses modèles : une petite portion de « terrain » entouré de piquets pour en déterminer les contours. Chaque piquet symbolise une part de soi. L'implantation de ces piquets peut ainsi évoluer au fil de la vie. Le système de Stevan illustre la conception de l'identité : être toujours pareil, la portion princeps qui ne peut être réduite, tout en étant différent, notre territoire identitaire s'élargit, se modifie selon les expériences, les évolutions personnelles. Stevan veut en faire une théorie qui puisse servir à mieux comprendre l'homme et à aider ceux qui sont en dérive. Pourquoi pas ? Ce qui est sûr c'est que cette illustration thérapeutique représente précisément la façon dont l'intelligence peut être utilisée pour construire et se reconstruire.

➤ *Intelligence et arborescence : des idées par milliers...*

Oui, nous en avons beaucoup parlé, l'arborescence de pensée peut embrouiller les idées. Surtout lorsque l'on doit organiser et structurer sa pensée. Mais, dans d'autres contextes, apprendre à exploiter cette pensée arborescente peut devenir la source d'un très grand nombre d'idées.

Le Script-Mind[1] *: noter ses idées au fur et à mesure*

La technique : on part d'une idée, peu importe laquelle. Une nouvelle idée surgit, on la note. Et on note tout, strictement tout, même ce qui paraît sans intérêt ou insignifiant. On prend plusieurs feuilles blanches sur lesquelles seront écrites les idées surgies de l'arborescence. Une feuille par thème puisque, l'ordre n'étant pas logique

---
1. Technique thérapeutique que j'ai personnellement introduite et ainsi nommée.

et séquentiel, on doit inscrire les idées au fur et à mesure et les catégoriser en les regroupant par feuillet. On arrête quand on veut. Et au final, on se retrouve avec un certain nombre de feuillets sur lesquels on sera surpris de relire ce qui a été noté.

Habituellement, l'activation de l'arborescence est si rapide que de nombreuses idées, associations d'idées, pensées diverses s'effacent aussitôt activées. Les noter permet d'en prendre conscience et de revenir sur celles qui nous intéressent. Cela permet aussi de prendre connaissance de ce que l'on a « dans la tête ». C'est un nouvel outil au service de la connaissance de soi.

Cette technique permet de canaliser, mais aussi de ne pas oublier. Les surdoués ont peur d'oublier. Ils ont peur de perdre leur idée. Et ils la perdent souvent d'ailleurs ! Dans une conversation, ils ont besoin de prendre rapidement la parole au risque de voir leur idée leur échapper, ce qui les contrarie beaucoup. Mais la pensée va si vite qu'en quelques millisecondes, elle est déjà passée à autre chose. Cette peur de l'oubli va en conduire certains à s'accrocher à leur pensée, à rester volontairement attentifs à ce qui se déroule dans leur tête, au risque de se couper de l'environnement.

« Quand j'étais petit, je ne comprenais pas tout et je cherchais à tout comprendre, et puis je me suis rendu compte que la chose la plus horrible c'était l'oubli. Il faut toujours tout reconstruire. Rien n'est jamais acquis. » Étienne, 18 ans. Alors Étienne, aujourd'hui, reste fixé sur lui-même pour retenir toutes ses idées et toute sa compréhension du monde. Il est isolé socialement.

• La technique du « Script-Mind » est une alternative à l'oubli. En dégageant sa pensée, elle permet d'acquérir de nouveaux espaces intérieurs où pourront être accueillis de

nouvelles pensées, de nouveaux plaisirs de pensée, de nouvelles expériences de pensée.
• Le Script-Mind est un des meilleurs alliés de la pensée arborescente du surdoué.

➤ *L'intelligence en grand-angle : un atout multiusage !*

Dans la vie personnelle ou dans l'univers professionnel, cette intelligence singulière, capable de penser un problème en activant simultanément des représentations multiples, élargit considérablement la compréhension et l'analyse. Chaque problème peut être étudié sous plusieurs angles. Aucun ne sera négligé. Tout sera exploré.

Et, au final, une expertise rare et exhaustive, une puissance de réflexion hors du commun, une vision éclairée et prospective. Un immense atout à utiliser sans modération !

Voyage au cœur de la pensée

Comme une promenade au gré du vent, le nez en l'air. Une promenade aléatoire au fil de ses chemins de pensée. Comme quand on lit un dictionnaire et que l'on saute d'un mot à l'autre, d'une idée à l'autre, d'une étymologie à une autre... alors des connexions s'établissent. Des liens qui *a priori* n'auraient pu exister. Voyage dans la pensée où les barrières du temps, de l'espace s'effacent mais aussi celles de la logique, du rationnel. Ni se restreindre ni s'imposer de freins. Le plaisir de la promenade, c'est tout. Oublier la peur et le doute. L'autocritique aussi, instantanée : *c'est nul !* Peut-être pas. Sûrement pas. Et même si ça l'était, pourquoi pas !

L'hypersensibilité comme talent

➤ *L'émotion au cœur de l'intelligence*

L'émotion est une composante essentielle de la pensée... intelligente ! La capacité à repérer précisément ses émotions et celles des autres est un talent

Les surdoués sont particulièrement doués en la matière : ils captent toutes sortes d'émotions, même la plus ténue. Ils savent l'anticiper. Ils peuvent tenter de la canaliser. De la contrôler. Et c'est là que ces capteurs émotionnels peuvent devenir des alliés. Quand on ressent une émotion qui ne s'est pas encore exprimée, quand on devine l'enjeu émotionnel d'une situation, on peut utiliser ces perceptions pour traverser un moment difficile ou pour aider les autres à le faire.

> Louis m'explique que les films d'horreur ne lui font jamais vraiment peur. Pourquoi ? Il a analysé les mécanismes physiologiques de la peur. Quand il regarde ce genre de films, il a compris que pour anticiper une peur prévisible, il suffisait d'accélérer en avance son rythme cardiaque. Il se synchronise ainsi avant la survenue de la scène effrayante en mettant son corps dans l'état que la peur soudaine aurait physiquement déclenché (car bien sûr il a intégré et décomposé les artifices du scénario). Son corps et son esprit sont prêts à vivre la scène en ayant neutralisé l'émotion violente...

Ressentir finement et avec tous ses sens les émotions permet aussi de mieux se comprendre. Toutes les émotions sont associées à des manifestations physiologiques. Les émotions émettent des signaux avant-coureurs que l'on saura ou non repérer et décoder. Doté de ce sixième sens,

le surdoué sait, avant que l'événement se déclenche, la charge émotionnelle qu'il contient.
• Il peut s'en servir pour s'ajuster (comme dans l'exemple de Louis et du film d'horreur), en vivant ainsi mieux la situation sans se faire déborder.
• Il peut anticiper et prévenir certains dangers, pour lui ou pour son entourage.
• Il peut permettre d'éviter le déclenchement d'un conflit, comme quand on perçoit qu'un malaise existe entre deux personnes et que la dispute est proche d'éclater. On peut détourner l'attention, dire certaines choses qui apaiseront les protagonistes, qui serviront de désamorçage au conflit tout proche. Les enfants le font souvent quand ils sentent la tension monter entre leurs parents...

➤ *Tous les sens au service du plaisir de vivre*

L'hyperesthésie décuple les possibilités

La mise en action de tous les sens simultanément et leur remarquable capacité de discrimination donnent au surdoué une présence au monde hors du commun. L'hyperesthésie amplifie toutes les perceptions. Elle permet de créer du beau là où d'autres ne verront que le banal. Elle illumine le monde par la densité émotionnelle que tous les sens procurent. L'hyperesthésie peut être utilisée pour capturer l'environnement et le magnifier. Utiliser tous ses sens pour embrasser le monde.

Tout ressentir peut être un immense plaisir et la source de moments magiques de vie. Profitez-en pour vous ressourcer dès que vous le désirez. Cette force est en vous. Utilisez-la pleinement pour vous sentir vivre.

Le poétique et l'esthétique

Le sens du beau, la sensibilité au vrai, à ce qui touche, est l'essence même de l'esthétique. Ce n'est pas une question de goût, mais de sensibilité. L'esthétique permet de s'accorder au monde dans ce qu'il a de plus intime. L'esthétique est une discipline philosophique qui se réfère à la perception de la forme (au sens de la *Gestalt*), c'est-à-dire de la globalité de ce qui est perçu. Le sens esthétique est cette capacité à saisir par l'intermédiaire de tous les sens et avec une sensibilité subtile, la quintessence des choses. L'esthétique saisit à la fois le caché et le visible, l'intérieur et l'extérieur et embrasse le monde avec une profondeur percutante. L'esthétique est une autre façon, sensible et authentique, de comprendre la vie.

Le poétique n'est pas seulement l'art de composer des poèmes. Le caractère poétique parle de la capacité à s'oublier soi-même pour exalter la beauté de la nature ou de l'autre. Le poétique crée un lien intime avec l'environnement. Le poétique, c'est pouvoir s'immerger entièrement dans l'environnement pour en absorber l'essence ou l'identité. Le poétique, c'est une communion avec le monde par capillarité sensitive.

Poétique et esthétique sont étroitement reliés. Poétique et esthétique émanent de l'hypersensibilité et en exaltent les possibilités. Souvent enfouie, leur pleine expression rend vivant et présent le monde qui nous entoure et nous permet de résonner avec lui en harmonie parfaite. C'est une porte formidable vers LA beauté de la vie.

La créativité comme perspective

La créativité est souvent confondue avec la seule expression artistique. La créativité recouvre un mécanisme beaucoup plus large.

La créativité, c'est la capacité à trouver des idées neuves, à composer avec des données variées dont l'alchimie produira une vraie nouveauté, c'est prendre des risques pour s'éloigner des chemins balisés, c'est découvrir des domaines, des univers, des personnes, des endroits inconnus sans peur et avec curiosité, avec la conviction que l'on trouvera, en soi, des moyens d'adaptation à cette situation inconnue et que l'on pourra y prendre du plaisir.

➤ *Créativité et perception exacerbée du monde : une association gagnante*

La créativité naît de cette capacité propre au surdoué de « ne pas trier ». Ce que les scientifiques appellent un défaut de l'inhibition latente. Ce qui revient à dire que le cerveau capte tout, y compris les choses les plus banales. Ce qui donne une conscience plus fine de l'environnement et amplifie les perceptions. Le cerveau du surdoué ne rejette pas d'emblée certains éléments, ce que l'on fait habituellement par conditionnement. C'est-à-dire que l'on a appris à sélectionner ce qui était important et ce qui l'était moins. L'hyperperception du surdoué laisse les portes grandes ouvertes. Voilà de quoi se laisser envahir avec confiance et plaisir par toutes ces petites choses qui, assemblées, peuvent devenir des idées très originales ou des œuvres uniques. Pas seulement artistiques. Une œuvre peut revêtir mille visages. Restez branché, sans peur, et les idées jailliront. C'est très jubilatoire et ce peut être une voie passionnante de réalisation. Encore une fois, cela suppose d'avoir bien compris que vous ne prenez aucun risque à ressentir ce que vous ressentez : une perception soutenue, étendue et sans limites. Tout, absolument tout, va entrer dans votre cerveau et pourra tisser des liens insoupçonnés qui feront jaillir votre puissance créative.

Alors n'oubliez jamais : plus grandes sont les portes de la perception, plus votre créativité est importante. Profitez-en !

➤ La créativité laisse grandes ouvertes les portes des possibles

Le défaut d'inhibition latente, celui qui fait « entrer » dans la pensée toutes les informations sans tri ni hiérarchisation préalable, devient une qualité pour la créativité. Aucune possibilité ne se ferme. En associant spontanément sur la moindre chose qui effleure l'esprit, les sens, la pensée produit en continu des chapelets d'idées nouvelles. Rien ne saura l'arrêter. C'est là, et seulement là, qu'il faudra parfois trier : regarder et repérer parmi toutes ces idées celles qui peuvent avoir un sens qui nous réoriente ou nous conduit vers un nouveau projet. Vers une nouvelle idée qui à son tour relancera la machine, sur une nouvelle voie, vers de nouvelles associations…

Prenons une image : si je mets mon cerveau en mode *open*, tout rentre et mon cerveau va moudre le moindre grain. Mon cerveau devient une « boîte à idées ». Mais je peux aussi choisir le mode *closed*, et, comme si je fermais un programme informatique, je ne garde ouvert qu'un seul fichier. Je peux aussi choisir de me mettre en mode veille.

On reste libre et on détermine le moment, le contexte, au gré de nos envies et des contraintes de la réalité, d'ouvrir ou mettre en veilleuse notre cerveau. Nous pouvons décider d'avoir le choix et de ne plus être envahi en continu et à notre insu de toutes les informations du monde.

➤ *La pensée divergente : quand surgit le Euréka !*

L'arborescence détourne le cours de la pensée et crée d'innombrables confluents qui entraînent la pensée dans leur courant. Tout un réseau de canaux se déploie, sans discontinuer. Bien sûr, dans de nombreuses circonstances, cette forme de pensée qui éloigne de la consigne initiale, qui perd l'esprit en conjectures, qui oblige à envisager des hypothèses toujours différentes, entraîne des associations d'idées ininterrompues, peut se révéler fatale. De l'élève incapable de structurer une rédaction de français à l'universitaire perdu face à la rédaction de son mémoire, du conférencier noyé dans des explications confuses au professionnel perdu dans la conclusion de son rapport.

Mais seule la pensée divergente, celle justement qui permet à des idées de se déployer et de se rencontrer de façon fortuite, est propice à la créativité, ou même à la trouvaille géniale. Quand on réfléchit sur un mode analytique et linéaire, c'est-à-dire que l'on part d'une hypothèse ou d'une donnée de base et que l'on chemine par étapes logiques, on arrive à un résultat, mais rarement à une idée nouvelle ! C'est la pensée convergente à l'opposé de la pensée divergente. Celle dont le processus conduit l'intelligence à converger vers l'objectif fixé. Alors que l'arborescence a soudain débouché sur un croisement inattendu d'idées qui ne se seraient jamais rencontrées dans une structure séquentielle de la pensée.

> La pensée divergente est votre réserve de créativité. Pensez-y !

Pensée divergente, créativité et tempo :
les atouts des précurseurs

Être en avance dans son analyse et sa compréhension des choses, se situer *en amont* du cheminement de pensée habituel, anticiper les conséquences d'une situation ou d'une action permettent d'atteindre avant les autres le point d'arrivée. Avec la créativité que procurent la pensée divergente et le zeste de sentiment de toute-puissance propre au surdoué, tous les ingrédients sont présents pour devenir un précurseur dans son domaine. Quel qu'il soit. Bien sûr, être un précurseur demande l'énergie pour aller à contre-courant, pour imposer sa vision des choses. Il faut du charisme, du talent, de la personnalité et une profonde conviction que l'on peut assumer les critiques. Quand tout va bien, la personnalité du surdoué est riche de tous ces atouts. C'est une dimension qu'il ne faut jamais occulter car, si beaucoup ont des idées, peu parviennent à les imposer et à les assumer. Qu'on se le dise !

➤ *L'intuition, une puissance comparable aux systèmes experts*

Un système expert correspond à l'analyse d'une situation qui prend en compte une multitude de données et d'expériences pour traiter quasi exhaustivement le problème donné. C'est aussi la tâche d'un expert dans un domaine précis, il est celui qui dispose des compétences et de l'expérience requises pour prononcer un avis ou une décision. Pour le surdoué, la rapidité d'association d'idées, de compréhension, d'analyse, qui provient de plusieurs sources différentes et qui s'associe de façon fulgurante, au-delà de la conscience, produit une *intuition* créative du résultat. Cette intuition est la résultante d'un processus complexe. Ce n'est pas une pensée magique surgie de nulle part. On doit, on peut, lui faire confiance. La réponse à un problème à travers ce processus correspond par ses mécanismes à celle d'un système expert, la puissance et la créativité en plus !

L'écueil : en prouver et en justifier la légitimité. La réponse : « C'est évident », ou encore « je suis sûr que c'est comme ça qu'il faut faire » aura du mal à convaincre. Comme l'a dit le mathématicien Henri Poincaré : « C'est par la logique que l'on prouve et par l'intuition que l'on découvre. » Ce qui revient à dire qu'il faudra utiliser une logique, au choix, pour faire valider votre idée. Même si la logique pour démontrer n'est pas celle utilisée pour créer ! Un petit tour de passe-passe suffira souvent à convaincre car de toute façon vous ne savez pas vous-même comment ni pourquoi vous avez compris ou que vous savez, alors comment l'expliquer !

Soyez donc créatif (!) mais cette fois pour produire une explication plausible et acceptable. Ça marche, vraiment, et c'est profondément satisfaisant.

L'empathie comme compétence

L'empathie, cette capacité à percevoir les émotions des autres, est une compétence qui, si elle peut parfois faire souffrir, ouvre à de grandes et belles possibilités.

Dans la relation, d'abord. Capter l'état émotionnel de l'autre permet de s'accorder. On peut alors évaluer la portée de notre discours, l'impact de notre présence, l'incidence de notre comportement. Et s'ajuster. Quand on ne jouit pas de capacité d'empathie, on est souvent « à côté de la plaque ». On n'a compris d'une situation que la face émergée, tout le subtil nous a échappé. Une personnalité empathique est celle à qui on aime se confier. Celle qui nous comprend à demi-mot. Celle qui vibre au même tempo.

> « Quand on me parle, j'ai toujours l'impression de ressentir "en dessous" du discours. Je dois toujours m'interroger : est-ce que je réponds à ce que l'on me dit ou à ce que je ressens ? » Sandra traduit clairement l'impact de l'empathie dans la communication. Avec ses pièges et ses atouts...

➤ Être empathique, c'est être sympathique

Combien de surdoués sont les confidents désignés ? Combien sont ceux à qui on viendra demander aide, assistance, conseil pour régler les mille et une petites choses de la vie ? C'est au surdoué qu'incomberont le plus fréquemment les « petits arrangements entre amis ». On peut compter sur lui. Vous pouvez donc compter sur cette compétence émotionnelle, votre empathie naturelle, pour être aimé et apprécié des autres.

➤ Être empathique est une capacité d'adaptation enviable

L'empathie est un atout pour s'ajuster dans de nombreuses situations de vie et pour anticiper la réponse la mieux adaptée. Dans le milieu professionnel, vous comprendrez instinctivement que ce n'est pas le jour pour demander une augmentation alors que vous percevez de la colère ou de la tristesse chez votre patron, dans une négociation, vous saurez adapter votre discours selon la tonalité émotionnelle de votre interlocuteur, dans une relation commerciale vous saurez capter les variations émotionnelles de votre prospect qui vous permettront de réagir avec des arguments convaincants... Dans les couples, c'est l'empathie qui est le meilleur allié pour répondre aux attentes, aux besoins de l'autre. Même quand rien n'a été dit. C'est l'empathie qui crée cette complicité muette, ciment d'une relation accomplie.

➤ L'empathie, la qualité des psys ?

Alice Miller, dans son livre remarquable *L'Avenir du drame de l'enfant doué*, dit que les enfants doués ont souvent été des enfants thérapeutes pour leurs parents. Ils devaient décoder et comprendre ce dont les parents avaient besoin pour les satisfaire dans leurs actes et leurs comportements. En comblant les manques affectifs de ses parents, l'enfant doué est devenu expert pour décoder les sentiments des autres et ça l'intéresse car cela a toujours constitué pour lui un « mode d'être ». Alors, adulte, il deviendra... psy ! C'est Alice Miller qui le dit.

Pouvoir comprendre et approcher le sens du monde et le fonctionnement de l'homme avec une telle capacité d'empathie n'est-ce pas en effet le profil idéal pour un psy ? Autour de moi, je connais beaucoup de psys certainement surdoués, mais qui le plus souvent ne veulent pas le reconnaître. Comme si le fait d'être surdoué enlevait de leur mérite professionnel et personnel.

Dans ma pratique clinique, j'ai souvent rencontré des ados surdoués qui pensaient à ce métier. Certains s'y sont déjà engagés. J'ai promis de leur proposer une collaboration à l'issue de leurs études. Je tiendrai mes engagements ! Ils seront des psys exceptionnels... et peut-être que je leur demanderai d'être leur patiente ! C'est vrai ! J'ai une réelle confiance dans leurs capacités d'écoute, d'empathie et surtout de synthèse créative pour me permettre d'accéder à de nouvelles voies en moi que je n'ai encore jamais explorées !

La synchronisation des émotions : se mettre dans le tempo

L'empathie offre cette opportunité rare : être dans le tempo. Le tempo émotionnel. Ressentir avec cette finesse et cette sensibilité les émotions des autres permet de réagir et d'interagir, au bon moment. Et l'empathie ne capte pas que les émotions négatives, elle saisit aussi toutes les nuances agréables du spectre émotionnel. Vous percevez une légèreté guillerette dans l'air, autour de vous le plaisir flotte, les émotions sont joyeuses ? Alimentez vos réserves, capturez ces émotions positives. Elles vous seront utiles dans des moments plus difficiles. Elles alimentent vos réserves, vos ressources. Il faut toujours faire des provisions... souvenez-vous de la cigale et la fourmi !

Le tempo émotionnel est ce que la plupart des gens ressentent en partageant un moment de musique, ou mieux encore de danse. On se sent vibrer au même rythme, porté par l'émotion ambiante, branché sur les sensations de l'autre. On est porté, transporté. Ce sont des moments magiques. L'empathie, bien équilibrée, peut démultiplier ces moments ressources.

Encore quelques astuces pour transformer votre rêve de vie en vie de rêve (ou presque !)

➤ *Puiser dans le décalage des compétences nouvelles*

L'ennui pousse à avancer, à créer, à trouver des idées. Quand on a compris que cet ennui est lié au tempo, que ce n'est pas la vie qui est ennuyeuse, que la vie est celle qu'on construit, l'ennui devient un moteur.

Vous vous ennuyez ? Tant mieux !

1. Votre cerveau divague, associe et crée.
2. Vous allez pouvoir transformer ce vagabondage de pensée en réalisation.

> L'ennui permet d'imaginer et de décider d'une vie dans laquelle on se sent bien.

➤ *Le sens du challenge : une force puissante pour se propulser*

Le sens du challenge correspond au plaisir que l'on ressent lorsque l'on a dépassé une difficulté. Le sens du challenge est lié à l'envie de réussir. À ce besoin intime d'être fier de soi, de ce que l'on est. À sentir également la fierté dans le regard des autres. Il ne s'agit nullement de prétention, d'orgueil. Mais d'un besoin impérieux d'avancer, de se dépasser. Le sens du challenge est un moteur d'une grande puissance.

Quand le parcours du surdoué lui a donné la chance d'être confronté à cette jubilation de la réussite. Petite ou grande. Que la vie a offert des possibilités de satisfaction, de réalisation. Que l'on a pu garder une confiance en soi suffisante et que l'on a grandi dans un entourage bienveillant, malgré les inévitables défaillances. Alors, le sens du challenge du surdoué le pousse à accomplir de grandes choses. Pour lui, pour les autres. Alimenté par cette soif d'humanité, de défendre de grandes causes, il avance. Comme propulsé par une énergie propre et irrépressible.

Le sens du challenge permet de dépasser les difficultés liées à ses difficultés d'être.
Le sens du challenge donne une énergie exceptionnelle pour réussir ce que l'on entreprend.
Le sens du challenge : réussir pour aller au bout de soi-même.

▶ *L'énergie du surdoué : une force surnaturelle ?*

L'énergie dont est capable de faire preuve un surdoué est impressionnante et épuisante pour les autres. Tout le monde est fatigué ? Il continue. Les autres pensent le combat impossible, il s'y confronte. L'issue d'une situation paraît bouchée, il trouve des solutions. Toujours. Comme le petit enfant, le petit zèbre inépuisable qu'il continue à être. Il n'est jamais fatigué. Cette énergie, c'est en lui qu'il la trouve, dans sa constitution aussi qui a de grandes réserves. Certaines fois, il est si absorbé dans sa tâche, concentré jusqu'à l'extrême, qu'il en oublie tout. Le temps qui passe, les impératifs environnants, les autres, les contraintes. Y compris les bases physiologiques : manger, boire, dormir. Plongé dans sa tâche, dans sa mission, rien ne peut l'arrêter.

Soyons prudents : cette énergie quasi surnaturelle peut se transformer en son contraire de façon aussi spectaculaire. Si l'adulte surdoué est profondément persuadé qu'il est nul, incompétent, que ce qu'il fait ne sert à rien, qu'il n'y arrivera jamais, alors c'est tout le contraire qui se produit. Il est immobile, figé, ralenti, apathique, « mort ». Tellement lourd et pesant que rien ne peut le faire bouger. Méfiance : c'est la même énergie, retournée contre soi.

> Inversez le mouvement. Vous repartirez à vive allure dans le sens inverse. Et vous déploierez une énergie insoupçonnée de vous avec la même puissance que celle qui vous a immobilisé. Souvenez-vous des montagnes russes : après la descente abyssale et angoissante, la remontée accélérée et exaltante ! Un looping, et c'est parti !

➤ L'idéalisme : une souffrance positive !

Poursuivre un idéal peut être douloureux, les sources de déception sont nombreuses. On peut ne pas avoir peur de cette souffrance, mais au contraire l'utiliser. L'idéalisme est une force en soi. L'idéalisme oblige à maintenir les efforts nécessaires pour parvenir à l'objectif fixé. L'idéalisme crée un but qui pousse à avancer.

> L'idéalisme par rapport à soi favorise l'accomplissement personnel.
> L'idéalisme permet de se surpasser et de réussir de grands projets.

Quand on parvient à lâcher cette lutte épuisante...

Le surdoué lutte en permanence, pour sa survie psychique, pour canaliser ses émotions, pour s'adapter aux autres et au monde, pour freiner sa pensée...

La lutte emprisonne et empoisonne. Au vrai sens du terme. Vivre en état d'alerte et de stress permanent entraîne dans le cerveau la libération en continu d'hormones du stress : le cortisol, qui use le psychisme et l'organisme. Un excès de cortisol peut conduire à l'apparition de multiples maux ou maladies plus sévères. Des maladies psychologiques mais aussi physiologiques.

Il est indispensable de détourner cette lutte :
• Pour dépasser un « rideau » de malaise et de questionnement permanents sur le sens des choses.
• Pour dépasser la sensation de se trahir en acceptant.
• Pour dépasser cette sensation constante d'être « en dehors » de la vie, des autres.
• Pour réussir à se sentir bien avec les autres en les respectant dans leur différence sans s'effacer, en acceptant de ressentir leurs émotions sans intervenir.
• Pour se conformer à une vie bien différente de notre représentation idéale mais en la « choisissant ».

> **Décryptage**
>
> • On peut réfléchir à sa vie, en voir toutes les limites, les imperfections. Mais aussi en repérer les points de force, les ressources, les avantages, les plaisirs.
> • Et se dire : je choisis cette vie-là, consciemment, délibérément. On passe de victime impuissante à pilote de son destin. Et ça change tout.
> • Accepter de choisir, de rechoisir sa vie, c'est accepter de vivre pleinement avec et malgré tous les manques. C'est une forme de liberté. On peut tous se l'octroyer !
>
> Quand on arrête de lutter contre la vie, et qu'on se tourne vers elle, on dégage de l'énergie pour construire, bâtir, créer, avancer...

L'espoir

Quand tout devient ou redevient possible. Quand on recommence à croire en la vie. Quand on retrouve cette part infantile en soi qui permet l'enthousiasme. Quand on devient, enfin, maître de son destin et de sa destinée. Non pas dans un désir de pouvoir et de maîtrise. Mais dans un profond plaisir de découverte de terres inconnues pleines de promesses et de nouvelles aventures, de nouvelles rencontres, de nouveaux chemins.

N'oubliez pas que, dans la savane, les zèbres ont finalement très peu de prédateurs. Ils ont souvent peur, mais se font rarement attaquer. Leurs rayures présentent un avantage unique sur les autres animaux. Leur constitution leur donne des atouts que les autres animaux sauvages n'ont pas.

Vous aussi, vous êtes rayé ? Alors, allez-y, foncez !

En résumé, les idées forces pour aller bien

1. Réapprivoiser son immense intelligence, pour engager des projets, pour ajuster sa vie, pour retrouver le plaisir d'apprendre et de comprendre. L'intelligence est une Qualité Intime (QI ?) que l'on doit s'approprier pour être fier de soi.

2. Utiliser l'hypersensibilité comme une façon d'être au monde, unique, jubilatoire, magique. L'hypersensibilité est une source de talents.

3. La créativité est la compétence des précurseurs, des innovateurs, des leaders. La créativité du surdoué puise sa source dans l'arborescence de sa pensée et s'y alimente en continu.

4. L'empathie, la capacité à percevoir les émotions des autres, donne une profondeur de champ exceptionnelle à la communication et aux relations aux autres. L'empathie est une dimension émotionnelle rare qui ouvre au monde et aux autres, intimement.

5. Le décalage doit devenir l'occasion privilégiée de prendre une distance profitable pour observer, analyser et comprendre. Au-delà des évidences, plus loin que les apparences. Le décalage offre des perspectives inédites pour s'ajuster au monde et trouver sa juste place.

6. Être surdoué, c'est mille et une richesses qu'il faut apprendre, tous les jours, à découvrir !

CHAPITRE 11

Quand rien ne va plus

Dans ce chapitre, c'est la face plus sombre que nous abordons. Celle qui signe une défaillance de soi. Qui peut entraîner le surdoué dans une spirale de fragilités dont l'aboutissement ne peut être qu'une immense souffrance. Avec ses formes pathologiques diverses. Évoquer la face sombre est indispensable pour bien comprendre ce qui peut se produire. Et surtout ce que l'on doit parvenir à éviter. Comme d'habitude, le principe est : repérer les mécanismes pour pouvoir prévenir les troubles.

Le développement de la personnalité du surdoué est marqué par les composantes singulières de sa personnalité, sur le double plan intellectuel et affectif. Quand on intègre qu'être surdoué se définit comme une intelligence qui analyse et embrasse toutes les composantes du monde assortie d'une sensibilité extrême qui capte le plus petit signal émotionnel, il devient facile de comprendre que le parcours identitaire peut être fragilisé. L'équilibre de vie peut être aussi plus difficile à trouver. L'inquiétude face à la complexité de la vie taraude : suis-je capable de faire face ?

Une image de soi aux bases fragiles

De la petite enfance à l'adolescence, la construction de l'image de soi du surdoué se confronte à la différence. Avec ses deux facettes, distinctes dans la forme, mais aux conséquences similaires.

• *Premier scénario* : l'enfant surdoué se perçoit lui-même comme différent sans comprendre pourquoi il ne parvient pas à être, penser, comprendre, ressentir comme les autres. Il essaie souvent, il fait des tentatives pour se conformer, s'adapter, s'ajuster. Mais cela lui demande beaucoup d'énergie. Son adaptation n'est pas naturelle, spontanée, évidente. Il se voit vivre plutôt qu'il ne vit. Cela fonctionne parfois, il s'intègre, grandit avec les autres malgré ce décalage persistant et incompréhensible pour lui, mais parfois aussi cela échoue et la solitude le rattrape. D'autant plus compacte que ses efforts pour être accepté comme identique, pareil, ont été soutenus. Il ne sait plus bien qui il est. Il oscille entre une image de lui-même profondément négative – je n'ai aucune valeur, je ne suis pas digne d'être aimé, je ne réussirai jamais rien – et une conviction intime et persistante que quelque chose lui échappe, mais quoi ! Cet inconfort psychologique, souvent douloureux, brouille la représentation de soi et la possibilité d'être « bien dans sa peau » et dans sa vie.

• *Deuxième scénario* : le jeune surdoué n'a pas perçu sa différence. Il se pense un enfant, un ado, comme les autres. Il ne distingue pas les singularités de sa pensée et de sa sensibilité. Il pense que tous fonctionnent comme lui.

Alors, il vivra certaines réactions, certains comportements, certains épisodes de sa vie, comme agressifs, injustes, profondément blessants. Et, plus il tentera de donner du sens, de demander des explications, à ces manifestations vécues par lui comme hostiles, plus il se confrontera à l'incompréhension. La sienne et celle des autres. Perdu, sans comprendre ce qui lui arrive et pourquoi, sans pouvoir partager ce désarroi enfoui, il a le sentiment de perdre pied et se remet en cause : si tout le monde semble penser que ce que je suis ne convient pas, alors cela signifie que je ne vaux pas grand-chose. Comment construire, dans ce contexte, une image de soi solide ?

Aux portes de l'âge adulte, les perturbations autour de l'image de soi ne parviennent pas à se stabiliser. Le flou autour de son identité conduit souvent le jeune adulte surdoué à des choix par « essais et erreurs ». Quand on ne sait pas bien, plus bien, ce que l'on est, ce dont on est capable, ce en quoi on est compétent ; quand on en arrive à ne plus vraiment savoir ce que l'on aime, ce qui nous fait plaisir ; quand on a si peur, si fondamentalement peur, d'être déçu, par soi, par les autres, par la vie, alors on ne peut ni planifier ni anticiper les contours de sa vie. On tâtonne, on essaie, on se trompe, on recommence. On réussit parfois à trouver une « juste place », même si on la remet en question. Un surdoué ne peut inhiber cette mise en perspective constante. Le doute reste toujours présent. On en retrouvera les conséquences dans une insatisfaction chronique et persistante et dans une certaine forme d'instabilité de vie. Changer de partenaire, de métier, faire de nouveaux projets, changer de direction de vie sont des composantes fréquentes du parcours de vie de cet être en quête incessante d'absolu et de vérité. Le surdoué poursuit sa conquête identitaire tout au long de sa vie. Sans relâche.

► De l'enfance à l'âge adulte, les troubles autour de l'image de soi guettent le développement et le vécu du surdoué

D'une fragilité dans la construction d'une image de soi solide et stable qui permet de grandir serein, au manque de confiance en soi qui génère une anxiété diffuse, nous arrivons, dans ce continuum, à l'attaque douloureuse de l'estime de soi, véritable perte du sentiment de valeur personnelle. Les affects dépressifs et, à l'extrême pathologique, la véritable dépression signent l'impasse de vie dans laquelle le surdoué peut parfois s'engouffrer.

Avec des constantes présentes à ces différentes étapes. Constantes qui participent de cette alchimie complexe qui ronge les bases de l'identité du surdoué et favorise les risques de troubles plus sévères.

Quelles sont ces différentes constantes ?

• Les attaques extérieures et intérieures. Se sentir agressé par les autres mais aussi se critiquer constamment soi-même.
• Le décalage comme un sentiment d'étrangeté.
• L'hyperréceptivité sensorielle comme un halo de picotements émotionnels constants ou de blessures tranchantes.
• L'intelligence acérée qui diffuse en continu des doutes intérieurs, des questions, des incertitudes.

> Le mode de fonctionnement du surdoué est son pire ennemi !

➤ *Se protéger pour grandir, se défendre pour parvenir à vivre*

Dans son parcours identitaire, le surdoué va mettre en place des mécanismes de protection pour se protéger des afflux émotionnels débordants qui s'alimentent à cette double source : l'intelligence aiguisée et la sensibilité exacerbée.

En psychologie, ces mécanismes protecteurs sont appelés mécanismes de défense. Leur but ? Préserver l'intégrité du moi et atténuer la souffrance. Quand ces mécanismes sont souples, ils assurent leur fonction protectrice avec efficacité. Ils sont des alliés pour chacun d'entre nous. Mais, souvent, ces mécanismes se rigidifient car les charges émotionnelles sont trop importantes, la menace de souffrance trop grande. Alors leur mise en place peut se transformer en piège : ils deviennent les piliers autour desquels se construit la personnalité. De protecteurs, ils sont devenus destructeurs.

Les mécanismes de défense du surdoué

Des mécanismes à connaître, à comprendre, à intégrer. Des mécanismes qui contribuent à marquer de leur sceau l'aménagement psychopathologique des surdoués. Qu'il est indispensable de considérer comme la marque d'un tableau clinique singulier.

Observons, en gros plan, la dynamique des mécanismes de défense du surdoué, leur mise en place, leurs fonctions et leurs limites.

1. *Objectifs princeps* : ne plus être envahi par le tumulte émotionnel, la réceptivité aux autres, l'analyse constante du monde.

2. *Résultat attendu* : parvenir à se sentir bien envers et malgré tout.

3. *Stratégie défensive* : la mise à distance émotionnelle.

4. *Les moyens* :

• La maîtrise et le contrôle

Pour se rassurer, pour tenter d'arrêter cette pensée toujours en marche, pour juguler l'emprise des émotions, pour ne plus être assailli sans cesse par le doute et la peur, le surdoué cherche à tout maîtriser, à garder le contrôle. La plus grande partie de son énergie sera consacrée à cette mission qui parfois le dépasse : surtout ne pas se laisser déborder, surtout anticiper, surtout ne rien lâcher. Ces mécanismes de contrôle pourront prendre diverses formes : les discussions sans fin, le refus d'accepter un ordre, une consigne, sans en avoir expurgé le sens, la vérification permanente pour ne pas laisser de prise au hasard, la recherche épuisante de la précision impossible, les rituels obsessionnels, la remise en question de tout et tout le temps. Mais la liste est si longue.

• La défense par la cognition

> « Mon intellect trifouille tout ce que mon émotionnel dégage », explique clairement Valentin, 32 ans.

Passer par l'intellectualisation abusive la moindre émotion en présence, analyser avec froideur et distance la plus petite expression affective, un mécanisme solide et rigide dont le surdoué use et abuse.

• L'anesthésie affective

Très spectaculaire quand ce mécanisme de défense atteint son paroxysme, Nicolas témoigne : « À force d'avoir étouffé mes émotions, aujourd'hui je ne sais plus lesquelles sont adaptées en fonction des situations. Je ne sais même plus comment s'expriment les émotions, par les mots, par les gestes, par les attitudes. Cela me joue des tours car je parais tout le temps étrange et étranger à ce qui se passe. Avec ma copine, c'est un désastre. Alors, j'observe comment font les autres et je me calque sur leurs réactions émotionnelles. C'est la seule solution que j'ai trouvée. Moi qui étais si sensible, aujourd'hui je ne ressens plus rien. Et je ne sais pas comment faire machine arrière. »

- L'humour

Tourner les choses de la vie en dérision, envisager les situations sous une forme risible, détourner une parole blessante en mot d'esprit, toutes les ficelles de l'humour sont maniées avec finesse par le surdoué. L'avantage de l'humour ? Une habile manipulation des émotions qui deviennent transmissibles sous une forme cognitivement correcte et appréciée. Une mise à distance subtilement menée. Une transformation de la menace émotionnelle en atout de personnalité. Bien joué ! Mais à deux conditions : l'humour doit être utilisé avec parcimonie. Un recours abusif ne permet plus aucune relation authentique. D'un charme séduisant, l'humour devient alors un poison relationnel. Seconde condition : que l'humour ne soit utilisé que dans un sens car le surdoué, expert en la matière, vit très mal l'humour dont il est l'objet. Comme si soudain il n'en comprenait plus les mécanismes. Ses réactions peuvent être d'une rare violence, très inattendue. Une violence qui masque, une fois encore, l'intensité de la décharge émotionnelle qu'il a ressentie. Méfiance donc !

5. *Les risques* :
• La construction d'une personnalité clivée

Ne plus être connecté à ses émotions. Seul le front de l'intelligence rationnelle est en activité. Il peut en résulter une froideur de personnalité, une difficulté à ressentir, à vivre les émotions. Mais au prix d'une énergie immense qui épuise les ressources psychiques. C'est le combat contre soi-même. Contre ce que l'on est fondamentalement. Cette digue que l'on s'efforce d'ériger entre soi et le monde, cette carapace que l'on entretient pour ne plus être émotionnellement atteint, ce détachement affiché demandent une vigilance constante et épuisante. Et, quand le mécanisme, sous le poids d'une émotion violente, ne peut plus contenir sa trop lourde charge, c'est l'effondrement et le désespoir dans lesquels le surdoué va être aspiré. Sans plus aucune possibilité de se protéger. Il est à nu face à la souffrance qui alors le submerge.

• Une dérive vers des troubles psychologiques plus sévères qui entraveront son périlleux parcours.

Peut-on parler de pathologie spécifique au surdoué ?

Il ne s'agit pas de cela. D'abord, répétons-le, être surdoué n'est pas une pathologie. En revanche, la souffrance du surdoué, si elle peut revêtir des formes classiques de troubles psychologiques, ne peut s'aborder de la même manière. La différence est là : non pas dans la forme du trouble, d'apparence classique, mais dans son contenu.

Certaines souffrances apparaissent de façon caractéristique chez l'adulte surdoué.

Alors, oui, bien que ces tableaux cliniques ne soient pas répertoriés dans les classifications internationales des troubles psychologiques, leur fréquence d'apparition, toujours avec les mêmes particularités, doit être connue des cliniciens.

➤ *Le sens de la vie noyé dans les questionnements infinis : la douleur de vivre*

La douleur de vivre

L'envie de vivre est intacte, ce qui est très différent de l'état suicidaire. Mais la difficulté de vivre est insurmontable. « C'est trop difficile », résume cette patiente de 42 ans qui dit que tous les matins elle se demande comment elle va surmonter cette journée. « Les cinq premières minutes, je suis suicidaire parce que je pense à plein de choses à la fois, c'est horrible ! »

Non pas parce qu'elle n'en ressent pas le courage, comme cela arrive dans les états dépressifs et que la médecine appelle apathie ou aboulie. Mais à cause de l'énergie qu'il faudra mobiliser pour :
1. se protéger,
2. trouver de l'intérêt aux choses,
3. ne pas tout trouver inutile,
4. donner du sens à son existence,
5. arriver à donner le change aux autres, qui devient une épreuve insupportable et intensément douloureuse.

> En séance de thérapie, nous décidons de faire un jeu de rôle. Nathan, 9 ans est le psy. Il m'interroge : « Quelle est ta passion de vivre ? » Déjà !

Ce qui signifie combien cette question de la vie, de son sens, du sens des choses, de l'intérêt de vivre est un fil continu dans l'esprit du surdoué. Une pensée qui le taraude sans cesse. Par moments, quand la vie est plus excitante, que le surdoué est pris dans un tourbillon qui le satisfait et l'apaise, la question s'estompe et s'éloigne au fond de sa tête. Mais, dès que le cours de la vie devient plus plat, plus terne, qu'une déception ou un échec entrave le parcours, la question resurgit en force et se place, implacable, entre soi et le monde. Elle devient incontournable et mortifère.

La difficulté : comment aider ? Car toute tentative de rationalisation, toute stratégie pour ouvrir à de nouvelles façons de penser, de se représenter les choses et la vie, tout processus employé pour apaiser la souffrance vient buter sur cette interrogation fatale et inlassablement ressassée par l'analyse perçante du surdoué : comment vivre cette vie-là, comme ça ?

► *L'inhibition sociale : se retirer du monde*

> « Ce n'est pas un hasard si je me suis enfermée dans un atelier pour me protéger du monde. » Dominique est devenue tapissière. Elle l'a décidé subitement le jour où, une fois de plus, une fois de trop, elle s'est sentie agressée par les autres. Où son sentiment, ancien, de décalage, d'étrangeté, de différence l'a définitivement convaincue qu'elle serait toujours rejetée, qu'elle ne parviendrait pas à se sentir bien avec les autres. Que ça lui demandait trop d'efforts.

L'inhibition sociale guette le surdoué. Sous une forme plus ou moins sévère. On dira de certains que c'est leur caractère, qu'ils sont « sauvages », « asociaux », mais ils resteront inscrits, *a minima*, dans un tissu social. Pour d'autres, le retrait social les isole profondément du monde. Repliés, solitaires, ils n'entretiennent avec l'extérieur que les relations vitales, professionnelles parfois, mais peuvent sombrer dans des états plus critiques de dépression chronique au pronostic plus sombre. Ils se sont construit une carapace si solide. Il est difficile de les atteindre et même de les aider. Leur peur du monde, de ses dangers, est si grande ! Sortir de leur « terrier » quel intérêt ? Pour souffrir encore plus ? Non merci.

➤ *Les dérives addictives pour ne plus penser*

Du shit à l'alcool, des jeux vidéo au travail, de la télé à Internet... toutes les addictions sont possibles.

« La seule force vitale qu'on ne peut arrêter, c'est la pensée. »
Raphaël, 8 ans et demi.

Alors, quand on n'en peut plus de penser, quand le tourbillon est insupportable, quand on a l'impression que la tête va exploser et que toutes ces idées, toutes ces pensées charrient des questionnements infinis, des tristesses opaques, l'abrutissement dans une activité qui peut absorber totalement la pensée, anéantir l'agitation cérébrale infernale, devient la seule solution... vitale ! Mais la dérive addictive est sournoise : apaisante un certain temps, c'est elle qui devient angoissante... Il m'arrive de rassurer certains parents inquiets pour leur adolescent rivé à son écran J'explique le soulagement que cela peut représenter pour lui, après une journée d'école, de s'évader dans un monde dont on peut être le héros. Retrouver une toute-puissance est tellement reposant. D'une certaine façon, c'est un anxiolytique que l'ado utilise spontanément pour calmer ses angoisses. Un peu, c'est bien et utile. Trop, bien sûr, va devenir un piège. Mais savez-vous que le travail peut avoir les mêmes vertus et comporte les mêmes risques ? Consacrer le plus clair de sa vie à son activité professionnelle est une lutte contre l'anxiété. Le risque ? Quand on s'arrête, les angoisses resurgissent brutalement.

➤ *Les troubles du sommeil*

Au moment du coucher, il est difficile de faire cesser le flux de la pensée. D'en réduire l'intensité. Les problèmes d'endormissement sont fréquents et récurrents. On rencontre aussi une manifestation inverse, l'hypersomnie comme sédatif puissant de la pensée : plus je dors, moins je pense.

➤ *L'inhibition intellectuelle comme stratégie d'adaptation*

« Être un vrai connard, c'est un bon remède à ma maladie. J'ai besoin d'un traitement radical : être un connard, ce sera la chimiothérapie de mon intelligence. C'est un risque que je prends sans hésiter. Mais si, dans six mois, vous voyez que je m'épanouis un peu trop en tant que... sale con, intervenez. Mon but n'est pas de devenir stupide et cupide, mais d'en laisser circuler des molécules dans mon organisme, pour purger mon esprit trop douloureux. Mais n'intervenez pas avant six mois. [...] C'est aussi un risque. D'autant qu'être stupide apporte beaucoup plus de plaisir que de vivre sous le joug de l'intelligence. On y est plus heureux, c'est certain. Je ne devrai pas garder le sens de la bêtise, mais les éléments bénéfiques qui y nagent comme des oligo-éléments : le bonheur, une certaine distance, une capacité à ne pas souffrir de mon empathie, une légèreté de vie, d'esprit. De l'insouciance ! [...] Finalement, en devenant stupide, je pourrai, pour une fois, faire preuve d'une étonnante intelligence. Vous me trouvez perfide[1] ? »

S'inhiber pour survivre...

L'inhibition est une stratégie puissante dont les effets sont parfois irréversibles. Quand on a déployé une énergie considérable pour étouffer, voire détruire, tout un pan de soi-même, il arrive que les effets recherchés dépassent l'objectif initial. Il s'agissait d'apaiser une souffrance insidieuse, on en arrive à un appauvrissement de soi et un réel désert intérieur. Il en résulte des personnalités éteintes, égarées dans une existence sans signification et le plus souvent isolées socialement. L'objectif de « devenir stupide » les a rendues indifférentes à elles-mêmes et transparentes aux yeux des autres.

➤ *L'humeur changeante sans raison apparente*

« J'ai l'impression d'avoir des sautes d'humeur : tout d'un coup je suis hypercontente et tout de suite après, je suis triste. » Laura, 25 ans.

Lié à la rapidité d'activation des liens en arborescence, l'enchaînement des idées active sur un tempo très rapide des représentations, pensées, émotions, souvenirs à coloration aussi bien positive, négative, anxiogène, plaisante. Cette labilité de l'humeur peut être confondue avec

---

1. Martin Page, *Comment je suis devenu stupide* © Le Dilettante, 2000.

des tableaux cliniques classiques de dépression ou de trouble bipolaire. Il s'agit seulement du fonctionnement cognitif qui transporte dans son foisonnement incessant toute la gamme des émotions.

Pour le surdoué, c'est un vécu parfois difficile car lui non plus n'a pas accès aux racines de ses changements rapides de l'humeur. Il ne sait ni pourquoi il est triste ni pourquoi il se sent bien. D'une certaine façon, il est la victime impuissante d'un fonctionnement cérébral qui le gouverne et le dépasse. Il n'a plus accès à lui-même, ce qui peut aussi être une vraie source d'angoisse et de malaise. Inaccessible à une compréhension et une prise en charge classiques.

Le danger : les erreurs diagnostiques

L'expression de la souffrance du surdoué, parfois proche, dans sa forme, des pathologies classiques, peut conduire à de fréquentes erreurs diagnostiques. Les professionnels peu informés et mal formés à cet aménagement spécifique de la personnalité risquent d'engager ce patient dans des réponses thérapeutiques peu adaptées. Au risque de ne jamais parvenir à soulager les troubles.

➤ *Les dérives diagnostiques les plus classiques*

• La pensée divergente, la rapidité d'association d'idées, les enchaînements logiques non respectés par la vitesse de l'arborescence… peuvent évoquer un diagnostic de schizophrénie. La froideur émotionnelle, la distance émotionnelle renforceront cette hypothèse diagnostique.

- La labilité de l'humeur, moments d'excitation qui contrastent avec des moments de profond pessimisme, exaltation de l'humeur, autant de signes qui entraînent vers un tableau de trouble bipolaire (auparavant dénommé psychose maniaco-dépressive).
- La sensitivité, la réceptivité émotionnelle exacerbée, les moments de régression, l'adaptation sociale fluctuante, autant d'indices qui plaident en faveur d'une pathologie borderline ou état-limite.
- Dépression, trouble anxieux, phobie... seront, eux, bien distingués. Mais non compris dans leur organisation singulière. Méfiance...

Le surdoué, victime malgré lui de ces méprises diagnostiques, tellement désireux de trouver une issue à ses souffrances, va entamer un long pèlerinage, de psy en psy, de diagnostic en diagnostic... D'abord, il y croit, puis peu à peu s'essouffle. Et un nouveau piège se referme : maintenant il ne fait plus confiance à personne et encore moins à ceux qui prétendent le comprendre et le soigner. L'errance diagnostique a verrouillé l'accès possible à l'aide qu'il recherchait et réclamait à cor et à cri, sans savoir comment la demander. Il est pour lui-même une énigme...

Les pièges de la prise en charge

> « Vous allez sûrement trouver cela stupide, mais, quand je suis avec un psy, j'ai vite la conviction qu'il ne comprend pas. Qu'il ne saisit pas la nature de mon problème, de mes difficultés. Alors que moi, je sais. Mieux que lui. Quelquefois, j'ai même l'impression que c'est moi qui suis obligée de le mettre sur la voie. Que c'est moi qui l'aide à... soi-disant m'aider. Mais, au fond, je pense que personne ne peut m'aider. Il n'y a que moi qui puisse faire

quelque chose. » Ainsi se confie, avec un mélange de honte et d'humilité, cette patiente de 38 ans, désabusée, épuisée aussi par ses deux jeunes zèbres...

La prise en charge bute fréquemment sur cette ambivalence : le besoin infini de trouver quelqu'un qui puisse comprendre, quelqu'un qui enfin permettrait de se sentir porté, et le besoin de maîtrise et de contrôle qui verrouille la possibilité de donner une place à l'autre.

Attention au concept à la mode de lâcher-prise

Il convient mal au fonctionnement du surdoué. C'est un écueil fréquent inspiré par les courants psychologiques actuels. L'idée est de faire céder les tensions intérieures pour se reconnecter profondément à soi-même et s'emplir d'un calme bienfaiteur, source de guérison. Mais, pour un surdoué, c'est précisément dans ces moments de lâcher-prise que les pensées se déploient car elles ont de l'espace libéré et s'il parvient, un peu, à stopper ses pensées, c'est l'angoisse, diffuse, qui monte.

Pour apaiser ses pensées, il est de meilleur conseil de proposer au surdoué de se plonger totalement dans autre chose, très éloigné de ses occupations habituelles et qui l'absorbe complètement. Plus c'est décalé par rapport à son quotidien et à son mode de vie ordinaire, mieux c'est. Ce qui compte est de pouvoir s'adonner à cette activité, à ce passe-temps, pleinement. Une « purge » pour la pensée !

Récapitulons

- Être surdoué est une composante de la personnalité, ce n'est pas une pathologie.

- Être surdoué donne une coloration spécifique à l'expression de la souffrance qu'il faut savoir reconnaître et prendre en compte pour aider et accompagner efficacement dans un processus thérapeutique adapté.

- Ignorer les spécificités de la structure psycho-dynamique de la personnalité du surdoué, c'est prendre le risque d'erreurs diagnostiques qui peuvent sérieusement précipiter le surdoué dans des souffrances inextricables et des dérives de vie.

- La prise en charge du surdoué comporte des leviers thérapeutiques qu'il faut connaître et savoir utiliser. En particulier, on peut s'appuyer sur le soi cognitif souvent intact mais étouffé. Penser est à la source de la souffrance, mais on peut aider le surdoué à réapprivoiser sa pensée pour en faire une alliée dans le processus de réhabilitation de soi. Comme si on restaurait une ancienne bâtisse : tout est fissuré, la toiture s'effondre, mais les fondations résistent et on peut s'appuyer sur elles, les renforcer pour reconstruire une base solide et protectrice. Mais ouverte aussi, pour faire entrer les autres, la vie, sans avoir peur d'être attaqué. Ce n'est plus une maison construite pour repousser les attaques d'ennemis imaginaires, mais une maison conçue pour être bien et se sentir bien avec les autres. C'est très différent.

Des bienfaits de la grande intelligence, attestés par un certain nombre d'études récentes. Pour se redonner le moral !

- Les personnes intelligentes ont moins de risques de souffrir de maladie mentale annonce l'Université de Cambridge.
- Un QI élevé peut diminuer le degré de sévérité de certains problèmes psychologiques comme la dépression et la schizophrénie.
- Les chercheurs ont démontré que les symptômes sont moins sévères et que la possibilité de s'adapter est plus grande chez les personnes ayant un QI élevé.

> L'intelligence est aussi un facteur protecteur contre la pathologie !

En guise de conclusion

Tout au long de la rédaction de ce livre, il m'est arrivé fréquemment de m'arrêter, dans ma tête ou sur mon ordinateur, et de m'interroger : et si tout cela était pure chimère ? Et si les surdoués n'étaient pas ceux que je décris ? Et si tous ces détracteurs ignorants avaient finalement raison et qu'il est inutile de se préoccuper de ces êtres comblés par la nature ?

Si, je vous assure, cela m'est arrivé plus d'une fois d'être assaillie de ces doutes insidieux ! Et puis, quelques instants plus tard, je me retrouve en face d'un enfant, d'un adolescent, d'une famille, d'un adulte et, dans leur histoire, dans la nature de leur désespoir, de leur errance, dans leurs mots et dans leur attitude, la fulgurance de la certitude revient avec une force inouïe. Mais comment ai-je pu un seul instant penser que l'incroyable singularité de ces personnalités ne relevait pas d'une réalité clinique avérée ? Alors, emplie de cette évidence, nourrie de tout ce qui a été dit, décrit, prouvé, confirmé aujourd'hui par la science, je revenais à l'écriture avec une fougue et une volonté de transmettre encore plus vivaces. Vous existez, j'en suis sûre, je vous ai rencontré !

Puisse ce livre vous aider à vous révéler dans toute la magnificence de ce que vous êtes, avec cette intelligence intense et cette sensibilité exceptionnelle qui font de vous des personnalités d'une telle force fragile. Prenez intimement, définitivement conscience de chaque parcelle qui vous constitue et qui fait de vous un être singulier aux multiples talents malgré les nombreux pièges.

Profitez-en et rayonnez autour de vous. Le monde en a besoin. Votre réussite de vie est aussi celle de tous.

Et souvenez-vous de cette chose simple : on peut avoir été un enfant ordinaire et devenir un adulte extraordinaire. Rien n'est jamais joué tant que l'on est en vie. À chaque étape de sa vie, on peut prendre un nouveau chemin. Tout est toujours possible. Modifier sa route, modifier son regard sur soi et sur les autres est une merveilleuse aventure. Cela fait peur, bien sûr, mais que de nouveaux plaisirs en perspective !

Et surtout, surtout, gardez précieusement votre âme d'enfant, votre naïveté rafraîchissante, votre créativité jaillissante, votre sensibilité bouleversante, votre curiosité toujours en alerte, votre intelligence bouillonnante. Gardez tous ces trésors qui font de vous un adulte, résolument différent. Un adulte qui ne devient jamais une « grande personne » !

DU MÊME AUTEUR
AUX ÉDITIONS ODILE JACOB

L'Enfant surdoué, l'aider à grandir, l'aider à réussir, « Guide pour s'aider soi-même », 2002.
Aider l'enfant en difficulté scolaire, 2006.

Ouvrage proposé par Christophe André

CET OUVRAGE A ÉTÉ COMPOSÉ ET MIS EN PAGES
CHEZ NORD COMPO (VILLENEUVE-D'ASCQ)
ET ACHEVÉ D'IMPRIMER SUR ROTO-PAGE
PAR L'IMPRIMERIE FLOCH À MAYENNE
EN JANVIER 2019

N° d'impression : 93871.
N° d'édition : 7381-2087-35.
Dépôt légal : mars 2008.
Imprimé en France